STVDIVM LATINVM

Latein für Universitätskurse

von Gebhard Kurz
unter Mitarbeit von
Günter Wojaczek

Teil 2
Übersetzungshilfen und Grammatik

C. C. Buchners Verlag

STVDIVM LATINVM
Latein für Universitätskurse

Von Dr. Gebhard Kurz, Akademischer Direktor, Universität Mainz,
unter Mitarbeit von Prof. Dr. Günter Wojaczek, Universität Bamberg

Dem Andenken von
Andreas Thierfelder
gewidmet

Teil 1: Texte, Übungen, Vokabeln
ist unter Bestellnummer 5390 lieferbar.

3. Auflage 3^{6} 2006
Die letzte Zahl bedeutet das Jahr dieses Druckes. Alle Drucke dieser Auflage sind, weil untereinander unverändert, nebeneinander nutzbar.

Dieses Werk folgt der reformierten Rechtschreibung und Zeichensetzung. Ausnahmen bilden Texte, bei denen künstlerische, philologische oder lizenzrechtliche Gründe einer Änderung entgegenstehen.

www.ccbuchner.de

Einbandentwurf: CCM, Bamberg
Satz: M. Schaller, Ebing
Druck und Bindung: Pustet, Regensburg

ISBN 3-7661-**5391**-9
ISBN 978-3-7661-**5391**-3

Inhaltsverzeichnis

Abkürzungen:
F = **F**ormenlehre; **S** = **S**atzlehre (Syntax); **W** = **W**ortbildung, Wortbedeutung; **M** = **M**etrik

EINFÜHRUNG

1 Beziehungen des Lateinischen zum Deutschen

1.1 Zugehörigkeit zur indogermanischen (indoeuropäischen) Sprachfamilie

Zur indogermanischen Sprachfamilie, deren Kerngebiet wohl im 3. Jahrtausend v. Chr. im Gebiet nördlich des Schwarzen Meeres lag, gehören u.a. folgende heutige Sprachen und Sprachengruppen:
Keltisch (z.B. Irisch), Romanisch (die Tochtersprachen des Lateinischen: Italienisch, Spanisch, Portugiesisch, Französisch, Rätoromanisch, Rumänisch), Germanisch (Englisch, Skandinavische Sprachen, Deutsch, Niederländisch), Slawisch (z. B.: Russisch, Polnisch, Tschechisch, Serbisch, Kroatisch, Bulgarisch), Baltisch (Lettisch, Litauisch), Albanisch, Griechisch, Armenisch, Iranisch, die modernen indischen Sprachen, soweit sie auf das alte Sanskrit zurückgehen (z.B. Hindi). – Andere indogermanische Sprachen sind bereits ausgestorben, z.B. Hethitisch (14. Jh. v. Chr. in Anatolien) oder die antiken italischen Sprachen Oskisch und Umbrisch (s. 2.1).
Die Zusammengehörigkeit der indogermanischen Sprachen wurde im 18. und 19. Jahrhundert an der Übereinstimmung einiger Wörter entdeckt, deren einzelsprachliche Formen sich auf eine gemeinsame Ausgangsform zurückführen lassen (z. B.: dt. Vater, lat. pater, griech. patēr, sanskr. pitar-; dt. ist, lat. est, griech. estí, skr. asti). Die Übereinstimmungen erstrecken sich aber auch auf Formenbildung und Satzbau.

1.2 Sprachliche Einflüsse des antiken Lateins auf das Germanische

Durch militärische und wirtschaftliche Kontakte gelangten lateinische Wörter ins Germanische; sie bilden als Lehnwörter einen Teil des deutschen Wortschatzes, z.B. Kaiser (Caesar), Mauer (mūrus), Pfeil (pīlum ‚Wurfspeer'), Keller (cellārium), Fenster (fenestra), Pforte (porta), Wein (vīnum), Kaufmann (caupo), Lehnsuffix -er (-ārius: Müller molīn-ārius).

1.3 Einflüsse des christlich-kirchlichen Lateins in Spätantike und Frühmittelalter

Mit der christlichen Mission kamen nicht nur kirchliche und religiöse Begriffe, sondern auch Bezeichnungen von Kulturgütern und -techniken in den deutschen Wortschatz (jüngere Lehnwörterschicht), z.B. Mönch (monachus), Kloster (claustrum), Münster (monasterium), Dom (domus), Schule (schola), Meister (magister), Brief (breve), schreiben (scrībere). Neben den Lehnwörtern stehen Lehnübersetzungen, d.h. Neubildungen von Wörtern aus einheimischen Elementen, aber nach dem Vorbild lateinischer Wörter: Gewissen (cōn-scientia), barmherzig, althochdt. arma-herz (miseri-cors). Auch der Satzbau der deutschen Sprache ist vielfach von lateinischen Vorbildern beeinflusst.

1.4 Einfluss des Lateinischen als Kirchen-, Urkunden-, Gelehrten- und Literatursprache im Mittelalter und in der Neuzeit

Besonders seit der Humanistenzeit (15. und 16. Jh.) wurden viele lateinische Wörter als Fremdwörter ins Deutsche übernommen. Diese Übernahme hält bis heute an; zum Teil erfolgt sie auch über die romanischen Sprachen (besonders Französisch) und das Englische, dessen Wortschatz zu ungefähr 50 % aus lateinischen (bzw. romanischen) Wörtern besteht.

2 Entwicklung der lateinischen Sprache und Literatur

2.1 Italische Sprachen

Innerhalb der indogermanischen Sprachfamilie gehört das Lateinische mit Oskisch (südlich von Rom, bis etwa Neapel) und Umbrisch (nordöstlich von Rom; beide bereits in der Antike ausgestorben) und anderen zu den italischen Sprachen. Die **lingua Latīna** ist die Sprache der Landschaft Latium (um Rom), im engeren Sinn die ihres Hauptortes Rom. Die frühesten Belege stammen aus dem 6. Jahrhundert v. Chr.

2.2 Altlatein und vorklassisches Latein

Als Altlatein bezeichnet man die Sprache der Inschriften der vorliterarischen Zeit und der ersten uns erhaltenen Literaturdenkmäler aus der Mitte des 3. Jahrhunderts v.Chr. Zur Literatur dieser Periode gehören u.a. die Komödien des **Plautus** und **Terenz** (nach griechischen Vorbildern), die stark auf die europäische Komödie gewirkt haben. Der Dichter Ennius führte den griechischen Hexameter in die römische epische Dichtung ein.

2.3 Klassisches („Goldenes") Latein

C. (= Gāius) Iūlius **Caesar** (100 - 44 v.Chr.) und besonders M(ārcus) Tullius **Cicerō** (106 - 43 v.Chr.) haben dem Lateinischen die Ausprägung gegeben, die es als „Klassisches Latein" für alle folgenden Zeiten immer wieder normgebend werden ließen. Ciceros Leistung war es vor allem, dass er die lateinische Sprache fähig gemacht hat, die Gedanken der griechischen Philosophie aufzunehmen und im eigenen Ausdruck der Nachwelt weiterzugeben.

Wegen seiner sprachlichen und literarischen Qualität ist das Klassische Latein Ciceros und Caesars Grundlage der Erlernung der lateinischen Sprache.

Ein Höhepunkt der römischen Literatur ist die Regierungszeit des Kaisers Augustus (31 bzw. 27 v.Chr. bis 14 n.Chr.); ihre Repräsentanten sind in der Prosa u.a. der Historiker Titus **Līvius** (59 v.Chr. bis 17 n.Chr.), in der Dichtung – nach Vorgängern wie **Catull** (C. Valerius Catullus, etwa 84-54 v.Chr.) – der Epiker **Vergil** (Pūblius Vergilius Marō, 70-19 v.Chr.), die Elegiker **Tibull** (Albius Tibullus, etwa 50-19 v.Chr.), **Properz** (Sextus Propertius, etwa 47-2 v. Chr.) und **Ovid** (P. Ovidius Nāsō, 43 v.Chr. bis ca. 18 n.Chr.), der Lyriker **Horaz** (Quīntus Horātius Flaccus, 65-8 v.Chr.).

2.4 Nachklassisches („Silbernes") Latein

Die Literatur der frühen Kaiserzeit zeigt das Bemühen der Autoren um einen eigenen Stil, teils in Anlehnung an die Normen des Klassischen Lateins, teils in Auseinandersetzung mit ihnen. Zu nennen sind u.a. die Schriftsteller C. Caecilius **Plīnius** Secundus (23/24-79) und sein gleichnamiger Neffe (61/62-ca. 114), der Philosoph und Tragödiendichter L(ūcius) Annaeus **Seneca** (gestorben 65), der Historiker Cornēlius **Tacitus** (geb. um 55).

2.5 Spätantikes und Christliches Latein

Mit dem Aufkommen und schließlichen Sieg des Christentums („Konstantinische Wende", 313) drang zunächst die Volkssprache in die Literatur ein. Doch zwang die geistige Auseinandersetzung mit dem Heidentum auch die Christen zur Aneignung der klassischen Bildung und Literatur; daher näherten sich die bedeutendsten christlichen Autoren wie Laktanz oder **Augustīnus** (354-430) dem ciceronischen Latein an; die alte Bibelübersetzung (Itala oder Vetus Latīna) wurde durch **Hieronymus** (ca.348-420) revidiert (Vulgāta, bis heute der maßgebende lateinische Bibeltext).

Die großen Werke der römischen Literatur, von Plautus und Terenz bis in die Spätantike, gehören zur Weltliteratur und sind bis heute Anregung und Vorbild in Literatur und Kunst.

2.6 Volkssprache (Vulgärlatein) und romanische Sprachen

Aus der Volkssprache, die sich zunehmend von der Literatursprache entfernt hatte (Vulgärlatein), entwickelten sich seit der Zeit der Völkerwanderung die romanischen Sprachen (s. 1.1).

2.7 Mittelalterliches Latein (Mittellatein)

Karl der Große (Kaiserkrönung 800) leitete eine Rückbesinnung auf die Antike ein (sog. Karolingische Renaissance); er berief Gelehrte und Dichter, unter anderem aus England (Alkuin) und Italien, an seinen Hof. Dadurch wurde das Lateinische, das noch als Schrift-, Liturgie- und Amtssprache in der westlichen (römischen) Kirche weiterlebte, wieder stärker nach dem Vorbild des gebildeten Lateins der Kirchenväter und der Bibel (s. 2.5), aber auch der klassischen Autoren ausgerichtet und so für das Mittelalter erneut zur Literatur-, Gelehrten- und Amtssprache. Geschichtsschreiber, z.B. **Einhard,** der Biograph Karls des Großen, und Dichter, z.B. Hrabanus Maurus, orientierten sich an den antiken Vorbildern. Durch die Kloster- und Stiftsschulen wurde dieses Latein verbreitet und gepflegt. Die westeuropäischen Nationalliteraturen entwickelten sich zunächst in lateinischer Sprache, erst allmählich wurde der Anteil nationalsprachiger Literatur größer. Da das mittelalterliche Latein (Mittellatein) nicht nur geschrieben, sondern auch gesprochen wurde, blieb es immer lebendig und wandlungsfähig. Im Hoch- und Spätmittelalter erhielt es als Fachsprache der Theologie und Philosophie in der **Scholastik** (Thomas v. Aquin, 1225-1274) seine subtilste Ausprägung als Wissenschaftssprache.

2.8 Humanistenlatein (Neulatein)

Mit dem Humanismus und der Renaissance setzte eine bewusste Neuorientierung an der Klassischen Antike ein. Die Humanisten (z.B. Petrarca, 1304-1374, Erasmus von Rotterdam, 1466/69-1536, Thomas Morus, 1478-1535) nahmen das Latein Ciceros und Vergils zum Vorbild. Mit dieser Verbindlichmachung der klassischen Sprachform des Lateinischen wurde aber zugleich seine Weiterentwicklung als lebendige Sprache abgeschnitten. Doch blieb das humanistische Latein (Neulatein) Sprache der Wissenschaft (z.B. Descartes, Leibniz, Newton, Linné), der Diplomatie und sogar Parlamentssprache (Ungarn, Polen), zum Teil bis ins 19. Jahrhundert.

2.9 Latein und die europäische Kultur

Durch das über 2000jährige Zusammenleben mit den europäischen Sprachen hat das Lateinische deren Wortschatz, Sprachstruktur und Literatur geprägt und die Denkweise der Völker des „lateinischen Kulturkreises“ nachhaltig beeinflusst. In der internationalen Terminologie der modernen Wissenschaft und Zivilisation werden zahlreiche lateinische Wortstämme benutzt; dadurch befruchtet das Lateinische bis heute die modernen Kultursprachen.

3 Die grammatische Terminologie

3.1 Entstehung und Nutzen

Die Terminologie der lateinischen Grammatik, die vielfach auch für die grammatische Beschreibung anderer Sprachen verwendet wird, beruht auf einem in der griechischen Philosophie entwickelten System, das von den römischen Grammatikern auf die lateinische Sprache übertragen wurde. Die lateinische Terminologie hat sich als von wechselnden modernen Sprachtheorien unabhängiges Bezeichnungsinstrument bewährt.

3.2 Satz

Grundeinheit der sprachlichen Äußerung ist der Satz. Er besteht aus einem Wort (z.B.: Auf! Komm! Ach!) oder mehreren Wörtern. Die Wörter oder Wortgruppen bilden die Satzglieder. Längere Sätze lassen sich in Sinneinheiten (Kola) unterteilen. Gleichrangige Sätze können durch (beiordnende) Konjunktionen verbunden werden (Satzreihe). Nebensätze (Gliedsätze) werden durch (unterordnende) Subjunktionen, Relativ- oder Fragewörter an den ihnen übergeordneten Satz angeschlossen; die Verbindung eines Hauptsatzes mit einem oder mehreren Gliedsätzen heißt Satzgefüge (Periode).

3.3 Wörter

Bei den Wörtern sind drei Betrachtungsebenen zu unterscheiden: Wortart, Wortform und Funktion.

3.4 Wichtige grammatische Termini[1]

Lat. Fachausdruck	Deutsche Bezeichnung	Beispiele
1. Laute		
der Vokal	Selbstlaut	a, e, i, o, u
der Diphthong	Doppellaut	ai (ae), au, oi (oe)
der Konsonant	Mitlaut	
z.B.: die Mūta	Verschlusslaut	b, p; d, t; g, k (c)
die Liquida	(rollender Laut)	l, r
2. Wortart		
das Verb(um)	Tätigkeits-, Zeitwort	laufen
das Nomen:[2]		
das Substantiv	Hauptwort	Mann, Frau, Kind, Haus

1) Vgl. Verzeichnis grundlegender grammatischer Fachausdrücke. Bonn: Sekretariat der Ständigen Konferenz der Kultusminister der Länder in der Bundesrepublik Deutschland 1982.

2) Im Deutschen (Nomen), Englischen (noun) und Französischen (nom) Bezeichnung des Substantivs.

Lat. Fachausdruck	Deutsche Bezeichnung	Beispiele
das Adjektiv	Eigenschaftswort	schön, gut
das Pronomen:	Fürwort	
Interrogativpron.	fragendes Fürwort	wer? welcher?
Demonstrativpron.	hinweisendes Fürwort	dieser
Personalpronomen	persönliches Fürwort	er, sie, es
Possessivpronomen	besitzanzeigendes F.	mein; unser
Relativpronomen	bezügliches Fürwort	der; welcher
der Artikel	Bestimmungswort	
	bestimmter Artikel	der, die, das
	unbestimmter Artikel	ein(e)
das Adverb	Umstandswort	
lokal	örtlich	dort; wo
temporal	zeitlich	dann, jetzt; wann
modal (qualitativ)	der Art und Weise	so; wie; (schön, gut)[3]
quantitativ	des Maßes	viel, wenig
	der Häufigkeit	oft, selten
	des Grades	sehr
die Negation	Verneinungswort	nicht
die Präposition	Verhältniswort	in; vor; bei
die Konjunktion	Bindewort, beiordnend	und, aber; denn
die Subjunktion	unterordnend	als; weil; wenn

3. Wortform

beim Nomen:		
der Kasus	Fall	
der Nominativ	1. (Wer?-)Fall	der Brief
der Genitiv	2. (Wessen?-)Fall	des Briefes
der Dativ	3. (Wem?-)Fall	dem Brief
der Akkusativ	4. (Wen?-)Fall	den Brief
der Numerus	Zahl	
der Singular	Einzahl	
der Plural	Mehrzahl	
das Genus	Geschlecht	
masculinum	männlich	
femininum	weiblich	
neutrum	sächlich	
beim Verb:		
die Person (1., 2., 3.)		
der Numerus (s.o.)		
der Modus	Aussageweise	
der Indikativ	Aussageform	er/sie kommt
der Konjunktiv	Möglichkeitsform	er/sie komme/käme
der Imperativ	Befehlsform	komm!

3) Im Deutschen gibt es zu Adjektiven keine eigene Adverbialform; es wird die undeklinierte Form des Adjektivs benutzt.

Lat. Fachausdruck	Deutsche Bezeichnung	Beispiele
das Tempus	Zeit	
das Präsens	Gegenwart	ich komme
das Präteritum (dt.) das Imperfekt (lat.)	Vergangenheit	ich kam
das Futur	Zukunft	ich werde kommen
das Perfekt (dt.)	Vollendung in der Gegenwart	ich bin gekommen, ich habe gelesen
das Plusquam-perfekt	Vollendung in der Vergangenheit, Vorvergangenheit	ich war gekommen, ich hatte gelesen
die Diathese (das Genus verbi)	Zustandsform	
das Aktiv	Tatform	ich lobe
das Passiv	Leideform	ich werde gelobt
der Infinitiv	Nennform	kommen
das Partizip	Partizip I/II	kommend, gekommen
4. Funktion		
das Prädikat	Satzaussage	
Vollverb		er kommt
Prädikatsnomen		... *ist* schön,
+ die *Kopula*	*Hilfsverb*	... *ist* Student
die Satzglieder:		
das Subjekt	Satzgegenstand	vgl. Beispielsatz
das Objekt	Ergänzung	
das Adverbiale	Umstandsangabe	
lokal	des Ortes	
temporal	der Zeit	
separativ	des Ausgangspunkts, der Herkunft	
instrumental	des Mittels	
modal	der Art und Weise	
kausal	des Grundes	
final	des Zwecks, der Absicht	
konsekutiv	der Folge	
konzessiv	der Einräumung	
adversativ	des Gegensatzes	
kondizional	der Bedingung	
komparativisch	des Vergleichs	
das Attribut	Beifügung	
adjektivisches Attr.		das neue Haus
Genitivattribut		das Haus des Freundes
Präpositionalattr.		die Stadt am Rhein
die Apposition	Beifügung eines Subst. im gleichen Kasus	
einfache Appos.	(meist Appellativum)	der Fluss Mosel
erweiterte Appos.	Subst. + Attribut	die Mosel, ein berühmter Fluss

Lat. Fachausdruck	Deutsche Bezeichnung	Beispiele
die Satzverbindung		
der Konnektor	Satzverbinder	
beiordnend:		
Konjunktion Demonstrativ-pronomen	} s. 3.4.2 „Wortart“	
unterordnend:		
Subjunktion Fragepronomen Relativpronomen	} s. 3.4.2 „Wortart“	

Lat. Fachausdruck	Deutsche Bezeichnung
5. Satzbau	
	Satz
	Hauptsatz
	Gliedsatz (Nebensatz)
	Subjektsatz
	Objektsatz
	Adverbialsatz
	Attributsatz
das Kolon (Pl.: die Kola)	Sinnabschnitt innerhalb eines Satzes
die Parataxe	Satzreihe (durch Nebeneinanderordnung selbständiger Sätze)
syndetisch	mit Bindewort
asyndetisch	ohne Bindewort
die Periode	Satzgefüge aus Haupt- und Gliedsätzen

Beispiel:

Wortart:	Artikel	Adjektiv	Substantiv
	Die	lateinische	Sprache,
Funktion:		Attribut	
	Subjekt		

Wortart:	Artikel	Substantiv	Artikel	Substantiv
	die	Sprache	der	Römer,
Funktion:			Genitiv-Attribut	
	erweiterte Apposition			

Wortart:	Hilfsverb	Pers.-Pron.	Negation	Adjektiv
	ist	uns	nicht	fremd;
Funktion:	Kopula	Objekt		Prädikatsnomen
		Prädikat		

Wortart:	Konjunktion	Pers.-Pr.	Verb	Adjektiv	Adjektiv	Substantiv
	denn	wir	kennen	viele	lateinische	Wörter
Funktion:	Konnektor	Subjekt	Prädikat	Attribut	Attribut	
				Direktes Objekt		

Wortart:	Präposition	Poss.-Pr.	Adjektiv	Substantiv
	aus	unserer	eigenen	Sprache.
Funktion:		Attribut	Attribut	
	Adverbiale (Herkunftsangabe)			

Wortart:	Subjunktion	Artikel	Substantiv	Artikel	Substantiv	Gliedsatz
	Obwohl	das	Erlernen	einer	Sprache	
Funktion:	Konnektor			Genitiv-Attribut		
			S u b j e k t s g r u p p e			
Wortart:	Adverb	Artikel	Adjektiv	Subst.	Hilfsverb	
	manchmal	eine	lästige	Pflicht	ist,	
Funktion:	Zeitangabe		Attribut+Prädikatsnomen		Kopula	
			P r ä d i k a t s g r u p p e			

Wortart:	Hilfsverb	Pers.-Pr.	Adjektiv
	ist	es	nützlich
Funktion:	Kopula	Subjekt	Prädikatsnomen
		P r ä d i k a t	

Wortart:	Konjunktion	Verb	Adverb	Adverb	Substantiv
	und	macht	oft	sogar	Spaß.
Funktion:	Konnektor	Prädikat	Umstandsangaben		Objekt

4 Die lateinische Schrift

4.1 Das lateinische Alphabet beruht auf einem im 7./6. Jh. v.Chr. gebrauchten etruskischen Alphabet, das seinerseits aus einem westgriechischen Alphabet entwickelt wurde (Unterscheidungsmerkmal „X“: ostgriechisch = kh, westgriechisch = ks).

4.2 Aus der Schrift der älteren Inschriften auf Stein oder Bronze entwickelte sich seit der Zeit des Kaisers Augustus die römische Monumentalschrift, deren Buchstabenformen in ein Quadrat passen: **Capitālis quadrāta**; sie ist in ihrer Schönheit und Ausgewogenheit bis heute Vorbild für zahlreiche Inschrifts-, Buch- und Druckschriften (z.B. die Antiqua-Schrift):

Neben der Capitālis quadrāta steht die einfachere, häufig für Privatinschriften und in den antiken Prachtausgaben der Dichter verwendete **Capitālis rūstica**:

Die Christen bevorzugten die **Unzialschrift** mit gerundeten Buchstabenformen:

Die kaiserliche Kanzlei pflegte einen eigenen Schreibstil.

4.3 Für private Schriftstücke entstand eine **Kursivschrift** mit Großbuchstaben (Majuskeln), deren Formen von großer Ähnlichkeit mit den Inschriften bis zu schwer lesbaren Notizen und Kritzeleien reichen; umfangreiches Material bieten die Wandinschriften in Pompeji:

Im 4. Jh. entstand eine Kursivschrift mit Kleinbuchstaben (Minuskeln).

4.4 Die Schriftformen der Schreibschulen der Spätantike und des frühen Mittelalters (u. a. in Gallien, Spanien, Irland und England) mündeten in die **Karolingische Minuskel**, die vom Hof Karls des Großen ausgehend und in den Klöstern gefördert, die Tradition der mittelalterlichen Schreibkunst begründete:

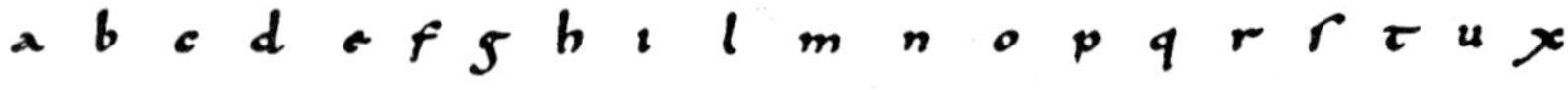

4.5 Seit dem 12. Jahrhundert entwickelten sich gebrochene Buchstabenformen, die sog. **Gotische Schrift**:

Die Humanisten und die frühen Drucker orientierten sich für die Ausgaben antiker Texte wieder an der Karolingischen Minuskel.

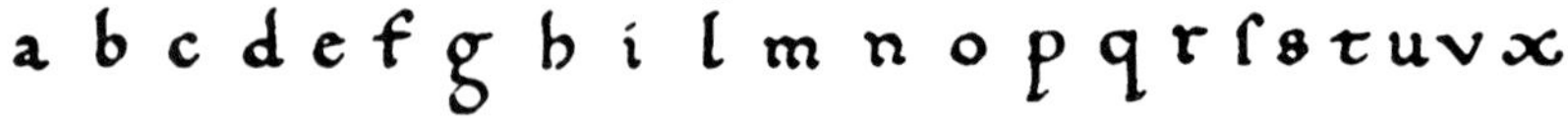

4.6 Die Orthographie der Klassischen Zeit gibt den Lautbestand, soweit er für die Unterscheidung der Wörter und Formen (phonologisch) bedeutsam ist, ausreichend wieder. Nicht unterschieden werden allerdings lange und kurze Vokale, vokalisches und halbvokalisches i und u (I und V).[4] Die Unterscheidung der Buchstaben „i" und „j", „u" und „v", sowie die Großschreibung von Namen und am Satzanfang kamen erst im Spätmittelalter auf.

5 Die Aussprache des Lateinischen

5.1 Grundlagen

Wenn auch die genaue Aussprache einer vergangenen Sprachepoche (vor der Erfindung von Lautaufzeichnungsgeräten) nicht mehr zu rekonstruieren ist, so sind doch die Grundzüge der Aussprache des Lateinischen zu den verschiedenen Zeiten bekannt:

a) aus Nachrichten der römischen Grammatiker
b) aus den antiken Versmaßen
c) aus der Übernahme lateinischer Wörter in gleichzeitige andere Sprachen (z.B. Griechisch, Germanisch, Althochdeutsch)
d) aus orthographischen Fehlern, die auf der Aussprache beruhen (vgl. deutsch „Fogel" statt „Vogel", wegen der gleichen Aussprache von „v" und „f"), in Inschriften, z.B. auf Wandkritzeleien (Grafitti) in Pompeji
e) aus der historischen Entwicklung der lateinischen Laute.

5.2 Ausspracheregeln

Für die Aussprache des Lateinischen gibt es zwei Traditionen:

a) Die rekonstruierte **Aussprache der Klassischen Zeit**:
Gegenüber den deutschen Aussprachegewohnheiten ist zu beachten:

Vokale:
Zwischen Längen (ā, ē, ī, ō, ū) und Kürzen (a, e, i, o, u) muss unterschieden werden.

---

4) Das halbvokalische u (= v) wurde wie englisches w gesprochen.

Diphthonge:
Die Diphthonge ae, au, oe, eu sind auch als solche zu sprechen, also ae wie „ai", oe wie „oi", eu als e + u (wie in italienisch „Europa").

Konsonanten:
c ist immer „k" (Cicero = „Kikero")
t ist immer „t" (nātio, nicht: natsjo)
s ist immer scharf zu sprechen
die Konsonantenverbindungen sp, st werden als s+p, s+t (wie in der norddeutschen Aussprache) gesprochen,
sch als s+ch (oder s+kh: schola = s-chola/s-khola; dagegen dt.: Schule).

b) **die spätantike und mittelalterliche Aussprache**, auch für das Kirchenlatein:

ae und oe werden zu „ä" bzw. „ö" (im Mittelalter weiter vereinfacht zu ē).
-ti- wird im Wortinneren vor Vokal zu -tsj-
c- wird vor hellem Vokal (auch „ä" und „ö") zu ts-
Belege für die Entwicklung von ae zu „ä" und von oe zu „ö" gibt es ab dem 2. Jahrhundert n.Chr.,[5] *für die von -ti- zu -tsj- ab dem 2. oder 3.Jh., von c- zu ts- (oder tsch-) vor hellem Vokal erst ab dem 5. Jh.*
Das deutsche Wort „Kaiser" lässt noch die Aussprache des Namens „Caesar" zur Zeit seiner Übernahme ins Germanische (um Christi Geburt) erkennen, ebenso „Keller" von „cellārium"; dagegen „Zelle" von „cella", das aus dem kirchlichen Latein (s.2.5) übernommen wurde.

5.3 Betonung
Zweisilbige lateinische Wörter werden auf der vorletzten Silbe betont.
Mehrsilbige lateinische Wörter werden auf der vorletzten Silbe betont, wenn diese lang ist, sonst auf der drittletzten.

Eine Silbe ist lang
a) wenn sie einen langen Vokal oder einen Diphthong enthält („naturlang": Rōmānus, Caesar)
b) wenn auf einen kurzen Vokal mehr als ein Konsonant folgt („positionslang": fenéstra, pórta).
Ausnahme: Die Lautfolge Mūta (b, p, d, t, g, c) + Liquida (l, r) bildet in der Regel keine Position: ténebrae.

Zu beachten: Das Lateinische hat (anders als das Deutsche) sowohl betonte kurze, als auch unbetonte lange Vokale:[6]
pater, bonus, locus, dominus, imperium; virī, dominōs, fēminās.

Beispiele (betonte Silbe unterstrichen):
bonus, clārus, Caesar;
Rōmānus, amīcus, disciplīna, fenestra, tabellae, fundāmentum, colōnia, concordia, amīcitia, familia, discipulus, iuventūs, māiestās;
tenebrae, integrī.

---

5) Im Vulgärlatein war bereits im 1.Jh.v.Chr. au zu ō geworden (Claudius > Clōdius).
6) In der spätantiken und mittelalterlichen Aussprache (s. 5.2b) werden betonte Vokale gedehnt, unbetonte z.T. gekürzt.

1

LEKTION 1

1 Flexion des Nomens (Deklination)

Das Lateinische unterscheidet wie das Deutsche bei den veränderlichen Wörtern **Nomina** (Substantive, Adjektive, Pronomina) und **Verben**.

Beim **Nomen** kennzeichnet der Wortausgang
den **Fall (Kasus),** damit auch die Satzgliedfunktion,
z.B. Nominativ = Subjekt, Akkusativ = direktes Objekt
die **Zahl (Numerus):** Einzahl (Singular), Mehrzahl (Plural),
zum Teil das **Geschlecht (Genus):**
männlich (masculīnum), weiblich (fēminīnum), sächlich (neutrum).

In der Flexion der **Substantive** gibt es im Lateinischen fünf **Deklinationen,** benannt nach dem Auslaut des Wortstammes, an den die Endungen angehängt werden. Da der Stammauslaut zum Teil mit der Endung verschmolzen ist, empfindet man den wechselnden Wortausgang als Funktionskennzeichen (Morphem); den übrigen Teil des Wortes nennt man **Wortstock**.

1.1 Erste oder a-Deklination: Stammauslaut -a-

vīlla ‚Landhaus'

	Singular	Plural
Nominativ	vīll-**a**	vīll-**ae**
Genitiv	vīll-**ae**	vīll-**ārum**
Dativ	vīll-**ae**	vīll-**īs**
Akkusativ	vīll-**am**	vīll-**ās**
Ablativ	vīll-**ā**	vīll-**īs**

Die Substantive der a-Deklination sind weiblich (grammatisches Geschlecht), sofern sie nicht männliche Personen bezeichnen wie incola ‚Einwohner' (natürliches Geschlecht).

1.2 Zweite oder o-Deklination: Stammauslaut -o- (im Nominativ und Akkusativ Singular > -u-)

Maskulinum: amīc-us ‚Freund'
Neutrum: oppid-um ‚Stadt'

	Singular		Plural	
Nominativ	amīc-**us**	oppid-**um**	amīc-**ī**	oppid-**a**
Genitiv	amīc-**ī**	oppid-**ī**	amīc-**ōrum**	oppid-**ōrum**
Dativ	amīc-**ō**	oppid-**ō**	amīc-**īs**	oppid-**īs**
Akkusativ	amīc-**um**	oppid-**um**	amīc-**ōs**	oppid-**a**
Ablativ	amīc-**ō**	oppid-**ō**	amīc-**īs**	oppid-**īs**

Die Substantive der o-Deklination auf -us sind männlich. Ausnahmen:
Baum-, Länder- und Städtenamen auf -us sind weiblich:[1] fāgus ‚Buche', Aegyptus, Corinthus.

1) Merkvers: Bäume, Länder, Städt' auf -us man als weiblich anseh'n muss.

locus ‚Ort, Platz, Stelle' ist im Singular männlich, im Plural jedoch in der Bedeutung ‚Orte im Gelände, Landschaft' sächlich: loc**a**,-ōrum *n*

Bei Wörtern sächlichen Geschlechts (Neutra) haben Nominativ und Akkusativ die gleiche Form:

Nom. und Akk. Sg. oppid**um** Nom. und Akk.Pl. oppid**a**

In den übrigen Kasusformen stimmen die Neutra mit den Maskulina überein.

1.3 Adjektive

Die Adjektive der o- und a-Deklination bilden ein gemeinsames System zur Bezeichnung der drei Geschlechter (Genera); sie bilden das Maskulinum und das Neutrum nach der o-, das Femininum nach der a-Deklination.

māgnus,-a,-um ‚groß'

	Singular			Plural		
Nom.	māgn-**us**	māgn-**a**	māgn-**um**	māgn-**ī**	māgn-**ae**	māgn-**a**
Gen.	māgn-**ī**	māgn-**ae**	māgn-**ī**	māgn-**ōrum**	māgn-**ārum**	māgn-**ōrum**
Dat.	māgn-**ō**	māgn-**ae**	māgn-**ō**	māgn-**īs**	māgn-**īs**	māgn-**īs**
Akk.	māgn-**um**	māgn-**am**	māgn-**um**	māgn-**ōs**	māgn-**ās**	māgn-**a**
Abl.	māgn-**ō**	māgn-**ā**	māgn-**ō**	māgn-**īs**	māgn-**īs**	māgn-**īs**

1.4 Zu beachten:

a) Einige Wortausgänge sind mehrdeutig, z.B.

-a	der a-Dekl.: Nom.Sg.	vīlla
	der o-Dekl.: Nom. oder Akk. Pl. *n*	oppida
-ī	der o-Dekl.: Gen.Sg. *m/n* oder Nom.Pl. *m*	amīcī, oppidī
-ae	der a-Dekl.: Gen. oder Dat.Sg. oder Nom.Pl.	vīllae
-ō	der o-Dekl.: Dat. oder Abl.Sg.	amīcō, oppidō
-īs	der a- und o-Dekl.: Dativ oder Abl.Pl.	vīllīs, amīcīs, oppidīs

Die genaue Festlegung dieser mehrdeutigen Formen muss sich aus dem Textzusammenhang ergeben.[2] Bei Zusammentreffen von Wörtern verschiedener Deklinationen kann die Überschneidung der Deutungsmöglichkeiten den entscheidenden Hinweis geben.

b) Nom. und Abl.Sg. der a-Deklination unterscheiden sich nur durch die verschiedene Länge (Quantität) des Wortausgangs: vīll**a**: vīll**ā**

1.5 In den **Lexika** wird als **Stichwort** (Lemma) für Substantive der **Nominativ Singular** angegeben. Dahinter folgen, meist in abgekürzter Form, der Genitiv und die Genusangabe, sodann die deutschen Bedeutungen:

vīlla,-ae *f* Landhaus, Landgut, Villa
amīcus,-ī *m* Freund
oppidum,-ī *n* Stadt

---

2) Vgl. im Deutschen die Gleichheit von Nominativ und Akkusativ: das Kind, die Kinder, die Männer, die Frauen; ebenso im Genitiv und Dativ Singular der weiblichen Substantive: der Frau.

Bei Adjektiven wird das Maskulinum angegeben; danach folgen die Wortausgänge des Femininums und des Neutrums. Die Genera können auch durch eine Ziffer ausgedrückt werden; dabei bedeutet z.B. die Ziffer „3“, dass das Adjektiv für jedes der drei Geschlechter eine eigene Nominativ-Singular-Form hat:

mägnus,-a,-um oder mägnus 3 ‚groß‘ [3)]

2 Flexion des Verbums (Konjugation)

Beim Verbum kennzeichnet in den sog. „finiten“ (d.h. ‚vollständig bestimmten‘) Formen der veränderliche Wortausgang:

Person (1., 2., 3.)	
Numerus (Zahl):	Singular, Plural
Modus:	Indikativ, Konjunktiv, Imperativ
Tempus (Zeit):	Präsens, Imperfekt, Futur I,
	Perfekt, Plusquamperfekt, Futur II
Diathese (Genus verbi):	Aktiv, Passiv.

Die **Infinitive** und **Partizipien**[4)] werden nur nach Tempus und Diathese gekennzeichnet.

Im Lateinischen gibt es vier **Konjugationen,** benannt nach dem Auslaut des Präsensstammes.

2.1 Die Formen des **Indikativ Präsens** sind lediglich durch die **Personalendung** charakterisiert:

Aktiv: 3. Singular -t, 3. Plural -nt,[5)] jeweils mit gekürztem Stammauslautvokal.

(1.) a-Konjugation: lauda-t, lauda- nt
(2.) e-Konjugation: move-t, move- nt
(4.) i-Konjugation: audi-t, audi-u-nt (mit eingeschobenem Bindevokal -u-);
ebenso bei den unregelmäßigen Verben

esse	*sein:*	es-t,	s-u-nt (mit eingeschobenem Bindevokal -u-)
posse	*können:*	potes-t,	poss-u-nt[6)]
velle	*wollen:*	vul-t,	vol-u-nt
īre	*gehen:*	i-t,	e-u-nt

Passiv: 3. Singular -tur, 3. Plural -ntur (mit gekürztem Stammvokal)

(1.) a-Konjugation: laudā-tur, lauda- ntur
(2.) e-Konjugation: movē-tur, move- ntur
(4.) i-Konjugation: audī-tur, audi- u- ntur
īre: ī-tur

Das Lateinische hat also im Bereich des Präsensstammes eigene Passivformen, keine Umschreibungen wie das Deutsche, Englische oder Französische.

3) Entsprechend wird auch in den Vokabelangaben dieses Unterrichtswerkes verfahren, jedoch unterbleibt bei Substantiven der a- und o-Deklination die Genusangabe, außer bei „natürlichem Geschlecht“: poēta,-ae *m* ‚Dichter‘; fāgus,-ī *f* ‚Buche‘.

4) Infinitive und Partizipien sind „infinite“, d.h. nicht vollständig bestimmte Formen.

5) Die Personalendung der 3. Person Singular ist identisch mit der des Deutschen (-t) und Englischen (-s, ältere Form -th); bei der 3. Person Plural ist in dt. ‚sind‘ der auslautende Dental noch erkennbar, sonst ist er weggefallen.

6) Kompositum von esse: pot-esse ‚Herr sein, mächtig sein‘; t + s > ss: pot-sunt > possunt.

2.2 Der **Infinitiv Präsens** hat die Endung **-re** (Aktiv) bzw. **-rī** (Passiv)

Aktiv:	laudā-re	movē-re	audī-re	ī-re
Passiv:	laudā-rī	movē-rī	audī-rī	

Die Infinitivendung lautete ursprünglich mit -s- an, das zwischen zwei Vokalen zu -r- wurde;[7] Das -s- ist erhalten bei es-se und posse; vel-le < vel-se.

3 Artikel

Das Lateinische hat **keinen Artikel**. Ob ein Substantiv bestimmt oder unbestimmt gebraucht ist, lässt sich also nur aus dem Textzusammenhang oder der Situation erschließen.[8]

4 Attribut, Apposition; Kongruenz

4.1 Adjektivisches/pronominales Attribut

Ein Substantiv wird näher bestimmt durch ein mit ihm in Kasus, Numerus und Genus übereinstimmendes (kongruierendes) Adjektiv oder Pronomen:
amī**cus** grāt**us**; īnsul**a** amoen**a**; oppid**um** māgn**um**;
incol**a** grāt**us** (incola ist männlich!)

4.2 Genitiv-Attribut

Auch der Genitiv eines Nomens kann als Attribut verwendet werden:
verba **amīcōrum**

4.3 Attribute stehen gewöhnlich nach dem zugehörigen Substantiv: oppidum māgnum; verba amīcōrum
Mengen-, Grad- und Zahlbestimmungen stehen gewöhnlich vor dem Substantiv: multae hōrae

Die Umkehrung dieser Wortstellung kann zur Hervorhebung dienen:
incola grātus → grātus incola; verba amīcōrum → amīcōrum verba;
multae hōrae → hōrae multae

4.4 Einfache Apposition; Appellativum

Ein Substantiv oder ein Eigenname kann näher bestimmt werden durch ein anderes Substantiv, das in Kasus und Numerus, evtl. auch im Genus, mit ihm übereinstimmt, z.B. durch einen Titel oder eine geographische Bezeichnung (Appellātīvum). Solche Bestimmungen stehen gewöhnlich nach ihrem Beziehungswort, bisweilen auch (wie im Deutschen) davor:

Atticus amīcus ‚(mein) Freund Atticus'
Dānuvius fluvius / fluvius Dānuvius ‚der Donaufluss, die Donau'

---

7) sog. Rhotazismus (von griech. „rhō" = r)

8) Erst im Spätlatein beginnt die Entwicklung des Demonstrativpronomens ille ‚jener' zum bestimmten, des Zahlwortes ūnus ‚ein(er)' zum unbestimmten Artikel der romanischen Sprachen: frz. le, la, les, un, une; ital. il (lo), la, i (gli), le, un(o), una.

4.5 Erweiterte Apposition

Ein Substantiv oder Eigenname kann auch durch eine Wortgruppe erläutert werden, die aus einem Substantiv mit Attribut besteht; das erläuternde Substantiv stimmt in Kasus und Numerus mit seinem Beziehungswort überein. Die erweiterte Apposition steht immer hinter ihrem Beziehungswort und wird durch Kommata abgetrennt:[9)]

Corinthus, oppidum māgnum, ...	Korinth, eine große Stadt, ...
Atticus, M. Tulliī amīcus, ...	Atticus, der Freund des M. Tullius, ...

5 Satzbau: Prädikat, Subjekt, Ergänzungen

5.1 **Der Kern** eines lateinischen Satzes ist das **Prädikat**, zu dem in der Regel ein **Subjekt** als notwendige Ergänzung hinzutritt (zur Angabe der Person, der Sache oder des Sachverhalts, deren Tätigkeit oder Zustand im Prädikat ausgesagt wird).[10)]

Das **Subjekt** wird jedoch – anders als im Deutschen – **nicht ausgedrückt**, wenn es sich aus der Form des Prädikats oder aus dem Textzusammenhang ergibt und nicht hervorgehoben werden soll.

Amīcī fluvium trānseunt;	Die Freunde überschreiten den Fluss;
in īnsulā mane**nt**.	**sie** bleiben auf der Insel.

5.2 Das **Prädikat** besteht entweder aus einem **Vollverb** (trānseunt, manent) oder aus einem **Prädikatsnomen** (Substantiv, Adjektiv) **mit einem Hilfsverb** (z.B. esse: Dānuvius **fluvius est**; īnsula **amoena est**); das Hilfsverb **esse** bezeichnet man als die **Kopula**.

Das **Prädikatsverb** stimmt mit dem Subjekt in Person und Numerus überein: Amīcus venit. Amīcī veniunt.

Das **Prädikatsnomen** stimmt mit dem Subjekt in Kasus, Numerus und, soweit möglich, auch im Genus überein, die Kopula in Person und Numerus.

Oppidum ad ōram situm est. Oppida ad ōram sita sunt.
Amīcus grātus est. Amīcī grātī sunt. Incolae grātī sunt.

Adjektive werden also im Lateinischen (wie im Französischen und Italienischen) auch dann verändert, wenn sie prädikativ gebraucht sind; im Deutschen steht bei prädikativem Gebrauch die undeklinierte Form des Adjektivs.
Der Freund ist **dankbar**. **Die Freunde** sind **dankbar**.

Bezieht sich das Prädikat auf mehrere Subjekte, so steht es, wenn es sich um Personen handelt, gewöhnlich im Plural:

Mārcus Tullius et Atticus amīcī **sunt**.	Marcus Tullius und Atticus **sind Freunde**.
Mārcus et Quīntus cum Atticō ambula**nt**.	Marcus und Quintus **gehen** mit Atticus spazieren.

---

9) Die Apposition ist ‚satzwertig'. So entspricht in dem Satz *Corinthus, oppidum māgnum, in Graeciā sita est* die Apposition *oppidum māgnum* einem Satz: *Corinthus oppidum māgnum est; in Graeciā sita est.*

10) Die Bezeichnungen „Subjekt" und „Prädikat" gehen auf die lateinischen Übersetzungen von Aristoteles geprägter griechischer Ausdrücke zurück: subiectum (hypokeímenon) ‚der Aussage zugrunde liegend'; praedicātum (katēgorūmenon) ‚das, was ausgesagt wird'.

5.3 In vielen Fällen ergeben Subjekt und Prädikat für sich noch keinen sinnvollen Satz, sondern benötigen noch weitere **Ergänzungen,** z.B. ein direktes oder indirektes Objekt, eine Orts- oder Richtungsangabe, einen Infinitiv.

Mārcus **amīcō vīllam** mōnstrat.	Marcus zeigt **dem Freund das Landhaus**.
Oppidum **ad ōram** situm est.	Die Stadt liegt **an der Küste**.
Amīcī **Atticum retinēre** nōn possunt.	Die Freunde können **Atticus** nicht **zurückhalten**.

Die **notwendigen Ergänzungen** und das Subjekt kann man vom Prädikat her durch Fragen erschließen:

Subjekt	‚Wer?' oder ‚Was?' (Nominativ)
Direktes Objekt	‚Wen?' oder ‚Was?' (Akkusativ)
Indirektes Objekt	‚Wem?' (Dativ)
Ortsangabe	‚Wo?'
Richtungsangabe	‚Wohin?'

⊳ Zu beachten ist, dass im Lateinischen (wie auch in anderen Sprachen) die Ergänzungen zuweilen anders konstruiert sind als im Deutschen. Diese Abweichungen sind mit der entsprechenden Vokabel zu lernen, z.B.
lat. adiuvāre mit **Akk.**; dt. jemanden unterstützen, **jemandem** helfen.

5.4 Ein Satz kann noch weitere Ergänzungen enthalten, die zur Herstellung eines **grammatisch** sinnvollen Satzes nicht notwendig sind, sondern nur zusätzliche, wenn auch inhaltlich bedeutsame Informationen geben; sie werden auch als ‚freie' oder ‚zusätzliche Angaben' bezeichnet.
Attribute und Appositionen sind stets zusätzliche Angaben. Da sie lediglich ein anderes Satzglied erweitern, sind sie unselbständige Satzglieder.

5.5 Der Verbindung der Sätze untereinander dienen die **Konnektoren** (Satzverbinder). Sie sind wichtig für das Erkennen der Strukturen innerhalb eines Satzgefüges und des logischen Zusammenhangs zwischen den Sätzen und Satzgefügen eines Textes (**Wegweiser**-Funktion). Als Konnektoren dienen z.B.

- zwischen den Sätzen und Satzgefügen:
  beiordnende Konjunktionen: und, aber
  Demonstrativpronomina und -adverbien: dieser; dann; so
- zwischen gleichrangigen Sätzen:
  beiordnende Konjunktionen: und, aber
- zwischen über- und untergeordneten Sätzen eines Satzgefüges:
  unterordnende Subjunktionen: als, weil, obwohl, wenn
  Fragewörter: wer, welcher, wann, wo
  Relativa: der, welcher, wo

6 Wortstellung; Übersetzung

6.1 Von Sonderfällen abgesehen, ist die lateinische Wortstellung frei (zur Stellung von Attribut und Apposition s.o. G 4.3–5).
Grundregel:
Die wichtigsten Informationen eines Satzes werden auf die beiden Haupttonstellen, Satzanfang und Satzende, verteilt.

6.2 Subjekt und Prädikat stehen als normalerweise wichtigste Informationen am Anfang und Ende ihres Satzes, sofern im konkreten Zusammenhang nicht andere Satzteile als wichtiger angesehen werden.

Subjekt	Dativ-Obj.	Prädikat
Amīcī	**rīpae**	appropinquant.

Ergänzung	Subjekt	Ergänzung	Prädikat
E rīpā	ponticulus	ad īnsulam	pertinet.

Der zweite Satz beginnt mit der Ergänzung „ē rīpā" wegen der inhaltlichen Beziehung zum vorhergehenden Satz.

6.3 Diese Tendenz gilt sinngemäß auch für die Sinnabschnitte innerhalb eines Satzes (Kola). Wörter, die der Verknüpfung der Sätze untereinander dienen (Konnektoren), sind hierbei natürlich nicht berücksichtigt.

6.4 Das Lateinische kann die Informationselemente innerhalb eines Satzes so verteilen, wie es der zeitlichen Abfolge und logischen Zuordnung am besten entspricht. Es ist darin Sprachen mit gebundener Wortstellung (z.B. Englisch, Französisch) überlegen. Da das Deutsche ebenfalls eine relativ freie Wortstellung hat, kann man bei der Übersetzung dem Lateinischen oft weitgehend folgen. Jedoch ist zu beachten:

1. Die Funktionen der lateinischen Wörter im Satz sind nicht an der Wortstellung, sondern an den Wort**formen** zu erkennen.
2. Im Deutschen steht im Hauptsatz als Aussagesatz das Prädikatsverb an der zweiten syntaktischen Stelle; daher Inversion (Umstellung), wenn der Hauptsatz nicht mit dem Subjekt beginnt.

Ich komme heute.	Heute komme ich.
Er kam gegen Abend nach Hause.	Gegen Abend kam er nach Hause.
Er kam nach Hause, als es Abend wurde.	Als es Abend wurde, kam er nach Hause.

6.5 Sperrung; Geschlossene Wortstellung

Durch Auseinanderrückung (Sperrung)[11)] eng zusammengehöriger Wörter, z. B. von Substantiv und attributivem Adjektiv, und Dazwischentreten weiterer zu einem dieser Wörter gehörender Angaben entsteht ein Block von Wörtern, die zusammen eine Sinngruppe bilden: geschlossene Wortstellung.

hortus prope vīllam situs — der beim Landhaus gelegene Park

Das Deutsche erreicht den gleichen Effekt durch die Sperrung von Artikel und zugehörigem Substantiv.

Im Lateinischen wird die geschlossene Wortstellung u.a. dazu verwendet, die Beziehung eines präpositionalen Ausdrucks zu einem Substantiv zu verdeutlichen; in der deutschen Übersetzung kann das verklammernde Adjektiv bisweilen weggelassen werden:

hortus prope vīllam situs — der/ein Park beim Landhaus

Die deutsche Wortgruppe *beim Landhaus* ist hier Präpositionalattribut zu *Park*.

---

11) Griechische Bezeichnung: Hypérbaton (= ‚übergroßer Schritt')

7 Bedeutungen und Funktionen der Kasus

Die Kasus bezeichnen die Funktion nominaler Satzglieder als Ergänzungen zu Verben (Subjekt, Objekt, adverbiale Ergänzung) oder ihre Beziehung – z. B. als Attribute – zu anderen Nomina.

7.1 Nominativ

Der Nominativ bezeichnet das **Subjekt** des Satzes. Zur Nichtbesetzung der Subjektstelle im Lateinischen s.o. 5.1.

7.2 Genitiv

Der Genitiv bezeichnet – wie im Deutschen – eine Person oder Sache, der eine andere Person oder Sache zugehört. Er steht hauptsächlich als Attribut zu einem Nomen auf die Frage ‚wessen?' und bezeichnet

- den **Besitzer** (im weitesten Sinne; **Genitīvus possessōris**)

patria Mārcī Tulliī	die Heimatstadt des M.Tullius
nātūra locī	die Beschaffenheit des Ortes

- den **Urheber**,[12] das Subjekt der durch das übergeordnete Substantiv bezeichneten Verbalhandlung **(Genitīvus subiectīvus)**

verba amīcōrum	die Worte der Freunde

- das **Objekt** der durch das übergeordnete Substantiv bezeichneten Verbalhandlung **(Genitīvus obiectīvus)**

incolae Athēnārum	die Einwohner Athens (Wen/Was bewohnen die Einwohner?)

Ein Substantiv mit Genitivattribut lässt sich im Deutschen oft durch ein zusammengesetztes Substantiv wiedergeben, dessen Vorderglied dem Genitivattribut entspricht: Geländebeschaffenheit, Freundesworte, Stadtbewohner.

7.3 Dativ

Der Dativ[13] bezeichnet die an der Handlung beteiligte oder interessierte Person, seltener die Sache:

das **indirekte Objekt** (Frage: wem?) bei Verben und Adjektiven:

Amīcō vīllam mōnstrat.	Er zeigt **seinem Freund** das Landhaus.
Rīpae appropinquant.	Sie nähern sich **dem Ufer**.
Locus **Atticō** nōtus est.	Der Ort ist **Atticus** bekannt.

7.4 Akkusativ

Der Akkusativ bezeichnet

- das **direkte Objekt** (wen?, was?)

Atticus **amīcōs** vīsitat.	Atticus besucht **seine Freunde**.
Atticus **locum** laudat.	Atticus lobt **den Ort**.

  Verben, die ein Akkusativ-Objekt zu sich nehmen, nennt man transitiv.

  Verben, die kein Akkusativ-Objekt bei sich haben können, sondern nur ein Objekt in einem anderen Kasus oder gar kein Objekt, nennt man intransitiv.

---

12) cāsus genitīvus eigentlich ‚Abstammungskasus'.
13) cāsus datīvus ‚Gebe-Kasus' von seinem Auftreten in der Verbindung ‚**jemandem** etw. geben'.

Transitive Verben können ein persönliches Passiv bilden (z.B. unterstützen: ich werde unterstützt), intransitive nur ein unpersönliches (z.B. helfen: mir wird geholfen; nicht: ich werde geholfen).

Ein lateinisches transitives Verb wird nicht immer im Deutschen durch ein ebenfalls transitives Verb wiedergegeben (s.o. 5.3); umgekehrt kann einem lateinischen intransitiven Verb ein deutsches transitives Verb entsprechen; diese Unterschiede sind im Einzelfall zu lernen (Angaben in den Lexika beachten!).

- die **Richtung** (wohin?) bei Städtenamen

Rōmam	nach Rom

sowie bei

domum	nach Hause

Bei Ländernamen steht wie im Deutschen eine Präposition:

in Graeciam	nach Griechenland

- die **räumliche** oder **zeitliche Ausdehnung** (wie hoch? wie lang? wie lange?)

multās hōrās	viele Stunden (lang)

7.5 Ablativ

Im lateinischen Ablativ sind drei ursprünglich selbständige Kasus vereinigt:
der Instrumentalis: Angabe des Mittels, Werkzeugs
der Separativ: Angabe der Herkunft oder Trennung
der Lokativ: Angabe des Ortes oder des Zeitpunktes.

Als **Instrūmentālis** bezeichnet der Ablativ

a) das **Mittel** oder **Werkzeug**, womit/wodurch die Handlung vollzogen wird:

Atticus incolās pecūniā adiuvat.	Atticus unterstützt die Einwohner mit/durch Geld.

b) den **Grund** einer Gemütsbewegung (**Ablātīvus causae**; weshalb? worüber?):

Nātūrā locī dēlector.	Ich werde erfreut durch / Ich freue mich über die Beschaffenheit der Landschaft.

8 Präpositionen

Präpositionen werden mit einem Nomen in einem bestimmten Kasus verbunden; wie im Deutschen muss man auch im Lateinischen jeweils wissen, um welchen Kasus es sich dabei handelt. Die Präpositionen stehen gewöhnlich **vor** ihrem Nomen. Präposition und Nomen bilden zusammen **ein** Satzglied (z.B. Orts-, Richtungs-, Zeitangabe).

8.1 mit Akkusativ

ad	1. zu, nach ... hin, an (Richtung: wohin?); 2. an, bei (Ort: wo?)
apud	(nahe) bei
prope	(nahe) bei
iūxtā	(nahe) bei, neben

8.2 mit Ablativ

dē	1. von ... herunter; 2. von ... her = wegen, aus; 3. von = über, betreffs
cum	(zusammen) mit
ē/ex	aus

8.3 **mit Akkusativ oder Ablativ**

in mit Akk.	in, an, auf, zu, nach, gegen (wohin?)
mit Abl.	in, an, auf (wo?)

8.4 Der Kasus bei der lateinischen Präposition deckt sich nicht immer mit dem Kasus bei der deutschen Präposition:

ad Rhen**um** a) an **den** Rhein, zu**m** Rhein (wohin?)
b) a**m** Rhein (wo?)

dē philosophiā (Abl.) von **der** Philosophie, über **die** Philosophie

9 Bedeutungen des Indikativ Präsens

Der lateinische Indikativ Präsens entspricht in der Regel einem Indikativ Präsens im Deutschen. Er bezeichnet

9.1 eine Handlung/einen Zustand als vom Standpunkt des Redenden aus in der Gegenwart stattfindend/bestehend (**aktuelles Präsens**):

Die Sonne scheint. Das Auto fährt vorbei.
Hic locus amoenus est. Dieser Ort ist schön.

Durch das Präsens können auch vergangene Handlungen in die Gegenwart des Erzählers versetzt (aktualisiert) werden.

Atticus M. Tullium vīsitat. Atticus **besucht** M. Tullius.
(Die Begegnung fand vor über 2000 Jahren statt.)

9.2 eine Aussage als allgemeingültig, jederzeit aktualisierbar (**generelles Präsens**, besonders in Sprichwörtern und Redensarten):

M. Tullius clārus est. M. Tullius ist (immer) berühmt.

9.3 ein in der Vergangenheit erfolgtes Ereignis als für die Gegenwart in seinen Folgen weiter bestehend, z.B. durch literarische Überlieferung:

Goethe sagt ...; Plato lehrt ...

10 Aktiv und Passiv

Die Bedeutungen von Aktiv und Passiv decken sich weitgehend mit denen des Deutschen.

10.1 Das **Aktiv** bezeichnet eine Tätigkeit, die ein Subjekt ausübt, oder einen Zustand, in dem sich ein Subjekt befindet.

Atticus amīcum vīsitat. Atticus besucht seinen Freund.
Ponticulus ad īnsulam pertinet. Eine kleine Brücke führt zur Insel.

10.2 Das **Passiv** bezeichnet einen Vorgang, der einem Subjekt widerfährt (von ihm ‚erlitten' wird). Der Veranlasser (Täter, Urheber) braucht nicht angegeben zu werden. Ein solches persönliches Passiv wird von transitiven Verben gebildet.

Amīcus laudātur. Der Freund wird gelobt.

Intransitive Verben bilden nur ein unpersönliches Passiv:
Nāvigātur. Es wird (zu Schiff) gefahren = Man fährt (zu Schiff).

10.3 Umwandlung von einer Aktiv- in eine Passivkonstruktion

Bei singemäßer Umwandlung einer Aktiv- in eine Passivkonstruktion wird das Akkusativ-Objekt der Aktivkonstruktion zum Subjekt der Passivkonstruktion; das Subjekt der Aktivkonstruktion wird in der Passivkonstruktion zu einer adverbialen Ergänzung.

Atticum amīcōrum **verba** *dēlectant.*	**(Den) Atticus** *erfreuen* **die Worte** der Freunde.
Atticus amīcōrum **verbīs** *dēlectātur.*	**Atticus** *wird* **durch die Worte** der Freunde *erfreut.*

11 Infinitiv als Subjekt und Objekt

Der lateinische Infinitiv kann wie im Deutschen die Satzposition eines Subjekts oder eines Objekts ausfüllen.

11.1 **Subjektsinfinitiv:** In Subjektsposition steht im Deutschen häufig das unpersönliche ‚es' (Scheinsubjekt).

Ambulāre Atticum dēlectat.	Das Spazierengehen macht Atticus Freude. Spazieren (zu) gehen macht Atticus Freude. **Es** macht Atticus Freude, spazieren zu gehen.
Errāre hūmānum est.	(Das) Irren ist menschlich. **Es** ist menschlich zu irren.

11.2 **Objektsinfinitiv:** Er ist notwendige Ergänzung bei den Verben ‚können, sollen, müssen, wollen'.

... audīre potest.	(er) kann ... hören.
... laudārī dēbet.	(er) muss ... gelobt werden.
... īre volunt.	(sie) wollen ... gehen.

12 Aufzählung

12.1 Bei einer mehr als zweigliedrigen Aufzählung wird die Konjunktion **et** ‚und' entweder zwischen allen Gliedern oder überhaupt nicht gesetzt:
Nātūra locī (et) fluviī (et) īnsulae (et) vīllae Atticum dēlectat.
Amīcī ... dēlectantur (et) moventur (et) ērudiuntur.

12.2 Die Konjunktion **-que** ‚und' wird an das zu addierende Wort bzw. an das erste Wort der anzufügenden Wortgruppe angehängt:
vīllam hortumque
In Graeciam eunt verbaque philosophōrum audiunt.

Bei mehrgliedrigen Aufzählungen kann -que (wie das deutsche ‚und') zum letzten Glied gesetzt werden:

locus, fluvius, īnsula vīllaque ...

13 Verbalkomposita

Ein Kompositum (zusammengesetztes Verb) wird durch Vorsetzen eines Präverbs vor das einfache Verb (Simplex) gebildet. Im Lateinischen werden meistens Präpositionen als Präverbien verwendet.

esse ‚sein‘: ad-esse ‚anwesend sein‘
īre ‚gehen‘: trāns-īre ‚hinübergehen, überschreiten‘

14 Ländernamen

Ländernamen werden durch Anfügen des Suffixes -ia an den Wortstock (G 1) des Bewohnernamens gebildet.

Germān-us – Germān-ia, Graec-us – Graec-ia, Gall-us – Gall-ia,
Ital-us – Ital-ia; mittelalterlich: Franc-us – Franc-ia.

LEKTION 2

1 Vokativ

Eine besondere **Anredeform** (Vokativ) besitzen nur die Namen, Substantive und Adjektive auf **-us** der **o**-Deklination im **Singular**.

Wortausgang: **-e**	amīcus: amīc-**e**
bei Nomina auf -ius: **-ī**	Mārc**us** Tull**ius**: Mārc**e** Tull**ī**

Sonst wird als Anredeform der Nominativ benutzt.

2 a-, e-, i-Konjugation; īre: Indikativ und Infinitiv Präsens; Imperativ

2.1 Indikativ und Infinitiv Präsens Aktiv und Passiv und die Imperative werden durch Anfügen der Endungen an den Präsensstamm des Verbums gebildet.

Der **Imperativ (Befehlsform)** endet in der a-, e-, i-Konjugation und bei īre im **Singular** mit dem langen Stammvokal (Endung Null), im **Plural** wird die Personalendung **-te** angefügt.

		a-Konj.	e-Konj.	i-Konj.	unregelm.
AKTIV					
Infinitiv		laudā-re loben	vidē-re sehen	audī-re hören	ī-re gehen
Indikativ	1. Sg.	laudō[1]	vide-ō	audi-ō	e-ō
	2.	laudā-s	vidē-s	audī-s	ī-s
	3.	lauda-t	vide-t	audi-t	i-t
	1. Pl.	laudā-mus	vidē-mus	audī-mus	ī-mus
	2.	laudā-tis	vidē-tis	audī-tis	ī-tis
	3.	lauda-nt	vide-nt	audi-u-nt	e-u-nt
Imperativ	2. Sg.	laudā	vidē	audī	ī
	2. Pl.	laudā-te	vidē-te	audī-te	ī-te

1) laudō, laudor < lauda-ō, lauda-or.

		a-Konj.	e-Konj.	i-Konj.	unregelm.
PASSIV					
Infinitiv		laudā-rī	vidē-rī	audī-rī	ī-rī
Indikativ	1. Sg.	laudor[1]	vide-or	audi-or	
	2.	laudā-ris	vidē-ris	audī-ris	
	3.	laudā-tur	vidē-tur	audī-tur	ī-tur[2]
	1. Pl.	laudā-mur	vidē-mur	audī-mur	
	2.	laudā-minī	vidē-minī	audī-minī	
	3.	lauda-ntur	vide-ntur	audi-u-ntur	

2.2 Das Schwanken der Quantität des stammauslautenden Vokals (a, e, i) entspricht lateinischen Lautgesetzen:

- Vokal vor Vokal wird gekürzt: vide-ō, audi-ō, audi-unt; dabei wird das i- von īre zu e-: e-ō, e-unt.
- Der Stammauslaut der a-Konjugation verschwindet vor -o: laudō, laudor (wichtig für das Aufsuchen der Grundform; s.u. 2.4!)
- Vokalkürzung vor -nt (lauda-nt, vide-ntur), vor auslautendem -r (laudor, audi-or) und -t (lauda-t, vide-t, audi-t, i-t).

2.3 Die Endung -o der 1.Sg.Aktiv ist ursprünglich lang; häufig (im späteren Latein sogar überwiegend) ist sie aber kurz.

2.4 In den **Lexika** wird als **Stichwort** (Lemma) eines Verbums die 1. Person Singular Indikativ Präsens Aktiv angegeben (**Grundform**), die deutsche Bedeutung dagegen gewöhnlich in der Nennform, dem deutschen Infinitiv Präsens Aktiv.[3] Die Konjugationszugehörigkeit wird durch Angabe des Infinitiv-Präsens-Ausgangs oder durch Ziffern bezeichnet (1 = a-, 2 = e-, 4 = i-Konjugation):

laudō,-āre	*oder*	laudō 1	loben
videō,-ēre	*oder*	videō 2	sehen
audiō,-īre	*oder*	audiō 4	hören

Bei unregelmäßigen Verben werden die Besonderheiten angegeben:
īre, eō, ... gehen.

3 **Personalpronomen** (Persönliches Fürwort) der 1. u. 2. Person: Nominativ

3.1

1. Sg.	2. Sg.	1. Pl.	2. Pl.
egō ‚ich'	tū ‚du'	nōs ‚wir'	vōs ‚ihr'

3.2 Da die Verbformen der 1. und 2. Person das Subjekt deutlich bezeichnen, wird – anders als im Deutschen, Englischen und Französischen – das Personalpronomen im Nominativ nur hinzugesetzt, wenn es hervorgehoben werden soll, z.B. bei Gegensatz oder im lebhaften Gespräch (so auch im Italienischen; Nichtbesetzung der Subjektsstelle, s. 1 G 5.1).

1) laudō, laudor < lauda-ō, lauda-or.
2) Persönliche Passivformen werden nur von transitiven Komposita von īre gebildet, z.B. praeter-īre ‚jem./etw. übergehen': praeter-eor, -īris, -ītur, -īmur, -īminī, -euntur; Inf. praeter-īrī.
3) In den Vokabelverzeichnissen und in den Stammformenlisten dieses Lehrbuches werden die Verben im **Infinitiv Präsens** (wie im Deutschen üblich) angegeben.

3.3 Ein dem deutschen ‚er/sie/es, sie' entsprechendes (nicht-reflexives) Personalpronomen gibt es im Lateinischen nicht.

2

4 Bedeutungen des Ablativs (Fortsetzung): **Ablātīvus sēparātīvus**

Der eigentliche Ablativ[4] steht

4.1 zur Bezeichnung des **örtlichen Ausgangspunktes** einer Bewegung bei Städtenamen auf die Frage ‚woher?, wovon?'

Rōmā abesse	von Rom abwesend sein
Athēnīs abīre	von Athen weggehen

4.2 als **Ablātīvus sēparātīvus** bei Verben und Adjektiven der **Trennung** auf die Frage ‚wovon?'

negōtiīs vacāre	von Geschäften frei sein
vacuus negōtiīs	frei von Geschäften

5 causā und grātiā mit dem Genitiv

Mit dem Genitiv verbunden werden die wie Präpositionen gebrauchten Ablative **causā** und **grātiā** ‚wegen, um ... willen'. Sie stehen **nach** dem zugehörigen Substantiv.

studiōrum causā/grātiā	um der Studien willen, wegen der Studien
exemplī grātiā	zum Beispiel (engl. Abkürzung e.g.!)

6 Fragesätze und Antworten

6.1 Wortfragen (= Ergänzungs-, Bestimmungsfragen); sie werden wie im Deutschen durch ein Fragewort (Pronomen, Adverb)[5] eingeleitet, das nach dem zu ergänzenden Teil der Aussage fragt, z.B.

- nach dem Subjekt: quis? ‚wer?'; quid? ‚was?'
- nach adverbialen Bestimmungen, z.B. einem Grund:
  cūr? ‚warum?' quid? ‚was?' ‚warum?'[6]

6.2 Satzfragen (= Entscheidungsfragen); sie fragen nach der Bestätigung oder Verneinung der Aussage und werden – anders als im Deutschen – gewöhnlich durch eine Fragepartikel eingeleitet:

-ne (an das erste Wort des Fragesatzes angehängt): Es wird eine bejahende oder verneinende Antwort erwartet.[7] Im Deutschen gibt es kein dem -ne entsprechendes Wort.

Vidēsne ponticulum?	Siehst du die kleine Brücke?

nōnne: Es wird eine bejahende Antwort erwartet. Im Deutschen tritt zur Frage ‚nicht wahr, ... doch?, etwa nicht?'

Nōnne dēlectāris?	Nicht wahr, du freust dich doch?
	Freust du dich etwa nicht?

4) cāsus ablātīvus = ‚Kasus zur Bezeichnung des Wegnehmens/Entfernens'.
5) Der lateinische qu- (bzw. cu-)Anlaut entspricht dem deutschen w-Anlaut dieser Fragewörter.
6) „Was seid ihr so furchtsam?" (Bibelsprache)
7) -ne ist sozusagen das lateinische Fragezeichen; entsprechend nōn-ne = ... nicht?

2

num: Es wird eine **verneinende** Antwort erwartet. Im Deutschen tritt zur Frage ‚(doch nicht) etwa?'

Num timēs? — Du hast doch nicht etwa Angst? / Hast du etwa Angst?

Die **Antwort „Ja‘** wird durch Wiederholung des Prädikatsverbs (evtl. in der entsprechend veränderten Personalform) oder durch **ita est** ausgedrückt.

Vidēsne hunc ponticulum? – Videō.
Nōnne dēlectāminī? – Ita est.

Die **Antwort ‚Nein‘** wird durch das negierte wiederholte Prädikatsverb oder durch **minimē** (evtl. mit wiederholtem Verb) ausgedrückt.

Vidēsne hunc ponticulum? – Nōn videō.
Num timēs? – Minimē (timeō).

6.3 **Doppelfragen** stellen zwei (oder mehr) Möglichkeiten zur Wahl; sie werden eingeleitet durch

utrum ... – an ...?	}	... – oder ...?
-ne ... – an ...?		
... – an ...?		

Im Deutschen wird nur der zweite Teil der Frage gekennzeichnet (‚oder‘); utrum und -ne bleiben also unübersetzt.

3

LEKTION 3

1 **o-Deklination:** Substantive und Adjektive auf -r

Bei einigen Substantiven und Adjektiven der o-Deklination ist nach -r- der Wortausgang -us des Nom. Sing. Mask. abgefallen; der Vokativ ist gleich dem Nominativ.

1.1 Das – außer bei vir, virī ‚Mann‘ – vor dem -r stehende -e- gehört bei einigen dieser Wörter zum Wortstamm und ist deshalb in allen Formen vorhanden, z.B.:

puer, Gen.Sg. puer-ī (usw.) ‚Knabe‘
līber, lībera, līberum (usw.) ‚frei‘
alter, altera, alterum (usw.) ‚einer von beiden‘.

1.2 Bei anderen Wörtern steht das -e- nur im Nom. Sing. Mask., z. B.:

liber, librī (usw.) ‚Buch‘
pulcher, pulchra, pulchrum ‚schön‘
uter, utra, utrum ‚welcher von beiden?‘.

1.3 Beim Nachschlagen und Lernen dieser Wörter ist also bei Substantiven die Genitivform, bei Adjektiven die Form des Femininum und Neutrum zu beachten.

▷ Die Wörter liber, librī ‚Buch‘ und līber, lībera, līberum ‚frei‘ unterscheiden sich auch durch die verschiedene Länge des i!

Die männlichen Pluralformen des Adjektivs līber ‚frei‘ werden auch als Substantiv līberī,-ōrum, *m* ‚Kinder‘ verwendet (Kontext zur Bedeutungsklärung beachten!).

1.4 Deklinationsbeispiele (Substantive):

	puer, puerī ‚Knabe, Junge' Singular	Plural	liber, librī ‚Buch' Singular	Plural
Nom.	puer	puer-ī	liber	libr-ī
Gen.	puer-ī	puer-ōrum	libr-ī	libr-ōrum
Dat.	puer-ō	puer-īs	libr-ō	libr-īs
Akk.	puer-um	puer-ōs	libr-um	libr-ōs
Abl.	puer-ō	puer-īs	libr-ō	libr-īs
Vok.	puer			

2 Demonstrativpronomina

2.1 Die Demonstrativpronomina

hic,	haec,	hoc	‚dieser hier'
iste,	ista,	istu**d**[1]	‚dieser da'
ille,	illa,	illu**d**[1]	‚jener'
ipse,	ipsa,	ipsum	‚selbst'

bilden einheitlich für alle drei Geschlechter

den Genitiv Singular mit der Endung -ius: huius
nach Konsonant -īus: illīus, istīus[2]

den Dativ Singular mit der Endung -ī: illī.

Die anderen Kasusformen entsprechen denen der a- und o-Deklination. Bei hic ist in einigen Formen das Suffix -c (< -ce ‚hier') angehängt.

2.2 Deklinationsschema:

Sg.	Nom.	hic	haec	hoc	ille	illa	illud
	Gen.		huius			illīus	
	Dat.		huic			illī	
	Akk.	hunc	hanc	hoc	illum	illam	illud
	Abl.	hōc	hāc	hōc	illō	illā	illō
Pl.	Nom.	hī	hae	haec	illī	illae	illa
	Gen.	hōrum	hārum	hōrum	illōrum	illārum	illōrum
	Dat.		hīs			illīs	
	Akk.	hōs	hās	haec	illōs	illās	illa
	Abl.		hīs			illīs	

2.3 Wie ille werden iste, ista, istud und ipse, ipsa, ipsum dekliniert.

2.4 Hic, iste und ille sind in ihrer Bedeutung differenziert:

hic dem Redenden örtlich oder zeitlich naheliegend, auf ihn selbst bezogen: ‚dieser hier, dieser mein'; ‚folgender' (vorausweisend)

iste dem Redenden gegenüberstehend, auf den Angeredeten bezogen: ‚dieser da, dieser dein'; ‚der da' (verächtlich)

ille dem Redenden ferner liegend: ‚jener dort, jener berühmte'

1) Die Pronominalendung -d hat auch aliu**d**.
2) Ausnahme von der Regel, dass ein langer Vokal vor einem nachfolgenden weiteren Vokal gekürzt werden muss.

2.5 Attributive Demonstrativpronomina stehen gewöhnlich **vor** dem zugehörigen Substantiv: haec vīlla.

2.6 Ist ein Demonstrativpronomen Subjekt, so richtet es sich in seinem Genus und Numerus gewöhnlich nach dem Prädikatsnomen (im Deutschen steht es dagegen meist im Neutrum Singular).

Haec est **patria** mea.	**Dies** ist meine Heimat.[3]
Hī sunt amīcī meī.	**Das** sind meine Freunde.[3]

3 Pronominaladjektive

Die Pronominaladjektive, die in ihrer Bedeutung zwischen Adjektiv und Pronomen stehen, werden wie die Demonstrativpronomina dekliniert.

ūnus,-a,- um	‚einer‘	Gen.Sg. ūnīus,	Dat.Sg. ūnī
sōlus,-a,-um	‚allein‘	sōlīus,	sōlī
tōtus,-a,-um	‚ganz‘	tōtīus,	tōtī
ūllus,-a,-um	‚irgendeiner‘[4]	ūllīus,	ūllī
uter, utra, utrum	‚welcher von beiden?‘	utrīus,	utrī
alter, altera, alterum	‚einer von beiden‘	alterīus,	alterī
neuter, neutra, neutrum	‚keiner von beiden‘	neutrīus,	neutrī
nūllus,-a,-um	‚keiner‘	nūllīus,	nūllī
alius, alia, aliu**d**	‚ein anderer‘	alterīus[5]	aliī

4 Possessivpronomen (Besitzanzeigendes Fürwort)

4.1 Die Possessivpronomina werden wie Adjektive der o-/a-Deklination dekliniert.

Singular:				Plural:			
1. meus,	mea,	meum	‚mein‘	1. noster,	nostra,	nostrum	‚unser‘
2. tuus,	tua,	tuum	‚dein‘	2. vester,	vestra,	vestrum	‚euer‘

Das Possessivpronomen der 3. Person (Sing. und Plur.) suus, sua, suum ‚sein, ihr‘ drückt das Besitzverhältnis in Beziehung auf das Subjekt (reflexiv) aus:

M. Tullius patriam suam amat. — M. Tullius liebt seine Heimatstadt.

4.2 Attributiv gebrauchte Possessivpronomina stehen gewöhnlich **hinter** ihrem Substantiv: vīlla mea.

4.3 Das Possessivpronomen wird im Lateinischen meist nicht gesetzt, wenn das Zugehörigkeitsverhältnis aus dem Zusammenhang klar ist und nicht hervorgehoben werden soll.

Cicerō cum Atticō amīcō ambulat. — Cicero geht mit **seinem** Freund Atticus spazieren.

---

3) Vgl. dagegen engl. *This* is my *country*; *these* are my *friends*.

4) nur in negativen Sätzen

5) Die Genitivform alīus wird aus lautlichen Gründen gemieden.

3

5 **esse, posse** und **velle: Indikativ und Infinitiv Präsens; Imperativ**

	5.1		**5.2**
Inf. Präs.	esse ‚sein'	posse ‚können'	velle ‚wollen'
Ind.Präs.			
1. Sg.	sum	pos-sum	volō
2.	es	pot-es	vīs
3.	est	pot-est	vult
1. Pl.	sumus	pos-sumus	volumus
2.	estis	pot-estis	vultis
3.	sunt	pos-sunt	volunt
Imperativ			
2. Sg.	es	–	–
2. Pl.	este	–	–

▷ Bedeutungen von esse: ‚sein' (Kopula); ‚vorhanden sein, existieren' (Vollverb)

6 **Genitīvus subiectīvus und obiectīvus**

Der Genitiv bezeichnet sowohl das Subjekt (Urheber) als auch das Objekt der durch ein Substantiv bezeichneten Verbalhandlung.

6.1 Genitīvus subiectīvus

verba amīcōrum	Worte der Freunde *(Die Freunde sprechen.)*

6.2 Genitīvus obiectīvus

studium philosophiae	das Studium der Philosophie *(Wir studieren Philosophie.)*

Der Genitīvus obiectīvus muss im Deutschen meist durch einen präpositionalen Ausdruck wiedergegeben werden:

memoria clārōrum virōrum	Erinnerung **an** berühmte Männer

Die Unterscheidung zwischen Genitīvus subiectīvus und obiectīvus ist nur aus dem Textzusammenhang unter Berücksichtigung der Wortbedeutung möglich:

memoria virōrum —
- subiectīvus: die Erinnerung der Männer *(Die Männer erinnern sich.)*
- obiectīvus: die Erinnerung an die Männer *(Wir erinnern uns an die Männer.)*

7 **Bedeutungen des Dativs**

Der Dativ bezeichnet die an der Handlung beteiligte oder interessierte Person, seltener die Sache:

7.1 das **indirekte Objekt** (‚wem?')

Amīcō pulchra loca mōnstrat.	Er zeigt **seinem Freund** die schöne Gegend.

7.2 den **Besitzer** (mit esse; **Datīvus possessīvus**)

Tusculānīs duae patriae sunt.	(**Den Tusculanern sind** zwei Vaterstädte =) **Die Tusculaner haben** zwei Vaterstädte.

Zur Abgrenzung vom Genitīvus possessōris s.u. 8.2.

7.3 bei bestimmten Adjektiven, z.B.

nōtus ‚bekannt‘: **Mihi** nōtus est. ‚Er ist **mir** bekannt.‘

amīcus ‚befreundet, freundlich gesinnt‘: **locō** amīcus ‚**dem Ort** freundlich gesinnt‘ (dagegen amīcus als Substantiv ‚Freund‘ mit Genitiv).

8 Ausdruck des Possessivverhältnisses

Das Possessivverhältnis wird ausgedrückt

8.1 einem Substantiv zugeordnet (attributiv)

a) durch das Possessivpronomen

vīlla mea	mein Landhaus

b) durch den Genitīvus possessōris (1 G 7.2)

vīlla Atticī	das Landhaus des Atticus

8.2 dem Prädikat zugeordnet (prädikativ)

a) allgemein: durch den Datīvus possessīvus

Atticō vīlla est.	Dem Atticus gehört ein Landhaus. = Atticus hat ein Landhaus.
Mihi vīlla est.	Mir gehört ein Landhaus. = Ich besitze ein Landhaus.

b) mit Hervorhebung des Besitzers: durch den Genitīvus possessōris

Haec vīlla Atticī est, nōn M.Tulliī.	Dieses Landhaus ist Eigentum des Atticus, nicht des M.Tullius.

bzw. durch das Possessivpronomen

Haec vīlla mea est, nōn tua.	Dieses Landhaus ist mein, nicht dein (gehört mir, nicht dir).

8.3 Ob der Genitiv bzw. das Possessivpronomen dem Subjekt oder dem Prädikat zugeordnet ist, ist nur aus der Situation oder dem Textzusammenhang, in der gesprochenen Sprache evtl. aus Betonung und Abgrenzung erkennbar:

Haec vīlla Atticī est.	Dies ist das Landhaus des Atticus.
Haec vīlla Atticī est.	Dieses Landhaus ist Eigentum des Atticus (= gehört Atticus).

Manchmal hilft auch die Wortstellung:

Haec Atticī vīlla est.	Dies ist des Atticus Landhaus.

Possessivpronomen und Genitīvus possessōris sind syntaktisch gleichwertig.

Hic amīcus **Atticī** est.	Dieser ist Freund **des Atticus**.
Hic amīcus **meus** est.	Dieser ist **mein** Freund.[6]

6) Vgl. ital. ‚un **mio** amico‘ gegenüber dt. ‚ein Freund **von mir**‘.

9 **Lokativ** und **Ablātīvus locī**

Der Lokativ (Ortskasus; wo?) ist im Lateinischen bis auf wenige Reste ausgestorben; seine Funktion hat der Ablativ (mit oder ohne Präposition) übernommen.

9.1 Bei **Städtenamen** der a- bzw. o-Deklination im **Singular** ergibt die ursprüngliche Lokativendung -i die Wortausgänge

-ae (a-Dekl.)	**-ī** (o-Dekl.)
Rōm-ae in Rom	Corinth-ī in Korinth
Colōni-ae Agrippīn-ae in Köln	Tuscul-ī in Tusculum

Diese Lokative sehen also wie Genitive Singular aus.

Bei Städtenamen mit einem **Appellativum** steht immer **in mit Ablativ:**

in mūnicipiō Tusculō — in der Landstadt Tusculum

9.2 Bei Städtenamen der a- und o-Deklination im Plural und bei allen Städtenamen anderer Deklinationen steht der **Ablātīvus locī** ohne Präposition.
Athēnīs in Athen

Ob es sich bei einem Ortsnamen im Ablativ um einen Ablātīvus locī oder um einen Ablātīvus sēparātīvus handelt, muss aus dem Textzusammenhang (Verbum!) entnommen werden.

Athēnīs esse	**in** Athen sein, sich aufhalten
Athēnīs abīre	**von** Athen weggehen

9.3 Der Ablātīvus locī kann auch in Wortgruppen mit ‚locus' und ‚tōtus' stehen; doch kommt auch die Präposition in mit Abl. vor:

(in) hōc **locō**	an diesem **Ort**
(in) **tōtā** Graeciā	in **ganz** Griechenland

10 **Sperrung; Geschlossene Wortstellung** (Fortsetzung von 1 G 6.5)

Die Trennung zusammengehöriger Wortgruppen (Sperrung, Hypérbaton) ist ein Mittel

- zur Hervorhebung der gesperrten Wörter
- zur Einbindung weiterer Satzteile.

Besonders häufig ist die Sperrung von Substantiv und Attribut.

Eingeschoben werden vor allem
- attributive Genitive: multa **amīcōrum** vestīgia
- Präpositionalausdrücke: oppida **ad Rhēnum** sita
- ein Wort, das sich inhaltlich oder in der Betonung eng an das erste Wort der gesperrten Gruppe anschließt:
  nōn ūnīus **tantum** patriae — nicht **nur** eines Heimatlandes
- das Prädikatsverb: Duās **habēmus** patriās. Amīcōrum **adsunt** vestīgia.

Das Hilfsverb esse, das oft nur schwach betont ist und sich daher (als ‚enklitisches' Wort)[7] an ein stark betontes Wort anlehnt, kann aus diesem Grund vom Prädikatsnomen getrennt werden: Ipse **sum** illī vīllae nunc **amīcus**.

7) Von griechisch enklīnō ‚anlehnen'

11 Kopulative (verknüpfende) Konjunktionen: et, atque/ac, -que; etiam, quoque; neque

Kopulative Konjunktionen reihen Satzglieder oder Sätze aneinander.

11.1 **et** ‚und' ist die allgemeinste Konjunktion zur Verbindung von zwei oder mehr Gliedern einer Aufzählung (1 G 12.1). Im Sinne von ‚auch' fügt es ein neues Element einer vorhandenen Menge hinzu.

Rhēnus et Dānuvius fluviī sunt.	Rhein und Donau sind Flüsse.
Multa oppida ad Rhēnum sita sunt; **et** Colōnia Agrippīna ad Rhēnum sita est.	Viele Städte liegen am Rhein; **auch** Köln liegt am Rhein.
et – et	sowohl – als auch
Et Tusculānī sunt et Rōmānī.	Sie sind sowohl Tusculaner als auch Römer.

11.2 **atque** und **ac** ‚und' verbinden sachlich zusammengehörige oder bedeutungsähnliche (synonyme) Begriffe sowie Gegensatzpaare.

... huic locō atque illī vīllae, ubi tū nātus es.	... diesem Ort und jenem Landhaus, wo du geboren bist.
negōtia pūblica ac prīvāta	öffentliche und private Tätigkeiten

11.3 **-que** ‚und' verbindet sich ergänzende (komplettierende) Begriffe oder folgerichtig sich ergebende Handlungen.

nōs līberīque nostrī	wir und unsere Kinder

11.4 Die Verwendung dieser Konjunktionen hängt von der Auffassung des Redenden oder Autors ab. Häufig werden die verschiedenen Konjunktionen zur Unterscheidung innerhalb von Aufzählungen benutzt.

Prīvātīs **et** pūblicīs negōtiīs retinēmur **atque** impedīmur.

11.5 **quoque** ‚auch' (gleichstellend) bezieht sich nur auf **ein** Wort; es steht **hinter** dem Wort, zu dem es gehört.

Nōs quoque dēlectāmur.	Auch wir werden erfreut.

11.6 **etiam** ‚auch' hat oft steigernden Sinn: ‚sogar'.

Etiam puerīs nōtum est.	Sogar Kindern ist es bekannt.
nōn modo / **nōn sōlum** / **nōn tantum** } **– sed etiam**	nicht nur – sondern auch

11.7 **neque** ‚und nicht, auch nicht', fügt ein negatives Glied an.

neque – neque	weder – noch
neque Tullius neque Atticus	weder Tullius noch Atticus.

12 Adversative (entgegenstellende) Konjunktionen: sed, autem; tamen

12.1 **sed** ‚aber, sondern' bezeichnet einen **Gegensatz** zum Vorhergehenden.

12.2 **autem** (nachgestellt) ‚aber' fügt als **Satzverbindung** dem Vorhergehenden etwas Neues an, ohne einen ausdrücklichen Gegensatz herzustellen.

12.3 **tamen** ‚dennoch, trotzdem' steht nach einer vorausgehenden einschränkenden Aussage, z.B. nach einem Gliedsatz mit quamquam ‚obwohl':

Quamquam mihi multa sunt negōtia, tamen nōn retineor, ...	Obwohl ich viel zu tun habe, lasse ich mich (trotzdem) nicht abhalten, ...

3

13 **Kausale (begründende) Konjunktionen: nam** und **enim**

‚nam' und ‚enim' unterscheiden sich wie deutsch ‚denn' und ‚nämlich' in ihrer Gewichtung und in ihrer Stellung im Satz.

13.1 **nam** (betont) an 1. Stelle:

Nam haec patria ...	**Denn** diese Vaterstadt ...

13.2 **enim** (unbetont, enklitisch) an 2. Stelle:

Illa **enim** patria ...	Jene Vaterstadt **nämlich** ...

14 **Subjunktionen: cum** und **sī**

Die Subjunktionen cum und sī können beide im Deutschen mit ‚wenn' übersetzt werden. Sie sind jedoch inhaltlich sorgfältig zu unterscheiden:

14.1 **cum** (mit Ind.) **(zeitlich)** ‚dann, wenn'; ‚immer, wenn' (= engl. when; frz. quand)

14.2 **sī (bedingend)** ‚wenn; falls' (= engl. if; frz. si)
verneint: nisi ‚wenn nicht; falls nicht'

LEKTION 4

4

1 **Personalpronomen** (Persönliches Fürwort) der 1. u. 2. Person

1.1 Das Personalpronomen hat folgende Kasusformen:

	1.Sg.		2.Sg.		1.Pl.		2.Pl.	
Nom.	egō	‚ich'	tū	‚du'	nōs	‚wir'	vōs	‚ihr'
Gen.	meī		tuī		nostrī		vestrī	
					nostrum	*(part.)*	vestrum	*(part.)*
Dat.	mihi		tibi		nōbīs		vōbīs	
Akk.	mē		tē		nōs		vōs	
Abl.	(ā) mē		(ā) tē		(ā) nōbīs		(ā) vōbīs	
	mēcum		tēcum		nōbīscum		vōbīscum	

1.2 Da die Personalendungen des Verbums das Subjekt deutlich bezeichnen, wird – anders als im Deutschen, Englischen und Französischen – das Personalpronomen als Subjekt nur hinzugesetzt, wenn es hervorgehoben werden soll, z.B. bei Gegensatz oder in lebhaftem Gespräch.

1.3 Die pluralischen Personalpronomina **nōs** und **vōs** haben für den **Genitīvus partitīvus** (s.u. G 3.2) eine eigene Form: nostr**um**, vestr**um**.

1.4 Die Präposition **cum** ‚mit' wird an die Ablativformen der Personalpronomina meist angehängt: mēcum, tēcum usw.

4

1.5 Ein dem deutschen ‚er/sie/es, sie' entsprechendes nichtreflexives Personalpronomen gibt es im Lateinischen nicht. Ersatz durch is, ea, id (5 G 2.1).

1.6 Die Endsilbe von ego, mihi, tibi kann lang oder kurz sein.

2 Reflexivpronomen

2.1 Die Beziehung eines **Personalpronomens** auf das Subjekt des Satzes (Reflexivität) wird im Lateinischen – wie im Deutschen – nur in der 3. Person durch ein eigenes Pronomen ausgedrückt. Dabei werden Singular und Plural nicht unterschieden.

Gen. Sg./Pl.	suī	‚seiner/ihrer'[1)]
Dat.	sibi	‚sich' (Endsilbe lang oder kurz)
Akk.	sē	‚sich'
Abl.	(ā) sē	‚(von) sich'
	sēcum	‚mit/bei sich'

Das Reflexivpronomen kann durch ipse ‚selbst' verstärkt werden:

Per sē ipsum sibi cārus est.	Er ist sich um seiner selbst willen lieb.
A sē ipsīs beneficia exspectant.	Sie erwarten Wohltaten von sich selbst.

2.2 Die Reflexivität wird im Lateinischen (anders als im Deutschen) auch beim **Possessivpronomen** der 3. Person ausgedrückt.

suus,-a,-um ‚sein' (Sg. *m*/*n*), ‚ihr' (Sg. *f*); ‚ihr' (Pl.) (3 G 4.1).

3 **Genitiv** (Fortsetzung)

3.1 Genitīvus possessōris in prädikativer Verwendung

Der Genitīvus possessōris (1 G 7.2) kann einem Substantiv als Attribut zugeordnet sein; er kann aber auch – mit esse – das Prädikat bilden.

Haec vīlla Atticī est.	attributiv:	Dies ist **das Landhaus des Atticus.**
	prädikativ:	Dieses Landhaus **ist (Eigentum) des Atticus.**

Der prädikative Genitīvus possessōris kann auch **im übertragenen Sinn** verwendet werden: ‚es ist Sache/Eigentümlichkeit/Aufgabe/Pflicht von ...'
Subjekt in solchen Sätzen ist häufig ein Infinitiv.

Bonī amīcī est amīcīs adesse.	Es ist Sache/Aufgabe eines guten Freundes, seinen Freunden beizustehen.

Bei Sachbegriffen (Abstrakta): ‚(es) ist ein Zeichen von ...':

Prūdentiae est ...	Es ist ein Zeichen von Klugheit ...

Auch hier kann der Genitiv durch das Possessivpronomen (im Nom.Sg. *n*) ersetzt werden (vgl. 3 G 8.3); das Possessivpronomen ist Prädikatsnomen:

Meum est ...	Es ist meine Sache/Aufgabe ...

Daneben gibt es im Lateinischen die Ausdrucksweise mit Substantiv:

Officium amīcī est.	Es ist Pflicht des Freundes.
Meum officium est.	Es ist meine Pflicht.
Exemplum sapientiae est.	Es ist ein Beispiel (Zeichen) von Weisheit.

1) Im Genitiv benutzt das Deutsche das nichtreflexive Pronomen auch für die reflexive Beziehung.

3.2 Genitīvus partitīvus

Der Genitiv bezeichnet (wie im Deutschen) **das Ganze**, von dem der übergeordnete Begriff ein **Teil** ist:

cōpia frūmentī	eine Menge (von) Getreide
hārum discordiārum nūllae	keine von diesen Streitigkeiten
quis nostrum?	wer von uns?

3.3 Genitiv bei Adjektiven und Verben

Der Genitiv steht bei einigen **Adjektiven** (z.T. wie im Deutschen):[2]

cupidus,-a,-um	‚begierig (nach/auf)'
studiōsus,-a,-um	‚eifrig bedacht (auf), interessiert (an)'

Bei einigen **Verben** steht der Genitiv zur Bezeichnung der betroffenen Person oder des Sachbereichs:

Miseret mē[3] **tuī**.	Es tut mir leid **um dich**.

4 **Ablativ** (Fortsetzung)

4.1 Ablātīvus sēparātīvus (Fortsetzung)

Statt des bloßen Ablātīvus sēparātīvus (2 G 4) steht häufig die Präposition ā/ab mit Ablativ:

ab iniūriīs abstinēre	sich von Ungerechtigkeiten fernhalten

Die beiden Konstruktionsmöglichkeiten können zur Bedeutungsdifferenzierung dienen:

ā Rōmā longē abesse	von Rom weit **entfernt** sein
dagegen: Rōmā abesse	von Rom abwesend sein

Personenangaben **müssen** mit Präposition (ā/ab mit Abl.) stehen:

līberāre **ab** inimīcīs	von (den) Feinden befreien

Bei nātus und ortus ‚abstammend von/aus' bezeichnet der Ablativ die **familiäre Herkunft (Ablātīvus orīginis)**; doch kann auch hier eine Präposition stehen:

Nātus/ortus sum (ex) familiā antīquā.	Ich stamme aus einer alten Familie.

4.2 Ablativ der Zeit

Dem Ablativ des Ortes (Ablātīvus locī; 3 G 9.2) entspricht der Ablativ der Zeit (**Ablātīvus temporis**). Er steht bei echten **Zeitangaben** (Stunde, Tag, Jahreszeit, Jahr, historisches Datum) auf die Frage ‚wann?'.

hīs proximīs annīs	in diesen letzten Jahren
nostrō saeculō	in unserem Jahrhundert

---

2) Merksatz: Adjektive mit der Bedeutung ‚begierig, kundig, eingedenk, teilhaftig, mächtig, voll' regieren im Lat. und Deutschen den Genitiv (Genitīvus obiectīvus bzw. partitīvus).

3) Zur Verbindung von miseret mit dem Akkusativ vgl. 1 G 5.3.

4

5 Handelnde Person beim Passiv

5.1 Die handelnde Person (Täter) beim Passiv wird (als adverbiale Ergänzung) durch die Präposition **ā/ab mit Abl.** ‚von' bezeichnet (entspr. engl. ‚by'):

Ab incolīs laudāris.	Du wirst **von** den Einwohnern gelobt.

5.2 Zu unterscheiden sind

- handelnde Person beim Passiv: ā/ab mit Abl.
- begleitende Person: cum mit Abl.
- Mittel/Werkzeug/Grund: Abl. instrūmentālis bzw. causae.

Der Ablātīvus **instrūmentālis** wird in der Regel **nicht für Personen** gebraucht („Personen sollen keine Werkzeuge sein!"). [4]

6 Wiedergabemöglichkeiten des lateinischen Passivs

Das lateinische Passiv kann übersetzt werden

6.1 durch das deutsche Passiv:

Nātūrā locī dēlector.	**Ich werde** durch die Beschaffenheit der Landschaft **erfreut**.

6.2 reflexiv:

... dēlector.	**Ich freue mich** über ...

6.3 aktivisch mit dem unbestimmten Subjekt ‚man':

Iniūriae laudārī nōn dēbent.	**Man** darf Ungerechtigkeiten nicht **loben**.
Itur.	Es wird gegangen = **Man geht**.

6.4 manchmal durch ‚sich ... lassen' mit aktivischem Infinitiv:

Nōn retineor.	Ich werde nicht zurückgehalten = Ich **lasse mich** nicht **zurückhalten**.

7 Nominalsatz

Auf das Hilfsverb (Kopula) esse, besonders die 3. Pers. Sing. oder Plur., kann im Lateinischen häufiger als im Deutschen verzichtet werden. Einen solchen Satz, dessen Kern (Subjekt, Prädikat) nur aus Nomina besteht, nennt man Nominalsatz. Nominalsätze finden sich häufig in Sprichwörtern und Redensarten; vgl. im Deutschen: Ende gut, alles gut.

Vērī amīcī rārī.	Wahre Freunde sind selten.

8 Pluralische Wörter (Plūrālia tantum)

8.1 Einige Wörter erscheinen im Lateinischen überhaupt oder in bestimmten Bedeutungen nur im Plural, wobei sie oft nach unserem Empfinden Einzahlbedeutung haben: [5]

---

4) Abweichungen von dieser Regel sind sachlich begründet, z.B.: **Poētīs** dēlectāmur ‚Wir werden von den Dichtern erfreut' (d.h. durch ihre **Werke**); dagegen: **A poētīs** dēlectāmur ‚von den Dichtern' (als **Personen**, durch eine persönliche Geste).

5) Plūrāle/Plūrālia tantum = ‚nur Plural'; vgl. engl. spectacle**s**, frz. lunette**s**, ital. occhial**i**; dagegen dt. die Brille

littera,-ae	der Buchstabe
litterae,-ārum	die Buchstaben; der Brief, die Literatur; die Wissenschaft(en)
cōpia,-ae	die Menge, die Fülle, der Vorrat
cōpiae,-ārum	die Vorräte; die Truppen

8.2 Plūrālia tantum sind auch einige Städtenamen, z.B.

Athēnae	Athen (entstand durch Zusammenlegung von Gemeinden)
Syrācūsae	Syrakus (bestand aus mehreren Stadtteilen)
Aquae Mattiacae	Wiesbaden (der Plural aquae ‚die Wasser' entspricht dem deutschen Appellativum ‚Bad ...')
Castra Régina	Regensburg (der lat. Name enthält das Plūrāle tantum castra,-ōrum, *n* ‚das Lager', also ‚das Lager am Regen')

9 Bedeutungsdifferenzierung der Wörter im Text

Die genaue Bedeutung eines Wortes ergibt sich erst aus dem sprachlichen Zusammenhang des Satzes (sprachlicher Kontext) oder aus der Situation, die der Text darstellt oder in der eine sprachliche Äußerung erfolgt (situativer Kontext); vgl. die Bedeutungsfestlegung von ‚gehen' und ‚Zug' im deutschen Satz ‚In fünf Minuten geht der Zug nach X.'
Die Bandbreite der möglichen Bedeutungen eines Wortes ist zwischen verschiedenen Sprachen nicht gleich. Sofern für ein lateinisches Wort verschiedene deutsche Bedeutungen möglich sind, muss die passende Bedeutung gewählt werden

9.1 nach der Konstruktion:

adesse	anwesend sein, da sein
adesse mit Dativ (Sachbegriff)	an etw. teilnehmen
adesse mit Dativ (Person)	(für jem. da sein =) jemandem beistehen, helfen
continēre	zusammenhalten, zurückhalten, beschränken; enthalten, umfassen
continērī in mit Abl.	in ... enthalten sein
Rōmā abesse	von Rom abwesend sein
ā Rōmā longē abesse	von Rom weit entfernt sein

9.2 nach idiomatischen Verbindungen mit anderen Wörtern:

grātia	1. Anmut 2. Gunst = Beliebtheit 3. Gunst = Gefälligkeit 4. Dankbarkeit, Dank
habēre	halten, haben
grātiam habēre mit Dat.	(für jem. Dankbarkeit haben =) jem. Dank wissen, dankbar sein

9.3 nach dem Sachzusammenhang innerhalb des Textes.

4 **10** **Wortableitung durch Suffixe (Nomina); Motion**

Als Suffixe bezeichnet man lautliche Elemente, durch deren Anfügung an den Stamm vorhandener Grundwörter neue Wörter bestimmter Funktion gebildet werden; vgl. deutsch ‚schreiben': ‚Schreiber'; ‚lesen': ‚Leser'; Ableitungen auf ‚-ung, -bar, -lich'.

Wörter, die vom gleichen Grundwort abgeleitet sind, bilden eine Wortfamilie (etymologische Gruppe).[6)]

Suffixe bei Nomina aus dem Wortschatz der Lektionen 1-4 (unterstrichen: Untergruppen durch Suffixkombination):

10.1 -ia — Eigenschaftsabstrakta:
discordia, iniūria, inopia, cōpia (< co-opia), pecūnia[7)]; grātia; sapientia, prūdentia; amīcitia
Ländernamen:
Italia, Graecia, Germānia

10.2 -ium — Substantive (Neutra) zur Bezeichnung von Ämtern, Berufen und Tätigkeiten, abgeleitet von Personenbezeichnungen und Verben:
studium, imperium, domicilium, mūnicipium;
aedificium, officium

10.3 -ius,-ia,-ium — Zugehörigkeitsadjektive:
patrius ‚väterlich'; davon patria (terra bzw. urbs)

10.4 -ānus,-a,-um — Einwohnerbezeichnungen bzw. von Ortsnamen abgeleitete Adjektive:
Rōmānus, Tusculānus; mundānus; urbānus (zu urbs ‚Stadt')

10.5 -mentum — Erzeugnisse, Werkzeuge und Sachbegriffe:
frūmentum ‚Getreide'; īnstrūmentum ‚Werkzeug'
(monumentum, documentum, fundāmentum)

10.6 -culus,-a,-um — Verkleinerung, meist Substantive (Deminutiva):
ponticulus

10.7 -osus,-a,-um — Adjektive der Bedeutung ‚versehen mit .../reich' (frz. -eux; engl. -ous), abgeleitet von Nomina:
studiōsus; ōtiōsus (‚untätig, müßig'; zu ōtium)
glōriōsus ‚ruhmreich' (frz. glorieux, engl. glorious; zu glōria ‚Ruhm')

10.8 -idus,-a,-um — Zustandsadjektive:
timidus ‚furchtsam' (zu timēre ‚ängstlich sein')
horridus ‚schrecklich, schauerlich' (zu horrēre ‚zurückschaudern, sich entsetzen')
cupidus ‚begierig' (zu cupere ‚begehren')

---

6) Viele der gebräuchlichen Wortkunden gliedern ihren Wortschatz nach Wortfamilien.
7) Ursprünglich ‚in Vieh (pecus) bestehender Wert'.

10.9 -eus,-ea,-eum Stoffadjektive:
lĭgneus ‚hölzern' (zu lĭgnum ‚Holz')
aureus ‚golden' (zu aurum ‚Gold')
argenteus ‚silbern' (zu argentum ‚Silber')

4

10.10 **Motion:** Zu den männlichen Substantiven der o-Deklination können weibliche der a-Deklination gebildet werden:

dominus	– domina	Hausherr	– Hausherrin
amīcus	– amīca	Freund	– Freundin
fīlius	– fīlia	Sohn	– Tochter

LEKTION 5

1 Dritte Konjugation

Die Dritte Konjugation umfasst zwei Untergruppen:

1.1 In der **Konsonantischen Konjugation** wird im Indikativ, Imperativ und Infinitiv Präsens zwischen dem konsonantisch oder auf u- auslautenden Stamm und einer konsonantisch anlautenden Endung als Bindevokal ein kurzes -i- (vor -r- > -e-) bzw. -u- eingefügt. Der Imperativ Singular endet auf -e.[1)] Der Infinitiv Präsens Passiv endet auf -ī.

1.2 In der sog. **Gemischten Konjugation**[2)] endet der Verbalstamm auf kurzes i-, sodass die 1. Person Singular und die 3. Person Plural des Indikativ Präsens wie Formen der i-Konjugation (2 G 2.1) aussehen, die übrigen Formen des Indikativ Präsens sowie die Infinitive Präsens und die Imperative wie Formen der Konsonantischen Konjugation (i- vor -r und im Imperativ Singular > e!).

1.3 Beispiele:

		konsonantisch		gemischt	
Präs.		Akt.	Pass.	Akt.	Pass.
Inf.		leg-e-re sammeln, lesen	leg — ī	cape-re fassen, nehmen	capī
Ind.	1. Sg.	leg — ō	leg — or	capi-ō	capi-or
	2.	leg - i - s	leg - e - ris	capi-s	cape-ris
	3.	leg - i - t	leg - i - tur	capi-t	capi-tur
	1. Pl.	leg - i - mus	leg - i - mur	capi-mus	capi-mur
	2.	leg - i - tis	leg - i - minī	capi-tis	capi-minī
	3.	leg - u - nt	leg - u - ntur	capi-u-nt	capi-u-ntur
Imp.	2. Sg.	leg - e		cape	
	2. Pl.	leg - i - te		capi-te	

1) Variante des Bindevokals -i-
2) Die Bezeichnung ‚Gemischte' Konjugation gibt den äußeren Eindruck einer Mischung von Konsonantischer und i-Konjugation wieder. In Wirklichkeit handelt es sich um zwei verschiedene Stammklassen. Die richtige Bezeichnung ist ‚Kurzvokalische Konjugation'.

5

1.4 In den Lexika wird die Zugehörigkeit zur Dritten Konjugation durch die Ziffer 3 hinter der Grundform (legō, 3; capiō, 3) oder durch Angabe des Infinitiv-Präsens-Ausgangs (legō,-ere; capiō,-ere) bezeichnet.
Ob ein Verbum zur Konsonantischen, zur Gemischten oder zur i-Konjugation gehört, ist am Verhältnis der Grundform zum Inf. Präs. (bzw. zur Konjugationsziffer) erkennbar:
-ō : -ere (3) Konsonantische Konjugation
-iō : -ere (3) Gemischte Konjugation
-iō : -īre (4) i-Konjugation

2 Demonstrativpronomen is, ea, id

2.1 Das Pronomen is, ea, id bildet wie die anderen Demonstrativpronomina (3 G 2) seine Formen nach der o- und a-Deklination, ausgenommen Gen. und Dat. Sing. sowie Nom. Sing. Mask. und Nom./Akk. Sing. Neutr.

	Singular			Plural		
Nom.	is	ea	id	eī (iī)	eae	ea
Gen.		e i u s		eōrum	eārum	eōrum
Dat.		e ī			e ī s (iīs)	
Akk.	eum	eam	id	eōs	eās	ea
Abl.	eō	eā	eō		e ī s (iīs)	

2.2 Es dient

1. als **anaphorisches** (= wiederaufnehmendes) **Demonstrativpronomen**

a) zur Wiederaufnahme eines Redeteils des vorangegangenen Satzes (Satzverknüpfung): ‚dieser, diese, dieses'; ‚der, die, das'.

Glōriam petimus; propter eam ... negleguntur.	Wir erstreben Ruhm; seinetwegen werden ... vernachlässigt.

b) als **nichtreflexives Personalpronomen** der 3. Person; ‚er, sie, es'; Plur.: ‚sie'.

Archiam dēfendō, quod eī grātiam dēbeō.	Ich verteidige Archias, weil ich ihm Dank schulde.

c) im Genitiv (eius; eōrum, eārum) zur Angabe des **nichtreflexiven Possessivverhältnisses** der 3. Person: ‚dessen, deren'; meist wird ein deutsches Possessivpronomen verwendet: ‚sein, ihr'.

Eius verbīs impellor.	Ich werde durch dessen/seine Worte angetrieben.

Wenn das Possessivverhältnis betont werden soll (‚sein eigener'), kann auch in Beziehung auf ein **Objekt** das reflexive Possessivpronomen suus, sua, suum stehen:

Num Archi**am** ē **suā** patriā expellere vultis?	Wollt ihr etwa Archias aus **seinem** (eigenen) Vaterland vertreiben?

2. als **korrelatives Pronomen** zur Vorbereitung eines folgenden Relativsatzes: **is**, qui ‚**der**(jenige), welcher'; ‚wer'.

Ea doctrīna, quae ... percipitur.	Die Bildung, die ... gewonnen wird.
Id, quod tibi dīcō, memoriā tenē!	Das, was / Was ich dir sage, behalte im Gedächtnis!

3 **Griechische Personennamen** 5

Griechische Personennamen werden gewöhnlich in die lateinische Deklination eingeordnet, die ihrem Wortstamm am ehesten entspricht. Männliche Personennamen auf -ās, die im Griechischen zur a-Deklination gehören, werden auch im Lateinischen in die a-Deklination eingeordnet.

Archiās, Archiae, Archiae, Archiam, (ab) Archiā; aber Vok.: Archiā.

4 **afficere mit Ablativ**

Das Verbum afficere mit dem Ablativ (Instrūmentālis) ‚jem./etw. mit etw. versehen' wird für viele Redewendungen gebraucht, die im Deutschen mit einem einfachen Verb übersetzt werden können; z.B.:

gaudiō afficere	mit Freude versehen	= erfreuen
iniūriā afficere	mit Unrecht versehen	= kränken
glōriā afficere	mit Ruhm versehen	= rühmen
praemiīs afficere	mit Belohnungen versehen	= belohnen

LEKTION 6

6

1 **ferre**

Das Verbum ferre hat vor Endungen, die mit r, s oder t anlauten, keinen Bindevokal. Die Singularform des Imperativs ist endungslos.

Präsens		Aktiv	Passiv
Inf.		fer — re	fer — rī[1)]
Ind.	1. Sg.	fer — ō	fer — or
	2.	fer — s	fer — ris
	3.	fer — t	fer — tur
	1. Pl.	fer - i - mus	fer - i - mur
	2.	fer — tis	fer - i - minī
	3.	fer - u - nt	fer - u - ntur
Imp.	2. Sg.	fer	
	2. Pl.	fer — te	

2 **Endungsloser Imperativ Singular**

Einen Imperativ Singular ohne -e haben außer ferre (fer) auch die Verben dīcere ‚sagen': dīc; dūcere ‚führen': dūc; facere ‚machen': fac.

Die Endungslosigkeit ist wohl durch den häufigen und umgangssprachlichen Gebrauch dieser Imperative begründet.

1) Doppel-r durch Angleichung an die Aktivform.

6

3 **facere** und **fierī**

Das Verbum facere ‚machen' bildet – im Unterschied zu seinen Komposita auf -ficere (z.B.: afficere) – zum Präsensstamm keine Passivformen. Als Ersatz dienen die Formen des Verbums fierī ‚werden, geschehen, **gemacht werden**'. Abgesehen vom Infinitiv (und dem Konjunktiv Imperfekt), sehen die Formen dieses Verbums wie solche der i-Konjugation im Aktiv (!) aus.

Infinitiv Präsens:		fierī	dagegen: afficī
Indikativ Präsens:	1. Sg.	fīō[2]	afficior
	2.	fīs	afficeris
	3.	fit	afficitur
	1. Pl.	fīmus	afficimur
	2.	fītis	afficiminī
	3.	fīunt[2]	afficiuntur

4 **Frage- und Relativpronomen**

4.1 Das lateinische Fragepronomen (Interrogativpronomen) hat zwei Formen:

a) **substantivisch** (wie ein Substantiv alleinstehend):
quis? ‚wer?' quid? ‚was?'

b) **adjektivisch** (wie ein Adjektiv mit einem Substantiv verbunden); es ist – ähnlich wie im Deutschen – mit dem Relativpronomen identisch:
quī, quae, quod ‚welcher, welche, welches'.

	Substantivisches Fragepronomen		Adjektivisches Fragepronomen = Relativpronomen		
Nom. Sg.	quis	quid	quī	quae	quod
Gen.	c u i u s[3]			c u i u s[3]	
Dat.	c u i[4]			c u i[4]	
Akk.	quem	quid	quem	quam	quod
Abl.	(ā) quō[5]		(ā) quō[5]	(ā) quā[5]	(ā) quō[5]
	quōcum (‚mit wem?')		quōcum	quācum	quōcum
Nom.Pl.			quī	quae	quae
Gen.			quōrum	quārum	quōrum
Dat.				q u i b u s	
Akk.			quōs	quās	quae
Abl.				(ā) q u i b u s[5]	
				q u i b u s c u m	

2) Langes i! Ausnahme von der 2 G 2.2 angegebenen Kürzungsregel.
3) zweisilbig!
4) einsilbig!
5) ā als Beispiel einer mit dem Ablativ verbundenen Präposition.

4.2 Das adjektivische Fragepronomen stimmt mit seinem Beziehungswort in Kasus, Numerus und Genus überein. Ist es jedoch selbst Subjekt, so richtet es sich gewöhnlich nach dem Prädikatsnomen; im Deutschen steht es dagegen im Neutrum Singular:

Quae est patria tua?	**Was** ist deine Heimat?

Entsprechend beim Demonstrativpronomen:

Haec est patria mea.	**Das** ist meine Heimat.

5 Pronominaladverbia; Korrelativa

5.1 Zu den Demonstrativ-, Frage- und Relativpronomina können Adverbien gebildet werden.

hic	‚dieser'	hīc	‚hier'	hinc	‚von hier'	hūc	‚hierhin'
ille	‚jener'	illīc	‚dort'	illinc	‚von dort'	illūc	‚dorthin'
is	‚der'	ibi	‚da'	inde	‚von da'	eō	‚dahin'
quis? / quī	‚wer?' / ‚welcher'	ubi	‚wo'	unde	‚von wo'	quō	‚wohin'

Diese Adverbien entsprechen sich oft paarweise (Korrelativa):

5.2

demonstrativ		fragend/relativ	
eō	‚dahin'	quō	‚wohin'
ibi	‚da'	ubi	‚wo'
inde	‚von da'	unde	‚von wo'
ita	‚so'	ut	‚wie'

Mit einem anderen Stamm des Demonstrativums:

tam	‚so'	quam	‚wie'
tum	‚dann, damals'	cum[6]	‚wenn, als'

5.3 ohne Korrelativum: cūr? ‚warum?'

5.4 Zusammensetzungen von -eā (zu is) mit Präpositionen:

proptereā ‚deswegen'; praetereā ‚außerdem'; intereā ‚unterdessen, inzwischen'

6 Relativsätze

6.1 Relativsätze werden durch ein Relativpronomen oder -adverb eingeleitet. Das Relativpronomen stimmt – wie im Deutschen – in Numerus und Genus mit seinem Beziehungswort im übergeordneten Satz überein, während sein Kasus durch die Konstruktion des Relativsatzes bestimmt wird.

glōria eōrum virōrum, **quī** laudantur	der Ruhm der Männer, **die** gelobt werden
Dēbēmus eī adesse, **cuius** verbīs glōriā afficimur.	Wir müssen dem beistehen, durch **dessen** Worte wir gerühmt werden.

6) aus quom

Istā doctrīnā carent, **quam** tū laudās.	Sie entbehren jener Bildung, **die** du lobst.
Id aperte dīcō, **quod** tegī nōn potest.	Ich sage das offen, **was** nicht verdeckt werden kann.

6.2 Relativsätze dienen wie Attribute zur näheren Bestimmung eines nominalen Satzgliedes; sie sind **attributive Gliedsätze**. Sie können auch selbst als Satzglieder Nomina vertreten, ohne dass ein Korrelativum gesetzt zu werden braucht; im Deutschen benutzt man in diesem Fall die mit w- anlautenden Relativformen oder man ergänzt das entsprechende Demonstrativum.

Quī hoc exīstimat, errat.	**W**er das glaubt, irrt.
(Is,) quī hoc exīstimat, errat.	**Der(jenige), der** das glaubt, irrt.

7 Die Subjunktion cum

7.1 Das temporale Relativadverb cum leitet temporale Gliedsätze ein:

a) zur **näheren Bestimmung einer Zeitangabe**: cum relātīvum = ‚dann, **wenn** (zu dem Zeitpunkt, wo/**als**)‘

Haec studia etiam tum dēspicī nōn dēbent, **cum** ex eīs dēlectātiō tantum petitur.	Diese Studien dürfen auch dann nicht verachtet werden, **wenn** aus ihnen nur Vergnügen erstrebt wird.

b) bei **wiederholten Handlungen**: cum iterātīvum = ‚immer, **wenn**; jedesmal, **wenn**‘

Cum poētārum verba audīmus, animus noster reficitur.	(Jedesmal,) **wenn** wir die Worte der Dichter hören, wird unser Geist neu gestärkt.

▷ Während die deutsche Subjunktion ‚wenn‘ (< ‚wann‘) sowohl zeitliche (temporale) als auch bedingende (kondizionale) Bedeutung hat, werden diese beiden Funktionen im Lateinischen (wie im Französischen und Englischen) unterschieden.

Cum licet Rōmā abesse, hunc locum perlūstrō.	(Immer,) **wenn** es möglich ist, von Rom abwesend zu sein, wandere ich durch diese Gegend.
Quaere argūmenta, **sī** potes!	Suche Beweismittel, **wenn** (= falls) du (es) kannst!

c) zur Bezeichnung des **zeitlichen und sachlichen Zusammenfalls** (Identität, Koinzidenz) der Gliedsatzhandlung mit der Handlung des übergeordneten Satzes: cum identicum, cum coincidēns = ‚(wenn >) **indem; dadurch, dass**‘

Cum huic auxilium fertis, vestrae quoque glōriae cōnsulitis.	Indem/Dadurch, dass ihr diesem helft, sorgt ihr auch für euren Ruhm.

7.2 Für die Unterscheidung der Subjunktion *cum* von der gleichlautenden (homonymen) Präposition *cum mit Ablativ* (1 G 8.2) ist die Beachtung der Satzstruktur wichtig.

6

8 Die Subjunktionen quod, quia, quoniam

8.1 **quod** hat sich vom adverbial gebrauchten Akkusativ Singular Neutrum des Relativpronomens zu einer Subjunktion entwickelt. Es bezeichnet

a) eine **Tatsache**, die Gegenstand einer Beurteilung ist: **faktisches quod =,dass'**

Male facis, **quod** eum accūsās.	Du handelst schlecht (tust übel daran), **dass** du ihn anklagst.

Der durch *quod* eingeleitete Gliedsatz vertritt das Subjekt bzw. Akkusativobjekt des übergeordneten Satzes (Subjekt- bzw. Objektsatz).

b) einen objektiven **Grund**, oft mit korrelativer Entsprechung im übergeordneten Satz (adverbialer Gliedsatz des Grundes, Kausalsatz): **kausales quod** = ‚(deswegen,) **weil**'

Errat proptereā, **quod** ...	Er irrt sich deswegen, **weil** ...

c) den **Gegenstand oder Anlass einer Gemütsbewegung**; diese Bedeutung steht zwischen faktischem und kausalem **quod** = ‚dass' (faktisch); ‚weil' (kausal).

Gaudiō afficior, **quod** Archiās carmen cōnscrībere cōgitat.	Ich freue mich, **dass/weil** Archias ein Gedicht zu verfassen beabsichtigt.

▷ Auch wenn der Zusammenhang der Subjunktion quod mit dem Relativpronomen noch deutlich ist, haben sich beide Funktionen schon so weit getrennt, dass man von zwei Wörtern sprechen kann. Für die richtige Übersetzung ist die Beachtung des Zusammenhangs und der Satzstruktur wichtig.[7)]

8.2 **quia ‚weil'** und **quoniam ‚weil (bekanntlich), da ja'** sind reine Kausalsubjunktionen.[8)]

9 Vergleichsadverb quam

quam ist **Vergleichsadverb des Grades** (= in welchem Grade, wie sehr), meist in Verbindung mit Adjektiven und Adverbien, selten mit Verben. Es steht

a) **korrelativ** zu tam: **tam – quam = ‚so (sehr) – wie'**

Cicerō **tam** clārus est **quam** Caesar.	Cicero ist **so** berühmt **wie** Caesar.

b) **in Fragen und Ausrufen: quam = ‚wie'**

Quam pulchrum est ...!	**Wie** schön ist es ...!

c) **nach Komparativen: quam = ‚als'**

Nihil magis petimus **quam** glōriam.	Nichts erstreben wir mehr **als** Ruhm.

▷ Das Vergleichsadverb quam ist formgleich mit dem Akkusativ Singular Femininum des Frage-/Relativpronomens. Verwechslung lässt sich durch genaue Beachtung des Zusammenhangs und der Satzstruktur vermeiden.

---

7) Im Deutschen hat sich die Subjunktion *dass* ebenfalls aus dem Relativpronomen *das* entwickelt; beide werden allerdings in der Schreibweise unterschieden. Auch im Französischen und Italienischen sind die Formen des Relativpronomens und der Subjunktion gleich (frz. que, ital. che).

8) quia ist die alte Form des Akk.Pl. *n* des Relativpronomens; quoniam ist aus quom (alte Form von cum) iam entstanden.

6 10 **Satzbau** (Wiederholung und Fortsetzung von 1 G 5)

10.1 **Kern** eines lateinischen Satzes ist – wie im Deutschen – das **Prädikat**, zu dem meist als notwendige Ergänzung das **Subjekt** hinzukommt. Im Lateinischen wird das Subjekt in der Regel nicht ausgedrückt, wenn es sich aus der Form des Prädikats oder aus dem Zusammenhang ergibt und nicht hervorgehoben werden soll.

10.2 Vielfach benötigt das Prädikat noch weitere **Ergänzungen**, z.B. ein Objekt, eine Richtungs- oder Ortsangabe. Die notwendigen Ergänzungen kann man vom Prädikat her durch Fragen erschließen. Die Anzahl der notwendigen Ergänzungen bezeichnet man als Valenz des Verbs (Wertigkeit, wie bei einem chemischen Element).

10.3 Darüber hinaus kann ein Satz noch **zusätzliche Angaben** enthalten, die zwar zur Herstellung eines grammatisch sinnvollen Satzes nicht notwendig sind, aber inhaltlich wichtig sein können. Attribute und Appositionen sind stets zusätzliche Angaben (Erweiterungen) zu einem Nomen.
Die zusätzlichen Angaben lassen sich durch Fragen vom Prädikat aus oft nur versuchsweise erschließen, wobei der Zusammenhang Hinweise geben kann; in diesem Fall ist die Auswertung der möglichen Bedeutungen einer Wort**form** (z.B. eines Kasus) für die richtige Einordnung in den Satz wichtig.

10.4 Prädikat, Ergänzungen und Angaben sind die **Satzglieder** (Satzteile).
Die Satzglied**funktion** eines Wortes ist im Lateinischen (noch mehr als im Deutschen) an der Wort**form** und der Wort**art** erkennbar. Diese drei Begriffe sind sorgfältig zu unterscheiden.

Wortart:	Nomen: Eigenname, Substantiv, Adjektiv, Pronomen Verb Adverb Präposition		
Wortform:	beim Nomen:	Kasus, Numerus, Genus	
	beim Verb:	Finite Formen:	Person, Numerus, Modus, Tempus, Diathese
		Infinite Formen:	z.B. Infinitive, Partizipien
Funktion:	Prädikat; Prädikatsnomen (+ Kopula) Subjekt, Objekt Attribut/Apposition Adverbiale Bestimmung		
	Konnektoren:	beiordnende **Konjunktionen** zur Verbindung gleichrangiger Satzglieder und Sätze (Satzreihe) unterordnende **Subjunktionen** zur Verbindung untergeordneter Sätze mit den ihnen übergeordneten Sätzen (Satzgefüge, Periode; s.u.)	

10.5 Die Satzglieder können in verschiedener Weise ausgefüllt werden:

- Das Prädikat kann durch ein Vollverb oder ein Prädikatsnomen mit Hilfsverb (Kopula) dargestellt werden.

- Nominale Satzglieder (Subjekt, Objekt, sonstige Ergänzungen) können durch Substantive, substantivierte Adjektive oder Pronomina dargestellt werden, Subjekt und direktes Objekt auch durch einen Infinitiv (1 G 11).
- An die Stelle eines Attributs oder einer Apposition kann ein Relativsatz treten (**Attributsatz**):

  Māgnae victōriae laudantur = Victōriae, **quae māgnae sunt**, ...

  Auf diese Weise entsteht ein ‚Satz im Satz' (Einbettung). Da der Relativsatz an der Stelle eines Satzglieds steht, bezeichnet man ihn als **Gliedsatz**; Gliedsätze sind dem Satz, dessen Glied sie sind, untergeordnet. Die Verbindung von übergeordneten mit untergeordneten Sätzen nennt man **Satzgefüge** oder **Periode**.
- Gliedsätze können ein Satzglied nicht nur erweitern, sondern auch ersetzen:

  Attributiver Relativsatz erweitert das Subjekt:

Is, quī hoc cōgitat, errat.	*Derjenige, der* das denkt, irrt.

  Relativsatz ersetzt (vertritt) das Subjekt:

Quī hoc cōgitat, errat.	*Wer* das denkt, irrt.

  Im Deutschen werden Relativsätze, die Satzglieder vertreten, durch die mit **w-** anlautenden Formen des Relativums eingeleitet.
- Aus Relativsätzen sind auch andere Gliedsätze hervorgegangen. Je nachdem, welches Satzglied sie ersetzen, bezeichnet man sie als

  Subjektsätze, Objektsätze, Adverbialsätze.

  Diese Gliedsätze werden durch eine **Subjunktion** eingeleitet.

  a) Der Gliedsatz ersetzt das Subjekt: **Subjektsatz**

Quod Athēnīs habitās, exemplum prūdentiae est.	Dass du in Athen wohnst, ist ein Zeichen von Klugheit.

  b) der Gliedsatz ersetzt das direkte Objekt: **Objektsatz**

Male facis, quod eum accūsās.	Du handelst schlecht, dass du ihn anklagst. (Frage: Was machst du schlecht?)

  c) der Gliedsatz ersetzt eine adverbiale Bestimmung: **Adverbialsatz**

  – **der Zeit (Temporalsatz):**

Cum licet Rōmā abesse, hunc locum perlūstrō.	Immer, wenn es möglich ist, von Rom abwesend zu sein, durchwandere ich diese Gegend.

  – **des Grundes (Kausalsatz):**

Archiam dēfendō, quod eī grātiam dēbeō.	Ich verteidige Archias, weil ich ihm Dank schulde.

  – **der Einräumung, des Gegensatzes (Konzessivsatz/Adversativsatz):**

Quamquam sapientiae Graecōrum studiōsī sumus, (tamen) tēcum in Graeciam īre nōn possumus.	Obwohl wir an der Weisheit der Griechen sehr interessiert sind, können wir mit dir nicht nach Griechenland reisen.

  – **der Bedingung (Kondizionalsatz):**

Quaere argūmenta, sī potes!	Suche Beweise, wenn du kannst!

6

11 Substantivischer Gebrauch von Adjektiven

Ähnlich wie im Deutschen können Adjektive auch als Substantive verwendet werden, besonders in folgenden Fällen:

11.1 Adjektive, die eine Zusammengehörigkeit, eine Altersstufe, einen Rang bezeichnen:

amīcus,-a	Freund/Freundin
inimīcus,-a	Feind/Feindin
vīcīnus,-a	Nachbar,-in
posterus,-a	Nachkomme

11.2 Bezeichnungen der Zugehörigkeit zu einem Volk, einer sozialen oder politischen Gruppe, meist im Plural Maskulinum:

Rōmānī	die Römer
Graecī	die Griechen
patriciī	die Patrizier

11.3 Mengenadjektive, meist Plural Maskulinum:

multī	viele
nōnnūllī	einige

11.4 sonstige Adjektive, um eine Klasse von Personen mit dieser Eigenschaft zu bezeichnen (nur Plural Maskulinum):

miserī	die Unglücklichen, die Armen
bonī	die Guten, die Anständigen

11.5 Adjektive und Pronomina im Plural Neutrum als Sammelbegriff (kollektiver Plural, überwiegend im Nominativ und Akkusativ); im Deutschen wird der Singular bevorzugt:

Cicerō dē poētīs **multa/haec** dīcit.	Cicero sagt über die Dichter **viele/diese Dinge = vieles/dieses** (Folgendes).
Multa nōn prōsunt, sed obsunt.	**Viele Dinge** nützen nicht, sondern schaden = **Vieles** nützt nicht, sondern schadet.
Graeca leguntur in tōtō mundō.	(Griechische Dinge =) **Griechisch**(es) liest man in der ganzen Welt.

Den Unterschied im Numerusgebrauch zeigt ein Wortspiel:

Multum (dīcere), nōn **multa**.	**Viel** (sagen), nicht **vielerlei**.

11.6 Eine sekundäre Substantivierung von Adjektiven tritt durch Weglassung (Ellipse) eines als selbstverständlich empfundenen Substantivs ein:

patria (terra/urbs)	väterliches Land = Vaterland väterliche Stadt = Vaterstadt

12 Verbalkomposita (Fortsetzung von 1 G 13)

12.1 Bei der Zusammensetzung der Verbalkomposita aus Präverb und Stammwort ergeben sich vielfach lautliche Anpassungen der Präverbien und Vokalabweichungen in den Stammverben:

a) Lautliche Veränderung im Auslaut des Präverbs durch Angleichung an den Anlaut des Grundworts (Assimilation):
prō-sum, aber prōd-esse (4 LV)
pos-sum (posse), aber pot-est (3 G 5.1)
ab-esse, aber abs-tinēre
ad-iuvāre, aber ap-pellāre, at-tinēre, af-ficere
ex-spectāre, aber ef-ferre (< ec-ferre).
cum (Präposition) ‚zusammen mit'; aber con-tinēre, co-īre

Die Assimilation wird nicht von allen Autoren und in allen Textausgaben gleichmäßig gehandhabt: ad-ficere = af-ficere.

b) Vokalschwächung beim Stammverb:[9]
tenēre, aber abs-, con-tinēre
facere, aber af-ficere
habēre, aber ad-hibēre, dēbēre < dē-hibēre, praebēre < prae-hibēre

12.2 Präverbien, die zugleich Präpositionen sind:

ā/ab, ad, ante, circum, con- (= cum), dē, ē/ex (ec-), in, inter, ob, prae, praeter, prō, sub, trāns; ursprünglich auch sē- (‚weg-': sē-parāre ‚wegschaffen, trennen').

Präverbien, die keine Präpositionen sind:

dis- ‚auseinander' und re(d)- ‚zurück':
dis-putāre (eigentlich: ‚auseinander schneiden') ‚auseinander setzen, erörtern'[10]

re-spicere ‚zurückblicken'; red-īre ‚zurückgehen, zurückkehren'

Die Vorsilbe von posse/pot-est ist ein altes Substantiv potis ‚Herr':
possum < poti(s)-sum ‚ich bin Herr, bin mächtig, bin fähig'

12.3 Wenn sich die Wortbedeutungen auch vielfach weiterentwickelt haben, so lässt sich doch aus der Kenntnis der Bestandteile eines Kompositums die Bedeutung häufig noch ableiten, zumindest aber besser verstehen.

prō(d)-	+ esse: prōd-esse ‚für jem. da sein, nützlich sein'
ad-	+ esse: ad-esse ‚dabeisein, anwesend sein; bei-stehen' + facere: af-ficere ‚darantun, zufügen, versehen'
ex-	+ spectāre: ex-spectāre ‚ausblicken, erwarten' + ferre: ef-ferre: ‚heraus-, hinaustragen'; ‚heraus-, emporheben'; (laudibus) ‚rühmen'
con-	+ tenēre: con-tinēre ‚zusammenhalten' > ‚beschränken; beinhalten'
sub-	+ capere: sus-cipere ‚unternehmen' + īre: sub-īre (‚daruntergehen',) ‚auf sich nehmen'

12.4 Zu einigen Komposita sind die Stammverben außer Gebrauch gekommen, z.B.:

dē-fendere ‚wegstoßen, verteidigen'; of-fendere ‚dagegen stoßen, anstoßen, beleidigen' (zu *fandere ‚stoßen')

9) Diese Vokalschwächung ist Nachwirkung eines in früherer Zeit wirksam gewesenen starken dynamischen Akzents (‚stress') auf der ersten Wortsilbe.

10) Die Grundbedeutung von putāre ist ‚(Bäume, Reben) reinigen, aus*putzen*' = ‚beschneiden' (vgl. am-putāre ‚abschneiden').

7

LEKTION 7

1 Dritte Deklination

1.1 Die Dritte Deklination umfasst zwei Gruppen:

a) Substantive und einige Adjektive, deren Stamm auf Konsonant endet: **Konsonantische Deklination**;

b) Substantive und Adjektive, deren Stamm auf i- endet: **i-** und **Gemischte Deklination** (12 G 1+2; 13 G 1+2).

1.2 Konsonantische Deklination: Kasusendungen

	Singular	Plural
Nom.	-s oder endungslos	-ēs (Neutrum: -a)
Gen.	-is	-um
Dat.	-ī	-ibus
Akk.	-em (Neutrum: endungslos)	-ēs (Neutrum: -a)
Abl.	-e	-ibus

▷ Je nach Deklinationszugehörigkeit bezeichnen gleichlautende oder gleich geschriebene Wortausgänge verschiedene Kasus.

1.3

	Nom. Sg. mit -s	Nom. Sg. ohne -s		
	dux *m* Führer	labor *m* Arbeit	flūmen *n* Fluss	corpus *n* Körper
Nom.Sg.	dux (< duc-s)	labor	flūmen	corpus
Gen.	**duc**-is	**labōr**-is	**flūmin**-is	**corpor**-is
Dat.	duc-ī	labōr-ī	flūmin-ī	corpor-ī
Akk.	duc-em	labōr-em	flūmen	corpus
Abl.	duc-e	labōr-e	flūmin-e	corpor-e
Nom.Pl.	duc-ēs	labōr-ēs	flūmin-a	corpor-a
Gen.	duc-um	labōr-um	flūmin-um	corpor-um
Dat.	duc-ibus	labōr-ibus	flūmin-ibus	corpor-ibus
Akk.	duc-ēs	labōr-ēs	flūmin-a	corpor-a
Abl.	duc-ibus	labōr-ibus	flūmin-ibus	corpor-ibus

1.4 Die Nomina der **Konsonantischen Deklination** werden nach ihrem Stammauslaut in verschiedene Stammklassen eingeteilt. Die Nominativbildung (mit bzw. ohne -s) und lautliche Veränderungen ergeben z.T. erhebliche Unterschiede zwischen dem Nominativ Singular und den übrigen Kasus; maßgebend für diese ist **die Stammform des Genitiv Singular**, der deshalb stets neben dem Nominativ zu lernen ist.

Die Stammklasse ist, allerdings mit zahlreichen Ausnahmen, auch maßgebend für das grammatische Geschlecht der Substantive.

1.5 Übersicht über die Stammklassen der Konsonantischen Deklination

Stamm-auslaut	Bezeichnung	Beispiele Nom. Sg.	Gen. Sg.	Stamm	Gramm. Geschlecht
r-	Liquiden[1]	labor	labṓr-is	labōr-	Maskulinum
r-		pater	patr-is	patr-	– – – [2]-
l-		cōnsul	cṓnsul-is	cōnsul-	Maskulinum
n-	Nasale[3]	ratiō[4]	ratiṓn-is	ratiōn-	Femininum
n-		māgnitūdō[4]	māgnitū́din-is	māgnitūdin-	Femininum[5]
n-		flūmen	flū́min-is	flūmin-	Neutrum
m-		nur: hiems	híem-is	hiem-	Femininum
Verschlusslaute (Mutae):					
p-	Labiale[6]	[op-s]	op-is	op-	Femininum
b-		plēb-s	plēb-is	plēb-	Femininum
c(= k)-	‚Gutturale'[7]	pāx	pāc-is	pāc-	Femininum
g-		lēx	lēg-is	lēg-	Femininum
t-	Dentale[8]	cīvitās	cīvitāt-is	cīvitāt-	Femininum
d-		laus	laud-is	laud-	Femininum
einfaches s-, das zwischen Vokalen zu r- wird, sodass diese Wörter, außer im Nom.Sg., als r-Stämme erscheinen[9]		mōs	mōr-is	mōr-	Maskulinum
		iūs	iūr-is	iūr-	Neutrum
		aes	aer-is	aer-	Neutrum
		corpus	córpor-is	corpor-	Neutrum
		genus	géner-is	gener-	Neutrum
unregelmäßig		iter	itíner-is	itiner-	Neutrum

▷ Zu beachten ist die unterschiedliche Länge des -o- bei den r-Stämmen auf -or, -ōr(is) und den Neutra auf -us, -ŏr(is)!

---

1) von liquidus ‚fließend, schmelzend'
2) nur natürliches Geschlecht
3) durch die Nase (nāsus) gesprochen
4) -o ursprünglich lang; vielfach auch kurz
5) Natürliches Geschlecht (Maskulinum) hat homō, homin-is ‚Mensch'.
6) Lippenlaute (labium ‚Lippe'), weil durch Aufsprengen des Lippenverschlusses gebildet.
7) Diese noch heute gebräuchliche Bezeichnung ist von den phonetischen Gegebenheiten her falsch, da Laute wie „k" und „g" nicht in der Kehle (lat. guttur), sondern am Gaumensegel (lat. vēlum) oder am harten Gaumen (lat. palatum) gebildet werden, also Velare bzw. Palatale sind. Guttural + s > x!
8) Zahnlaute (dēns ‚Zahn'), weil durch Aufsprengen des Zahn-Zungen-Verschlusses gebildet. Dental + s > ss, vereinfacht > s!
9) Diese Lautentwicklung (Rhotazismus) erfolgte erst um die Mitte des 4. Jh.v.Chr. – Viele Substantive auf -or sind ebenfalls ehemalige s-Stämme; neben honor ‚Ehre' kommt die Nominativform honōs auch später noch vor. – (Vgl. die Endung des Inf.Präs.Akt. -re < -se: 1 G 2.2)

7

2 Das Zahlwort duō ‚zwei'

2.1 duō ‚zwei' hat ein eigenes Deklinationsschema:

Nom.	duō[10]	duae	duō[10]
Gen.	duōrum	duārum	duōrum
Dat.	duōbus	duābus	duōbus
Akk.	duō(s)[10]	duās	duō[10]
Abl.	duōbus	duābus	duōbus

Wie duō wird ambō ‚beide' dekliniert.

2.2 Dass es ursprünglich außer Einzahl und Mehrzahl noch eine Zweizahl (Dual) gab, ist im Lateinischen auch daran zu erkennen, dass es besondere Pronominaladjektive (3 G 3) für Zweiergruppen gibt, z.B.:

uter, utra, utrum	wer/welcher von beiden?
alter, altera, alterum	einer von beiden
alter – alter	der eine – der andere
neuter, neutra, neutrum	keiner von beiden[11]

3 īdem, eadem, idem

3.1 Das Pronomen īdem, eadem, idem ‚der-, die-, dasselbe' ist eine Ableitung von is, ea, id, an dessen Kasusformen (5 G 2) jeweils -dem angehängt wird. Ein -m im Kasusausgang wird vor -d zu -n-.

	Singular			Plural		
Nom.	īdem	eadem	idem	eīdem(iīdem)	eaedem	eadem
Gen.	e i u s d e m			eōru**n**dem	eāru**n**dem	eōru**n**dem
Dat.	e ī d e m			e ī s d e m (iīsdem)		
Akk.	eu**n**dem	ea**n**dem	idem	eōsdem	eāsdem	eadem
Abl.	eōdem	eādem	eōdem	e ī s d e m (iīsdem)		

3.2 Nach īdem ... kann ein Relativsatz folgen; hat dieser das gleiche Prädikat wie der übergeordnete Satz, so wird es weggelassen; im Deutschen Übersetzung durch vergleichendes ‚wie' (mit oder ohne Prädikat).

Hīs in illōs eadem iūra sunt[,] quae dominīs in servōs [sunt].	Diese haben jenen gegenüber die gleichen Rechte, die Herren gegenüber Sklaven haben / wie [sie] Herren ... [haben].
Eandem opīniōnem habent quam reliquae nātiōnes [habent].	Sie haben dieselbe Meinung, die die anderen Völker haben / wie [sie] die anderen Völker [haben].

3.3 Nach īdem und anderen Ausdrücken der Gleichheit steht die Konjunktion atque/ac (3 G 11.2) in der Bedeutung ‚wie':

Eandem opīniōnem habent **atque/ac** reliquae nātiōnēs.	Sie haben dieselbe Meinung **wie** die anderen Völker.

10) duō ist alte Dualform für Nominativ und Akkusativ; duōs wurde nach dem Muster der Adjektive der o/a-Deklination übernommen. – Das ursprünglich lange -o von duō ist häufig kurz.

11) Neutrum = ‚keines von beiden', näml. weder Maskulinum noch Femininum.

4 Wortstellung: Gemeinsames Subjekt von Haupt- und Gliedsatz

Das gemeinsame Subjekt von Haupt- und Gliedsatz wird im Lateinischen meist an die Spitze des gesamten Satzgefüges gestellt:

Multī, cum ... premuntur, sē in servitūtem dicant ...

Im Deutschen wäre die Wortstellung ‚Viele, wenn sie …' fehlerhaft. Statt dessen ist

- entweder zum Subjekt noch das Prädikatsverb zu stellen:
  ‚Viele begeben sich, wenn sie ... bedrängt werden, in Leibeigenschaft ...'
- oder der ganze Hauptsatz vorzuziehen:
  ‚Viele begeben sich in Leibeigenschaft, wenn sie ... bedrängt werden.'
- oder der Nebensatz vorzuziehen:
  ‚Wenn sie bedrängt werden, begeben sich viele in Leibeigenschaft.'
- Das Subjekt kann auch in den deutschen Nebensatz gezogen werden:

Atticus, cum Rōmae est, Cicerōnem vīsitat.	Wenn **Atticus** in Rom ist, besucht er Cicero.

Bei der Übersetzung ist auf exakte logische Zuordnung des Gliedsatzes zu achten; unkorrekt oder missverständlich wäre z.B.

Wenn viele ... bedrängt werden, begeben sie sich ...
Atticus besucht Cicero, wenn er (Atticus oder Cicero?) in Rom ist.

5 Wortstellung: Parallelismus und Chiasmus

5.1 Wenn einander entsprechende Sätze oder Satzglieder gleich gebaut sind und gleiche Wortabfolge haben, spricht man von **Parallelismus:**
a b [...] | | a b [...]   aut aere aliēnō | | aut māgnitūdine tribūtōrum
(Konnektor – Substantiv – Attribut)

5.2 Stehen die sich entsprechenden Glieder in genau entgegengesetzter Reihenfolge (a b : b a), so bezeichnet man dies als **Chiasmus**, nach der Form des griechischen Buchstabens X (Chi).

Maximā parte	**lacte et pecore** vīvunt	*Adv.Best.*	**Adv. Best.** – Prädikat	
multumque	sunt **in vēnātiōnibus**	*Adv.Best.*	Prädikat – **Adv.Best.**	
		Parallelismus	Chiasmus	

inventōrem	multōrum artificiōrum	*Substantiv*	Genitiv-Attribut
viārum atque itinerum	*ducem*	Gen.-Attribute	*Substantiv*
adiūtōrem	mercātōrum	*Substantiv*	Genitiv-Attribut

doppelter Chiasmus

5.3 Solche Wortstellungsfiguren dienen bereits in gewöhnlicher Sprache der Hervorhebung der betreffenden Satzglieder oder Sätze; sie werden aber auch bewusst als rhetorisches Mittel zu wirkungsvoller Gestaltung der Rede eingesetzt. In der Antike gilt dies in höherem Maße als heute auch für die Literatur, da auch diese auf Vortrag und Hören ausgerichtet ist.

6 **Suffixe** (Fortsetzung von 4 G 10)

Unter den Substantiven der **Konsonantischen Deklination** heben sich besonders folgende Suffixableitungen heraus:

6.1 -**tor, -tōris: Bezeichnung für eine handelnde Person (Nōmen agentis),** abgeleitet von Verben (Maskulinum)

inventor ‚Erfinder' (invenīre); adiūtor ‚Helfer' (adiuvāre); scrīptor ‚Schriftsteller' (scrībere); imperātor ‚Befehlshaber' (imperāre ‚befehlen'); mercātor ‚Kaufmann'; vēnātor ‚Jäger'; analog hinzugebildet: senātor ‚Mitglied des Senats'.
Das Suffix lebt in den romanischen Sprachen (frz. -teur; ital. -tore) und im Englischen weiter.

6.2 -**tiō, -tiōnis: Bezeichnung für eine Tätigkeit (Nōmen āctiōnis**, Verbalabstraktum), abgeleitet von Verben (entspr. dt. ‚-ung'; Femininum)

āctiō ‚Handlung' (agere); vēnātiō ‚Jagd' (vgl. vēnātor); vacātiō ‚Freistellung, Befreiung' (vacāre ‚frei sein'); ratiō ‚Rechnung, Überlegung, Vernunft, Methode'; nātiō ‚Abstammung, Herkunft, Volksstamm'; factiō ‚(politische) Betätigung, Partei(ung)'.
Dieses Suffix lebt ebenfalls in den romanischen Sprachen (frz. -tion) und im Englischen weiter.
Eine Gruppe, ebenfalls von Verben abgeleitet, bilden Substantive (Feminina) auf -**iō, -iōnis:** regiō ‚Richtung, Gegend'.

6.3 -**men, -minis: Bezeichnung von Produkten und Sachen,** abgeleitet von Verben (Neutrum)

flū-men ‚Fluss' (fluere ‚fließen'); carmen ‚Lied, Gedicht', (< can-men: canere ‚singen').

6.4 -**tūdō, -tūdinis; -tās, -tatis: Bezeichnung einer Eigenschaft,** abgeleitet von Adjektiven (entspr. dt. ‚-heit', ‚-keit'; Femininum)

māgnitūdō ‚Größe' (māgnus); sōlitūdō ‚Einsamkeit' (sōlus ‚allein, einsam'); cōnsuētūdō ‚Gewohnheit' (cōnsuētus ‚gewohnt').
lībertās ‚Freiheit' (līber); dīgnitās ‚Würde' (dīgnus).

Einige Substantive auf -tās sind von Personenbezeichnungen abgeleitet:
auctōritās ‚Urheberschaft, Ansehen, Würde, Einfluss' (auctor ‚Urheber, Gewährsmann, Garant'); cīvitās ‚Bürgerschaft' (cīvis ‚Bürger') > ‚Gemeinde, Stadt (engl. city), Stamm, Staat; Bürgerrecht'.

Das Suffix -tās lebt in den romanischen Sprachen (frz. -té; ital. -tà) und im Englischen (-ty, aus dem Frz.) weiter, im Deutschen als Fremdwortsuffix ‚-tät' (Universität). Das Suffix -tūdō lebt in den romanischen Sprachen (frz. -tude, ital. -tudine) und im Englischen (-tude) weiter.

6.5 -tūs, -tūtis: Bezeichnung für Alters- und soziale Klassen (Femininum)

iuventūs ‚Jungmannschaft, Jugend'; senectūs ‚Greisentum, Greisenalter'; virtūs (‚Mannheit' >) ‚Manneskraft, Tüchtigkeit, Tapferkeit, Tugend';[12] servitūs ‚Sklavenstand, Knechtschaft'.

6.6 Die Neutra auf -us, -oris bzw. **-eris** sind nicht durch Suffixableitung entstanden:

corpus, corporis ‚Körper'; tempus, temporis ‚Zeit'; genus, generis ‚Geschlecht, Art'.

LEKTION 8

1 Akkusativ mit Infinitiv (Accūsātīvus cum Infīnītīvō = AcI)

1.1 Videō amīcum venīre. — Ich sehe den Freund kommen.

In diesem Satz sind sowohl amīcum ‚Freund' als auch der Infinitiv venīre ‚kommen' Ergänzungen (Objekte) des übergeordneten Verbs videō ‚ich sehe'. Andererseits kann man die Wortgruppe *amīcum venīre* als Subjekt und Prädikat eines von *videō* abhängigen Gliedsatzes verstehen (satzwertige Wortgruppe): Ich sehe, dass der Freund kommt.

Ebenso bei sinere ‚lassen' und iubēre ‚antreiben, auffordern, befehlen':[1]

Līberōs ad sē adīre nōn sinunt.	Sie lassen ihre Kinder nicht an sich herantreten = Sie lassen nicht zu, dass ihre Kinder zu ihnen herantreten.
Iubeō tē venīre.	Ich fordere dich auf zu kommen. Ich befehle, dass du kommst. = Ich befehle dir zu kommen.

Aus der „Akkusativ + Infinitiv-Gruppe" entstand eine satzwertige Konstruktion, die man sich als vom übergeordneten Satz abhängigen Aussagesatz vorstellen kann, in dem der **Akkusativ** das **Subjekt**, der **Infinitiv** das **Prädikat** ist. Da es sich nur um eine satzwertige Konstruktion, nicht um einen wirklichen Gliedsatz handelt, wird ein **AcI nicht durch Komma abgetrennt.**

Ein auf den Subjekts-Akkusativ bezogenes Prädikatsnomen steht – entsprechend den Kongruenzregeln (1 G 5.2) – ebenfalls im Akkusativ:

Cōnstat mult**ōs** homin**ēs** quasi serv**ōs** esse.	Es ist bekannt, dass viele Menschen gleichsam Sklaven sind.

[Unabhängiger Satz: Cōnstat: Mult**ī** homin**ēs** serv**ī** sunt.]

1.2 Wenn das Subjekt des unabhängigen Aussagesatzes nur durch die Personalendung des Prädikatsverbs bezeichnet ist, muss dafür im AcI ein Pronomen gesetzt werden, da der Infinitiv die Person nicht ausdrücken kann:

Sciō: [Egō] nihil sciō > Sciō **mē** nihil scīre. — Ich weiß, dass **ich** nichts weiß.

---

12) ‚Tugend', mittelhochdt. abgeleitet von ‚taugen', also eigentlich ‚Tauglichkeit, Tüchtigkeit'.

1) Vgl. Goethe: „Wir heißen euch hoffen."

8

In der 3. Person steht das **Reflexivpronomen**, wenn das Subjekt des AcI mit dem Subjekt des übergeordneten Verbs identisch ist:

Sōcratēs scit: „**[Egō]** nihil sciō.“	**Sokrates** weiß: „**Ich** weiß nichts.“
Sōcratēs scit **sē** nihil scīre.	**Sokrates** weiß, dass **er** nichts weiß.
Germānī sē ab incursiōnibus sēcūrōs esse exīstimant.	Die **Germanen** meinen, dass **sie** vor feindlichen Einfällen sicher seien.

1.3 Wie der einfache Infinitiv (1 G 11) kann auch der AcI Subjekt oder Objekt des übergeordneten Verbums sein.

Im Lateinischen steht ein AcI

- als **Objekt** nach Verben mit der Bedeutung:

  ‚Sagen‘ (z.B. dīcere); dementsprechend stehen alle Hauptsätze einer Indirekten Rede (ōrātio oblīqua),[2)] soweit sie Aussagesätze sind, im AcI.

  ‚Denken‘ (z.B. putāre, exīstimāre)

  ‚Wahrnehmen‘ (z.B. vidēre, audīre, intellegere)

  ‚Gefühlsäußerung‘ (z.B. gaudēre ‚sich freuen‘);
- als **Subjekt** nach unpersönlichen Ausdrücken (z.B. cōnstat ‚es steht fest, es ist bekannt‘).

Bei velle ‚wollen‘ und anderen Verben des Wollens steht ein AcI nur, wenn das Subjekt der Infinitivkonstruktion nicht mit dem Subjekt des übergeordneten Verbs identisch ist. Bei gleichem Subjekt steht einfacher Infinitiv. Entsprechend steht im Deutschen ein „Dass-Satz“ bzw. einfacher Infinitiv:

Volō tē venīre.	**Ich** will, dass **du** kommst.
Volō venīre.	Ich will kommen.

1.4 Im Deutschen ist ein AcI nur selten möglich (bei ‚sehen‘, ‚hören‘, ‚lassen‘, ‚machen‘). Die lateinische AcI-Konstruktion muss daher in einen abhängigen Aussagesatz (Dass-Satz) umgesetzt werden, in dem der lateinische Akkusativ als Subjekt erscheint, der lateinische Infinitiv als Prädikat:

Videō	tē	venīre.	Verb + [	Akk.	+ Inf.]
Ich sehe	dich	kommen.		|	|
Ich sehe, **dass**	du	kommst.	Verb + [**dass** +	(Subj.	+ Präd.)].

In der abhängigen Aussage kann im Deutschen der Konjunktiv der Indirekten Rede (obliquer Konjunktiv) stehen. Im Schriftdeutschen ist dies, soweit möglich, der Konjunktiv I (hierzu s. G 3).

Opīniōnem habent Apollinem morbōs dēpellere.	Sie haben die Meinung, dass Apollo Krankheiten **abwehre**.

Möglichkeiten für die deutsche Übersetzung eines AcI:
Beispielsatz: Gallī putant Apollinem morbōs dēpellere.

a) Dass-Satz	Die Gallier meinen, dass Apollo Krankheiten abwehrt/abwehre.
b) abhängiger Aussagesatz ohne Subjunktion	Die Gallier meinen, Apollo wehre Krankheiten ab.

8

c) Einschub des übergeordneten Satzes (Parenthese)	Apollo wehrt, wie die Gallier meinen, Krankheiten ab.
d) Umformung des übergeordneten Satzes in eine adverbiale Angabe (Adverb oder Präposition mit Substantiv)	Nach Meinung der Gallier wehrt Apollo Krankheiten ab.

1.5 Vom Prädikats-Infinitiv eines AcI kann wiederum ein Akkusativ abhängen (z.B. Objekt, Richtungsangabe), sodass in diesem Satz mehrere Akkusative auftreten; zum Herausfinden des **Subjekts**-Akkusativs muss der Textzusammenhang oder die Situation beachtet werden:

Opīniōnem habent **Apollinem morbōs** dēpellere, **Iovem imperium** deōrum tenēre.	Sie haben die Meinung, dass **Apollo Krankheiten** abwehre, dass **Jupiter die Herrschaft** über die Götter innehabe.

Ebenso können mehrere Infinitivkonstruktionen voneinander abhängig sein.

Ita **sīgnificārī** putant **nēminem** prope sē ***cōnsistere*** **posse**.	Sie glauben, so **werde kenntlich gemacht, dass niemand** in ihrer Nähe ***sich ansiedeln*** **könne**.

2 Nominativ mit Infinitiv (Nōminātīvus cum Infīnītīvō = NcI)

2.1 Der Objektsakkusativ einer Aktiv-Konstruktion wird bei deren sinngemäßer Umwandlung ins Passiv zum Subjekt der Passiv-Konstruktion (1 G 10.3); entsprechend tritt bei einigen Verben, wenn sie im Passiv stehen, an die Stelle eines **A**ccūsātīvus **c**um **I**nfīnītīvō ein **N**ōminātīvus **c**um **I**nfīnītīvō:

Gallī puer**ōs** patrī adsistere vetant.	Die Gallier verbieten, dass die Knaben sich zu ihrem Vater hinstellen/Die Gallier verbieten den Knaben, sich zu ihrem Vater hinzustellen.
(A Gallīs) puer**ī** patrī adsistere vetantur.	Es wird (von den Galliern) den Knaben verboten, sich zu ihrem Vater hinzustellen.

Wenn das Subjekt der Infinitivkonstruktion ein Personalpronomen ist, wird es durch die Personalform des übergeordneten Verbums ausgedrückt (persönliche Konstruktion im Lateinischen, im Deutschen dagegen meist unpersönliche Konstruktion).

Patrī adsistere veta**mur**.	**Es** wird **uns** verboten, ...[3]

2.2 Ein NcI steht im Lateinischen bei den Passivformen von
iubēre ‚befehlen', vetāre ‚verbieten', sinere ‚lassen'[4]
sowie bei vidērī ‚scheinen':

Multī hominēs memoriam neglegere videntur.	Viele Menschen scheinen ihr Gedächtnis zu vernachlässigen/Es scheint, dass viele Menschen ihr Gedächtnis vernachlässigen.

---

2) oblīquus ‚schräg' = ‚indirekt'; Gegensatz rēctus ‚gerade' = ‚direkt'.
3) Vgl. engl.: We are forbidden to do this.
4) ferner bei prohibēre ‚hindern', cōgere ‚veranlassen, zwingen'

ferner bei

dīcitur/dīcuntur	es wird gesagt/man sagt, dass ...[5]
trāditur/trāduntur, fertur/feruntur	es wird überliefert, dass ...
exīstimātur/exīstimantur, putātur/putantur	es wird geglaubt/man glaubt, dass ...

Die Wiedergabe eines NcI entspricht der des AcI:

Nōnnūllī multōs annōs in disciplīnā manēre dīcuntur.	Man sagt, dass einige viele Jahre lang in der Ausbildung bleiben.

3 Obliquer Konjunktiv im Deutschen

Der Modus der abhängigen Aussage (Indirekten Rede) ist im Deutschen grundsätzlich der Konjunktiv I. Wenn sich aber dessen Formen nicht mehr von den entsprechenden Indikativformen unterscheiden lassen, wird er durch den Konjunktiv II ersetzt.

In den folgenden Beispielen sind Indikativ Präsens, Konjunktiv I und Konjunktiv II nebeneinander gestellt. Die durchgestrichenen Formen des Konjunktiv I müssen durch solche des Konjunktiv II ersetzt werden.

1) **sein**			2) **haben**			3) **kommen**		
bin	sei	wäre	habe	~~habe~~	hätte	komme	~~komme~~	käme
bist	sei(e)st	wärest	hast	habest	hättest	kommst	~~kommest~~	kämest
ist	sei	wäre	hat	habe	hätte	kommt	komme	käme
sind	seien	wären	haben	~~haben~~	hätten	kommen	~~kommen~~	kämen
seid	sei(e)t	wäret	habt	~~habet~~	hättet	kommt	~~kommet~~	kämet
sind	seien	wären	haben	~~haben~~	hätten	kommen	~~kommen~~	kämen

Wie im dritten Beispiel (kommen) ist bei den meisten deutschen Verben der Konjunktiv I nur noch in der 3. Person Singular verwendbar.

Beispiele:

1) Cicero sagt, er **sei** gerne in Arpinum.
   Die Freunde sagen, sie **seien** gerne in Arpinum.
2) Cicero sagt, er **habe** wenig Freizeit.
   Die Freunde sagen, sie **hätten** wenig Freizeit.
3) Cicero sagt, er **komme** gerne hierher.
   Die Freunde sagen, sie **kämen** gerne hierher.

---

5) Gleiche Konstruktion im Englischen: he is said to be ...; they are said to be ...

LEKTION 9

1 **Indikativ Imperfekt:** Formen

1.1 Der Indikativ Imperfekt hat
- in der a- und e-Konjugation sowie bei īre das Kennzeichen -bā-;
- in der Konsonantischen, Gemischten und i-Konjugation sowie bei ferre, velle (nōlle) und fierī das Kennzeichen -ēbā-;
- beim Verbum esse fehlt das -b-.

1.2 Die Personalendungen werden an das Imperfektkennzeichen angehängt. Im **Aktiv** lautet die **Personalendung der 1. Person Singular** jedoch -**m**.

1.3

	Kennzeichen -bā-:				
	laudā-re	tenē-re	ī-re	esse	posse
Aktiv					
1.Sg.	laudā-ba-m	tenē-ba-m	ī-ba-m	er-a-m[1]	pot-eram
2.Sg.	laudā-bā-s	tenē-bā-s	ī-bā-s	er-ā-s	pot-erās
3.Sg.	laudā-ba-t	tenē-ba-t	ī-ba-t	er-a-t	pot-erat
1.Pl.	laudā-bā-mus	tenē-bā-mus	ī-bā-mus	er-ā-mus	pot-erāmus
2.Pl.	laudā-bā-tis	tenē-bā-tis	ī-bā-tis	er-ā-tis	pot-erātis
3.Pl.	laudā-ba-nt	tenē-ba-nt	ī-ba-nt	er-a-nt	pot-erant
Passiv					
1.Sg.	laudā-ba-r	tenē-ba-r			
2.Sg.	laudā-bā-ris	tenē-bā-ris			
3.Sg.	laudā-bā-tur	tenē-bā-tur	ī-bā-tur[2]		
1.Pl.	laudā-bā-mur	tenē-bā-mur			
2.Pl.	laudā-bā-minī	tenē-bā-minī			
3.Pl.	laudā-ba-ntur	tenē-ba-ntur			

	Kennzeichen -ēbā-:			
	ag-e-re	cape-re	audī-re	velle
Aktiv				
1.Sg.	ag-ēba-m	capi-ēba-m	audi-ēba-m	vol-ēba-m
2.Sg.	ag-ēbā-s	capi-ēbā-s	audi-ēbā-s	vol-ēbā-s
3.Sg.	ag-ēba-t	capi-ēba-t	audi-ēba-t	vol-ēba-t
1.Pl.	ag-ēbā-mus	capi-ēbā-mus	audi-ēbā-mus	vol-ēbā-mus
2.Pl.	ag-ēbā-tis	capi-ēbā-tis	audi-ēbā-tis	vol-ēbā-tis
3.Pl.	ag-ēba-nt	capi-ēba-nt	audi-ēba-nt	vol-ēba-nt
Passiv				fierī[3]
1.Sg.	ag-ēba-r	capi-ēba-r	audi-ēba-r	fī-ēba-m
2.Sg.	ag-ēbā-ris	capi-ēbā-ris	audi-ēbā-ris	fī-ēbā-s
3.Sg.	ag-ēbā-tur	capi-ēbā-tur	audi-ēbā-tur	fī-ēba-t
1.Pl.	ag-ēbā-mur	capi-ēbā-mur	audi-ēbā-mur	fī-ēbā-mus
2.Pl.	ag-ēbā-minī	capi-ēbā-minī	audi-ēbā-minī	fī-ēbā-tis
3.Pl.	ag-ēba-ntur	capi-ēba-ntur	audi-ēba-ntur	fī-ēba-nt

1) -s- zwischen Vokalen zu -r-: Rhotazismus
2) Persönliche Passivformen zu īre nur bei transitiven Komposita, z.B. praeter-ībar usw.
3) Ersatz des Präsensstammes Passiv von facere durch fierī: 6 G 3.

9

2 Indikativ Imperfekt: Bedeutungen

2.1 Der Indikativ Imperfekt bezeichnet eine Handlung als in der **Vergangenheit nicht abgeschlossen** (imperfectum ‚unvollendet'), d.h.

als in der Vergangenheit **andauernd** (durativ) oder **nicht vollendet** (also nur versucht: konativ) oder **sich wiederholend** (iterativ).

Es dient daher

- zur **Beschreibung von Zuständen**, die in der Vergangenheit bestanden;
- zum Ausdruck von **Hintergrund- und Nebenvorgängen** zu anderen Handlungen in der Vergangenheit;
- zur **Darstellung von Sitten und Gewohnheiten** in der Vergangenheit.

▻ Das **Imperfekt** ist im Lateinischen – wie in den romanischen Sprachen – **keine Erzählzeit** der Vergangenheit.

2.2 Beispiele:

durativ (Zustand):

Populī nūllīs lēgibus tenēbantur; arbitria prīncipum prō lēgibus erant.

Die Völker wurden (waren) durch keinerlei Gesetze gebunden; die Entscheidungen der führenden Männer waren (standen) anstelle der Gesetze.

durativ (Hintergrund):

Virī dēlectī, quibus ingenium sapientiā validum erat, cīvitātī cōnsulēbant.

Ausgewählte Männer, denen der Geist (= deren Geist) an Weisheit stark war, sorgten für die Bürgerschaft.

iterativ (Wiederholung, Gewohnheit):

Populī fīnitimī Rōmānōs saepe bellō temptābant; Rōmānī autem hostibus obviam ībant.

Die Nachbarvölker griffen die Römer oft mit Krieg an; aber die Römer traten (immer wieder) den Feinden entgegen.

... cum ventitābās.

... als du zu kommen pflegtest.

3 nōlle

Die verneinten Formen von velle ‚wollen' (3 G 5.2) werden – außer bei vīs, vult, vultis – zusammengezogen (kontrahiert): ne-volō > nōlō (danach auch Infinitiv Präsens: nōlle).

Zu nōlle gibt es einen Imperativ: nōlī! nōlīte!

Infinitiv Präsens: nōlle ‚nicht wollen'

	Indikativ Präsens	Indikativ Imperfekt	Imperativ
1.Sg.	nōlō	nōl-ēba-m	
2.	nōn vīs	nōl-ēbā-s	nōlī!
3.	nōn vult	nōl-ēba-t	
1.Pl.	nōlumus	nōl-ēbā-mus	
2.	nōn vultis	nōl-ēbā-tis	nōlīte!
3.	nōlunt	nōl-ēba-nt	

4 Verneinung eines Befehls

Im klassischen Latein kann – anders als im Deutschen – ein Imperativ nicht verneint werden. Stattdessen kann ein negativer Befehl ausgedrückt werden mit

nōlī/nōlīte und dem **Infinitiv Präsens Aktiv:**

Scrībe!	Schreibe!	Nōlī scrībere!	Schreibe nicht! (Wolle nicht schreiben!)
Scrībite!	Schreibt!	Nōlīte scrībere!	Schreibt nicht! (Wollet nicht schreiben!)

5 Negation

5.1 Die häufigste Negation eines lateinischen **Aussagesatzes** ist **nōn** ‚nicht'. Es steht meist vor dem Prädikat oder dem verneinten Einzelwort.

Tēcum in Graeciam īre nōn possumus.	Wir können nicht mit dir nach Griechenland reisen.
Laudis, nōn pecūniae avidī erant.	Nach Ruhm, nicht nach Geld waren sie gierig.

nōn-ne = nōn + Fragepartikel (2 G 6.2):

Nōnne venīs?	Kommst du (etwa) nicht?

5.2 Nur noch in Zusammensetzungen tritt die ursprüngliche Negation ne auf:

ne-que ‚und nicht' (Kurzform: nec)
  neque – neque (nec – nec) ‚weder – noch'
  neque enim ‚denn nicht'
nihil (< ne-hilom) ‚nichts'
nēmō (< ne-homō) ‚niemand'
nūllus,-a,-um ‚kein(er)'
neuter, neutra, neutrum ‚keiner von beiden'
numquam ‚niemals'
nisi ‚wenn nicht'
neg-ōtium (‚Nicht-Muße' =) ‚Beschäftigung, Tätigkeit'
neg-legere ‚nicht achten'
nōlō (< **ne**-volō) ‚ich will nicht'

5.3 Zur Bildung von **Adjektiven** mit negativem Sinn dient die dem deutschen **‚un-'** entsprechende **Vorsilbe in-** (vor Labialen: im-):

amīcus	‚freundlich, Freund'	in-imīcus	‚feindlich, Feind'
iūstus	‚gerecht'	in-iūstus	‚ungerecht'
probus	‚rechtschaffen'	im-probus	‚nicht rechtschaffen, verbrecherisch'
potēns	‚mächtig, fähig'	im-potēns	‚machtlos, unfähig'

▷ Diese negative Vorsilbe in-/im- ist zu unterscheiden von dem gleichlautenden Präverb in-/im- ‚hinein-, ein-': īn-ferre ‚hineintragen', im-pellere ‚hineintreiben, antreiben'.

9

5.4 Eine **doppelte Negation** ergibt eine verstärkte Bejahung:[4)]

nōn inimīcus	‚nicht unfreundlich'	= ‚höchst freundlich'
nōn nōlō	‚ich will nicht nicht'	= ‚ich will durchaus, unbedingt'
nimis	‚nicht zu wenig'	= ‚zu sehr'

5.5 In einigen Fällen führt die doppelte Verneinung nicht zur Bejahung, sondern nur zur Abschwächung des negativen Grundwortes.

nōn-nūllī	‚nicht keine'	= ‚einige'
nōn-numquam	‚nicht niemals'	= ‚manchmal'

Da hier die Negation und das Grundwort als Einheit empfunden werden, sind diese Verbindungen als eigene Vokabeln zu betrachten.

6 **quam** und **ut**

6.1 **quam** ist **Vergleichsadverb des Grades** (‚in welchem Grade, wie sehr'), meist in Verbindung mit Adjektiven und Adverbien, selten mit Verben; s. 6 G 9.

6.1 **ut** ist **Vergleichsadverb der Art und Weise**. Es steht

a) korrelativ mit ita oder sīc: ita/sīc – ut ‚so – wie'

in pāce ita ut in bellō	im Frieden so wie im Krieg

b) zur Einführung eines Beispiels (auch velut): ‚wie zum Beispiel'

nōnnūllī virī clārī (vel)ut Scīpiō et Catō	einige berühmte Männer, wie zum Beispiel Scipio und Cato

c) zur Einleitung eines eingeschobenen Satzes: ‚wie'

ut scītis	wie ihr wisst

10

LEKTION 10

1 **Perfekt Aktiv: Formenbildung**

Das Perfekt Aktiv wird gekennzeichnet

- durch eine besondere Form des Verbalstamms (Perfektstammform)
- durch besondere Personalendungen des Indikativs.

1.1 **Bildungsweisen der Perfektstammform**

v-Perfekt: Anfügung eines -v- an den Verbalstamm. Diese Bildung findet sich bei der überwiegenden Zahl der Verben der a-Konjugation, sehr häufig in der i-Konjugation, selten in der e-Konjugation sowie – mit unregelmäßigem Verhältnis von Perfekt- und Präsensstamm – in der Dritten Konjugation.

laudāre	laudō	loben	laudā-v-(ī)
audīre	audiō	hören	audī-v-(ī)
dēlēre	dēleō	zerstören	dēlē-v-(ī)
petere	petō	erstreben	petī-v-(ī)
crēscere	crēscō [1)]	wachsen	crē-v-(ī)

4) Diese Ausdrucksweise ist eine Form des stilistischen ‚understatement'; griechische Bezeichnung „Litótes" (‚Schlichtheit').

1) Die Präsensstammform ist durch das Suffix -sc- erweitert.

Da das v-Perfekt die häufigste Perfektstammbildung für die Verben der a- und der i-Konjugation ist, wird die Perfektstammform hier nur angegeben, wenn es sich nicht um ein v-Perfekt handelt.

u-Perfekt: Anfügung eines -u- an einen konsonantisch auslautenden Verbalstamm, häufig bei Verben der e-Konjugation:[2)]

tenēre	teneō	halten	ten-u-(ī)
studēre	studeō	sich bemühen	stud-u-(ī)

aber auch in anderen Konjugationen:

pōnere	pōnō	setzen, stellen, legen	pos-u-(ī) [3)]
aperīre	aperiō	öffnen	aper-u-(ī)
velle	volō	wollen	vol-u-(ī)

Ebenso:

esse	sum	sein	fu(ī)
posse	possum	können	potu(ī)

s-Perfekt: Anfügung eines -s- an den konsonantisch auslautenden Verbalstamm, häufig in der Konsonantischen Konjugation; hierbei sind die Verbindungen von -s- mit Verschlusslauten zu beachten (wie in der Deklination; s. 7 G 1.5 mit Anm. 7 u. 8).

scrībere	scrīb-ō	schreiben	scrīp-s-(ī)	
dīcere	dīc-ō	sagen	dīx-(ī)	(Guttural + s > x!)
vīvere	vīv-ō	leben	vīx-(ī) [4)]	
cēdere	cēd-ō	(weg)gehen	ces-s-(ī)	(Dental + s > -ss-,
mittere	mitt-ō	schicken	mīs-(ī)	weiter vereinfacht
sentīre	senti-ō	fühlen, meinen	sēns-(ī)	> -s-!)
gerere	ger-ō [5)]	(aus)führen	ges-s-(ī)	

▷ Die Bildungsweise des Perfektstamms ist von der Präsensstammform aus nicht berechenbar. Die entsprechende Stammform muss daher eigens gelernt werden (dazu s. G 3).

1.2 Der **Indikativ Perfekt Aktiv** hat eigene Personalendungen, die an den Perfektstamm angefügt werden:

1.Sg.	laudā-v-ī	ten-u-ī	scrīp-s-ī	fu-ī
2.	laudā-v-istī	ten-u-istī	scrīp-s-istī	fu-istī
3.	laudā-v-it	ten-u-it	scrīp-s-it	fu-it
1.Pl.	laudā-v-imus	ten-u-imus	scrīp-s-imus	fu-imus
2.	laudā-v-istis	ten-u-istis	scrīp-s-istis	fu-istis
3.	laudā-v-ērunt	ten-u-ērunt	scrīp-s-ērunt	fu-ērunt

---

2) Der Stamm der meisten dieser Verben endete wohl ursprünglich auf Konsonant; der Vokal -ē- kam erst später hinzu. -uī < -ivī.

3) pōnere < pos(i)nere

4) Der Guttural ist hier wahrscheinlich von anderen Verben her übertragen.

5) ger- < ges- (Rhotazismus)

2 Perfekt Passiv; Partizip Perfekt Passiv (PPP)

2.1 Das Partizip Perfekt Passiv (PPP) wird durch das Suffix **-tus,-ta,-tum** gebildet und wie ein Adjektiv der o/a-Deklination dekliniert.

Bei Verben mit v-Perfekt ergeben sich die Wortausgänge

-ātus, -āta, -ātum:	laudātus,	-a,-um	(laudāre,	laudāvī)
-ētus, -ēta, -ētum:	dēlētus,	-a,-um	(dēlēre,	dēlēvī)
-ītus, -īta, -ītum:	audītus,	-a,-um	(audīre,	audīvī)
	quaesītus,	-a,-um	(quaerere,	quaesīvī)

Zu Verben mit u-Perfekt gehören Partizipien Perfekt Passiv mit den Ausgängen

-itus, -ita, -itum:	habitus,	-a,-um	(habēre,	habuī)
	positus,	-a,-um	(ponere,	posuī)
-tus, -ta, -tum:	tentus,	-a,-um	(tenēre,	tenuī)
	apertus	-a,-um	(aperīre,	aperuī)

Zu Verben mit s-Perfekt gehören Partizipien Perfekt Passiv mit dem Ausgang

-tus, -ta, -tum:	scrīptus,	-a,-um	(scrībere,	scrīpsī)
	iūnctus,	-a,-um	(iungere,	iūnxī)
	saeptus,	-a,-um	(saepīre,	saepsī)

Der t-Anlaut des Suffixes -tus (-a,-um) wird bei Zusammentreffen mit einem auf Dental (d, t) auslautenden Verbalstamm zu -ss- assimiliert, vereinfacht zu -s-:

missus,	-a,-um	(mittere,	mīsī)
sēnsus,	-a,-um	(sentīre,	sēnsī)

Die Bildung des PPP ist (trotz den vorgenannten Regeln) infolge lautlicher Veränderungen und Unregelmäßigkeiten von der Präsensstammform her oft nicht berechenbar; die entsprechende Stammform muss, ebenso wie die des Perfekt Aktiv, eigens gelernt werden. Zu den Stammformenreihen s. G 3.

Das PPP kann, wie im Deutschen, wie ein Adjektiv verwendet werden. Bei einigen Partizipien wird die ursprüngliche Zugehörigkeit zu einem Verbum nur noch schwach oder überhaupt nicht mehr empfunden, sodass sie wirklich zu Adjektiven geworden sind (ähnlich im Deutschen):

prōbātus ‚erprobt, bewährt'; perītus ‚erfahren'; spectātus ‚angesehen'.

Zu einem Partizip können, da es eine Verbalform ist, weitere (z.B. adverbiale) Angaben hinzutreten. Erweiterte **attributive Partizipien** ergeben im Deutschen oft schwerfällige Ausdrücke. Man ersetzt dann die Partizipialgruppe durch einen deutschen Relativsatz.

Erant ... multa sepulcra saepta undique et vestīta vepribus et dūmētīs.	Es gab viele von allen Seiten von Dornbüschen und Gestrüpp umgebene und überwucherte Gräber.
besser:	Es gab viele Gräber, die von allen Seiten von Dornbüschen und Gestrüpp umgeben und überwuchert waren.

2.2 Als Prädikatsnomen mit Kopula *esse* dient das PPP ähnlich wie im Deutschen zur **Umschreibung des Perfekt Passiv**. Entsprechend den Aspekten des Perfekts (G 4) wird es in der deutschen Übersetzung mit den Hilfsverben ‚sein' oder ‚werden' umschrieben:

Indikativ Perfekt Passiv:

laudātus,-a	sum	ich bin gelobt (worden)/	laudātī,-ae	sumus
laudātus,-a	es	wurde gelobt	laudātī,-ae	estis
laudātus,-a,-um	est		laudātī,-ae,-a	sunt

3 Stammformenreihen; Supinstammform

3.1 Die Besonderheiten der Stammformenbildung werden wie im Deutschen in Stammformenreihen zusammengefasst. Diese enthalten:

– den Infinitiv Präsens Aktiv[6]	laudāre loben	habēre haben	audīre hören	mittere schicken	cōnspicere erblicken
– die 1. Sg. Ind. Präsens Aktiv	laudō	habeō	audiō	mittō	cōnspiciō
– die 1. Sg. Ind. Perfekt Aktiv	laudāvī	habuī	audīvī	mīsī	cōnspexī
– das Partizip Perfekt Passiv	laudātus, -a,-um	habitus, -a,-um	audītus, -a,-um	missus, -a,-um	cōnspectus, -a,-um

Da das PPP intransitiver Verben nur als Neutrum vorkommt (unpersönliches Passiv, s. 1 G 10.2), gibt man diese Stammform in der Regel im Nom. Sg. **Neutrum** an: laudāt**um** habit**um** audīt**um** miss**um** cōnspect**um**

Diese Form ist gleich dem ‚Supīnum' (17 G 1.1). Man nennt die vierte Stammform deshalb **PPP-** oder **Supinstammform**.

3.2 Das gelegentliche Fehlen einer Stammform (besonders der PPP-/Supinstammform, manchmal auch der Perfektstammform) kann durch Besonderheiten des betreffenden Verbums begründet sein oder durch das zufällige Fehlen eines sicheren Belegs in der schriftlichen Überlieferung des antiken Lateins.

3.3 Stammformen müssen unbedingt gelernt werden!
Stammformenverzeichnisse: S. 243ff.

4 Perfekt: Bedeutungen

4.1 Das Perfekt bezeichnet im Lateinischen

a) als **resultatives Perfekt** eine Handlung als abgeschlossen (perfectum = ‚vollendet'); Übersetzung ins Deutsche durch das mit den Hilfsverben ‚haben' bzw. ‚sein' zusammengesetzte Perfekt.

Quod scrīpsī, scrīpsī.	Was ich geschrieben habe, habe ich geschrieben *(und ändere es nicht mehr)*.

---

6) Die Lexika nennen den Infinitiv Präsens entweder nicht (Ersatz durch die Konjugationsziffer; s. 2 G 2.4) oder setzen ihn ans Ende der Reihe.

10

b) als **historisches Perfekt** eine Handlung als in der Vergangenheit geschehen, ohne Rücksicht auf ihre tatsächliche Dauer oder eventuelle Wiederholung. Das historische Perfekt ist deswegen die lateinische Erzählzeit für vergangene Ereignisse (Perfectum nārrātīvum, **Erzählperfekt**); Übersetzung durch das deutsche **Präteritum** (‚ich kam, ich schrieb').

– **komplexiv** (rein historisch), z.B. in Lebensläufen:

Catō ... dēmigrāvit, ... fuit, ... factus est.	Cato zog um, war ..., wurde ...
Quoad vīxit, laude crēvit.	Solange er lebte, nahm er zu an Ruhm.

– **narrativ** (erzählend):

Cōnspexī columellam, ... dīxī; immissī sunt hominēs ...	Ich erblickte eine Säule, ich sagte ...; Leute wurden hingeschickt.

– **ingressiv** (den Beginn eines Geschehens bzw. den Eintritt eines Zustandes bezeichnend; selten):

Provinciam **obtinuit** Hispāniam.	Er **erhielt** Spanien als Provinz.
(dagegen: ... **obtinēbat**	er **besaß** ...).

4.2 Perfekt und Imperfekt

Die Verwendung von Perfekt und Imperfekt richtet sich nicht in erster Linie nach objektiven Gegebenheiten des dargestellten Ereignisses, z.B. seiner zeitlichen Dauer oder öfteren Wiederholung, sondern nach dem **Aspekt**, der Ansicht, die der Sprecher oder Autor vermitteln will, d.h. danach, ob das Ereignis als **linear** (d.h. unter dem Gesichtspunkt seiner Dauer oder Wiederholung) oder als **punktuell** (d.h. unter dem Gesichtspunkt seiner Einmaligkeit bzw. Abgeschlossenheit) dargestellt oder ob **resultativ** sein Ergebnis festgestellt werden soll.

In erzählenden Texten bezeichnet daher das Erzählperfekt die verschiedenen Phasen der Handlung (Vordergrund), während das Imperfekt Umstände und Vorgänge beschreibt, die bei Beginn des Ereignisses bestanden bzw. das Ereignis begleiteten (Hintergrund). Dabei kann die Betrachtungsweise (der Aspekt) innerhalb eines Textzusammenhangs jederzeit wechseln:

T (1) 12: Nam tum nōn potentiā, sed iūre rēs pūblica administrābātur (Imperfekt): Hintergrund zum berichteten Faktum des Lebenslaufs;

dagegen:
T (1) 16: Itaque nōluit ... (Perfekt): Teil des berichteten Lebenslaufs.

Britannī Rōmānōs in mūnītiōnēs invādere prohibēbant; tamen Rōmānī locum expūgnāvērunt.	Die Britannier versuchten, die Römer daran zu hindern, in die Befestigungen einzudringen; dennoch eroberten die Römer den Ort.

prohibēbant: linear, nichtabgeschlossene, nur versuchte Handlung (konativ);
expūgnāvērunt: punktuell, als Faktum der Erzählung.

Das mehr der Argumentation dienende resultative Perfekt kann mit einem erzählenden Perfekt oder mit einem Imperfekt wechseln:

T (2) 25ff: Archimedis sepulcrum ego indagavi. Sciebam enim ... Erant autem ...
Ibi conspexi columellam ... Atque ego dixi ... Immissi sunt ...

indagavi: resultativ (Hinweis Ciceros auf seine Leistung);
sciebam: linear, Begründung (Hintergrund);
erant: linear, Beschreibung der Örtlichkeit;
conspexi, dixi, immissi sunt: punktuell, Erzählung.

Je nach Betrachtungsweise kann das gleiche Ereignis durch das Perfekt (punktuell) oder das Imperfekt (linear) dargestellt werden.

Quoad vīxit, virtūtum laude crēvit. Solange er lebte, nahm er zu an Ruhm seiner Tugenden (= wuchs der Ruhm seiner Tugenden).
punktuell: Feststellung eines Faktums als Teil des Lebenslaufs.

Quoad vīvēbat, ... crēscēbat.
linear: beide Ereignisse werden als nicht abgeschlossen in ihrem parallelen Verlauf betrachtet.

Zum Unterschied von ingressivem Perfekt und durativem Imperfekt s. 4.1b.

4.3 Dem lateinischen System Perfekt/Imperfekt entspricht der Gebrauch in den romanischen Sprachen (z.B. Französisch, Italienisch), die jedoch für die beiden Bedeutungen des lateinischen Perfekts (resultativ, punktuell) je eine eigene Kategorie entwickelt haben. Im Deutschen und Englischen entspricht dagegen das Präteritum[7] dem lateinischen Imperfekt und dem historischen Perfekt.

<table>
<tr><th>Deutsch (Schriftsprache)[8]</th><th>Aspekte</th><th>Latein</th><th>Franz./Ital. (Schriftsprache)</th></tr>
<tr><td rowspan="2">Präteritum[7] (kam, schrieb)</td><td>linear (Dauer, Wiederholung)</td><td>Imperfekt</td><td>Imparfait/Imperfetto</td></tr>
<tr><td>punktuell (historisch, narrativ, ingressiv)</td><td rowspan="2">Perfekt</td><td>Passé simple/ Passato remoto[9]</td></tr>
<tr><td>Zusammengesetztes Perfekt (bin gekommen, habe geschrieben)</td><td>resultativ (erreichter Zustand)</td><td>Passé composé/ Passato prossimo</td></tr>
</table>

7) Im Englischen: past tense. Das deutsche Präteritum wird irreführend Imperfekt genannt.
8) Die deutsche Umgangssprache bevorzugt in der Erzählung das zusammengesetzte Perfekt .
9) Die heutige französische und italienische Umgangssprache gibt die Zerlegung der beiden Perfektfunktionen wieder auf und benutzt für beide die zusammengesetzte Ausdrucksweise (Passé composé/Passato prossimo).

10

5 Prädikatsnomen und Prädikativum

Während Attribute und Appositionen Substantive allgemein näher bestimmen (oppidum clārum, Dānuvius fluvius; s. 1 G 4), geben prädikative Satzglieder diese nähere Bestimmung zugleich in Bezug auf die Verbalhandlung. Ein prädikatives Satzglied hat also immer eine doppelte Beziehung:

formal auf ein nominales Satzglied (Subjekt, Objekt), mit dem es in Kasus, Numerus, evtl. auch im Genus übereinstimmt;

inhaltlich auf das Prädikat des Satzes und zwar als

5.1 notwendige Ergänzung (Prädikatsnomen)

a) zum Hilfsverb *esse* (s. 1 G 5.2): Oppidum **clārum est**.

b) zu einem Vollverb wie

appellāre, nōmināre, vocāre, dīcere	‚nennen, als etw. bezeichnen'
putāre, exīstimāre, dūcere, habēre	‚für etw. halten'
facere, efficere, reddere	‚zu etw. machen'
creāre, dēligere	‚zu etw. wählen'
habēre	‚als etw. haben'
dare, trādere	‚als etw. geben'
sūmere	‚als etw. nehmen'
sē praebēre	‚sich als etw. zeigen/erweisen'
sē praestāre	‚sich als etw. bewähren'.

Dabei kongruiert das Prädikatsnomen mit dem Akkusativ-Objekt: **Doppelter Akkusativ**; bei passivischer Konstruktion ergibt sich eine entsprechende Übereinstimmung mit dem Subjekt: **Doppelter Nominativ**.

Attic**um amīcum** appellō.	Ich nenne Atticus (meinen) Freund. Ich bezeichne A. als (meinen) Freund.
Attic**us** ā mē **amīcus** appellātur.	A. wird von mir Freund genannt/ als (mein) Freund bezeichnet.
Attic**um amīcum** putō/exīstimō.	Ich betrachte A. als (meinen) Freund. Ich halte A. für (meinen) Freund.
Attic**us** ā mē **amīcus** putātur/ exīstimātur.	A. wird von mir als Freund betrachtet/ für einen Freund gehalten.
Vīsne **eum miserum** facere?	Willst du ihn unglücklich/zu einem Unglücklichen machen?
[Ille] miser factus est.	Er ist unglücklich/zu einem Unglücklichen gemacht worden/geworden.

5.2 zusätzliche Angabe zum Prädikat (Prädikativum); deutsche Wiedergabe mit ‚als':

Archiās **līber** in līberā patriā vīvere vult.	Archias will **als freier Mensch** in einem freien Vaterland leben.

Der Satz wäre auch ohne die Angabe līber ‚als freier Mensch' grammatisch vollständig und sinnvoll.

Eine zusätzliche prädikative Angabe ist auch das Pronomen **ipse** ‚selbst':

Scīpiō voluit **ipse** Catōnī succēdere.	Scipio wollte selbst (= persönlich) Catos Nachfolger werden.

5.3 Wenn das Subjekt nur durch die Verbform des Prädikats ausgedrückt ist, lässt sich das prädikative Verhältnis nur aus dem Textzusammenhang erkennen. **10**

Praetor administrāvit Sardiniam.	**Der Prätor** verwaltete Sardinien.
oder:	**Als Prätor** verwaltete er (Cato) Sardinien.

Die zutreffende Übersetzung (‚als Prätor') ergibt sich aus dem Kontext ‚Lebenslauf Catos'. Auch sonst ist die Entscheidung, ob ein prädikatives Verhältnis vorliegt oder nicht, unter Beachtung des Zusammenhangs zu treffen:

Prōvinciam obtinuit Hispāniam.	Er erhielt **die Provinz** Spanien.
oder (im Kontext der Lektion besser):	Er erhielt Spanien **als Provinz**.

6 Suffix -trīx, -trīc(is)

Das Suffix -trīx, -trīc(is) bezeichnet eine weibliche handelnde Person (Nōmen agentis); es ist somit das Gegenstück zum männlichen Suffix -tor, -tōr(is) (7 G 6.1). – Auch dieses Suffix lebt in den romanischen Sprachen weiter (frz./ ital. -trice).

adiuvāre: adiūtor: adiūtrīx
invenīre: inventor: inventrīx

LEKTION 11

11

1 Perfektstammbildung (Fortsetzung von 10 G 1)

1.1 Reduplikationsperfekt

Reduplikation (Verdoppelung, Wiederholung) des Anlautkonsonanten des Verbstammes mit dem Vokal -e-, wobei häufig der Vokal der Stammsilbe abgeschwächt wird:[1)]

tend-e-re	(an)spannen	te-tend-ī
pell-e-re[2)]	stoßen, schlagen	pe-pul- ī
stā—re	stehen	ste- t—ī (< ste-st-ī)
da—re	geben	de-d —ī

Bei einigen Verben, bei denen der Vokal der Stammsilbe in Präsens- und Perfektstamm gleich ist, wird der Reduplikationsvokal diesem angeglichen:

posc-e-re	fordern	po-posc-ī[3)]

Die Reduplikation entfällt in der Regel im Kompositum:

tend-e-re: te-tend-ī; aber: con-tend-e-re: con-tend-ī
pell-e-re: pe-pul- ī; aber: ex- pell- e-re: ex- pul- ī

1) Vokalschwächung in nicht-erster Silbe.
2) < pel-n-e-re
3) Im Altlatein gibt es noch die Stammform pe-posc-ī.

Ausnahmen:
Die in die Konsonantische Konjugation übergegangenen Komposita von dare (-dere),[4] sowie die von stāre ‚stehen' und sistere ‚(sich) hinstellen' behalten die Reduplikation:

<table>
<tr><td>trā-dere</td><td>übergeben, überliefern</td><td>trā- di-d-ī</td></tr>
<tr><td>crē-dere</td><td>vertrauen, glauben</td><td>crē- di-d-ī</td></tr>
<tr><td>cōn-stāre</td><td>bestehen, kosten</td><td rowspan="2">cōn-sti-t-ī</td></tr>
<tr><td>cōn-sistere</td><td>sich hinstellen</td></tr>
</table>

Bei einigen Komposita mit dem Präverb re- wird im Perfekt Aktiv der Anlaut des Grundverbs verdoppelt (Rest der Reduplikation):

re-pellere: re-**pp**ulī (< re-pepulī)

▷ Bei Wegfall der Reduplikation können sich doppeldeutige Formen zwischen Präsens und Perfekt ergeben:

contendī:	a) ich habe gespannt, mich angestrengt, bin geeilt, habe gekämpft (1.Sg.Ind.Perf.Akt.) b) gespannt werden (Inf.Präs.Pass.)
contendit:	a) (er) strengt sich an, eilt, kämpft (3.Sg.Ind.Präs.Akt.) b) (er) strengte sich an, eilte, kämpfte (3.Sg.Ind.Perf.Akt.)
contendimus:	a) wir strengen uns an, eilen, kämpfen (1.Pl.Ind.Präs.Akt.) b) wir haben uns angestrengt, sind geeilt, haben gekämpft (1.Pl.Ind.Perf.Akt.)

1.2 Ablaut- und Dehnungs-Perfekt

Die Bildung des Perfektstamms kann auch durch **Ablaut** des Vokals der Stammsilbe erfolgen:[5]

– Veränderung der **Vokalquantität** durch **Dehnung** (quantitativer Ablaut, Abstufung): **Dehnungsperfekt**

vidē- re	sehen	vīd-ī
venī- re	kommen	vēn-ī
rump-e-re[6]	brechen	rūp-ī

– Veränderung der **Vokalfarbe** (qualitativer Ablaut, Abtönung), stets verbunden mit Dehnung: **Ablautperfekt**

ag-e-re	treiben, handeln	ēg-ī
cape-re	fassen, nehmen	cēp-ī
face-re	tun, machen	fēc-ī

ebenso bei den Komposita:

ac-cipe-re	annehmen, empfangen	accēp-ī
af-fice-re	mit etw. versehen	affēc-ī

---

4) Bei den Komposita auf -dere handelt es sich teils um solche von dare ‚geben', teils um Komposita eines nicht mehr vorhandenen Verbs mit der Bedeutung ‚setzen, stellen, legen' (Stamm dhē-). – Das Präverb von crē-dere war ursprünglich ein Substantiv mit der Bedeutung ‚Vertrauen', also: ‚jemandem Vertrauen schenken'.

5) Auch im Deutschen spielt der Ablaut (in weiterentwickelter Form) eine Rolle in der Stammformenbildung: s**i**nge, s**a**ng, ge-s**u**ngen.

6) -m- ist ‚Präsenserweiterung'; Stamm: rup-

1.3 Stammperfekt

Bei einigen Verben der Dritten Konjugation erscheint die Perfektstammform gegenüber dem Präsensstamm unverändert: Perfekt ohne Stammveränderung, **Stammperfekt**.

vertere	wenden, drehen	vertī

Durch die Gleichheit von Präsens- und Perfektstamm ergeben sich (wie bei Komposita von Verben mit Reduplikationsperfekt) mehrdeutige Verbformen:

vertit, vertimus:	3.Sg./1.Pl.Ind.Präs.	oder Perf.Aktiv
vertī:	1.Sg.Ind.Perf.Akt.	oder Inf.Präs.Pass.

*Die meisten Stammperfekte waren ursprünglich entweder v-Perfekte, deren -v- nach dem Stammauslaut u- weggefallen ist (z.B. statuere ‚feststellen', Perf. statuī < statuvī) oder Komposita von Verben mit Reduplikationsperfekt, deren Grundverb verloren gegangen ist (z.B. ascendere ‚hinaufsteigen', Perf. ascendī von *scandere ‚steigen').* [7)]

1.4 Als Stammperfekt (wohl schon ursprünglich ohne -v-) kann man auch das Perfekt von **īre** ansehen: **ī-re** eō **i-ī** itum ‚gehen'

▷ ii- wird vor -s zu ī- kontrahiert: īstī, īstis.

2 Indikativ Plusquamperfekt Aktiv und Passiv

2.1 Der **Indikativ Plusquamperfekt Aktiv** wird gebildet durch Anhängen von -eram, -erās, -erat usw. an den Perfektstamm:[8)]

laudāv-eram	habu-eram	dīx-eram	vēn-eram	fu-eram	i-eram
laudāv-erās	habu-erās	dīx-erās	vēn-erās	fu-erās	i-erās
laudāv-erat	habu-erat	dīx-erat	vēn-erat	fu-erat	i-erat
laudāv-erāmus	habu-erāmus	dīx-erāmus	vēn-erāmus	fu-erāmus	i-erāmus
laudāv-erātis	habu-erātis	dīx-erātis	vēn-erātis	fu-erātis	i-erātis
laudāv-erant	habu-erant	dīx-erant	vēn-erant	fu-erant	i-erant

ich hatte gelobt ...

2.2 Der **Indikativ Plusquamperfekt Passiv** besteht, entsprechend der Umschreibung des Perfekt Passiv (10 G 2.2), aus dem Partizip Perfekt Passiv (PPP) und dem Indikativ Imperfekt von esse:

laudātus,-a	eram	ich war gelobt (worden)	laudātī,-ae	erāmus
laudātus,-a	erās		laudātī,-ae	erātis
laudātus,-a,-um	erat		laudātī,-ae,-a	erant

2.3 Das Plusquamperfekt gibt wie im Deutschen an, dass eine Handlung in der Vergangenheit abgeschlossen war (**Vollendung in der Vergangenheit**) oder einer Handlung in der Vergangenheit vorausgegangen war (**Vorvergangenheit; Vorzeitigkeit in der Vergangenheit**).

Catilīna coniūrātiōnem **fēcerat**.	Catilina **hatte** eine Verschwörung **gemacht**.
Cōnsilia **patefacta erant**.	Die Pläne **waren aufgedeckt (worden)**.

7) scāla (< scand-la) ‚Stiege, Treppe'

8) Merkhilfe: Der Indikativ Plusquamperfekt Aktiv sieht aus wie die Zusammensetzung des Perfektstammes mit dem Indikativ Imperfekt von esse.

3 Infinitiv Perfekt Aktiv und Passiv

3.1 **Der Infinitiv Perfekt Aktiv** wird gebildet durch Anhängen von **-isse** an den Perfektstamm:

laudā-v-isse	hab-u-isse	scrīp-s-isse	vēn-isse	te-tend-isse
gelobt haben	gehabt haben	geschrieben haben	gekommen sein	angespannt haben
fu-isse	īsse (< i-isse, s.o. 1.4)			
gewesen sein	gegangen sein			

3.2 Der **Infinitiv Perfekt Passiv** besteht aus dem Partizip Perfekt Passiv und dem Infinitiv Präsens esse. Es kommen folgende Formen vor (Beispiel: laudāre):

	nominativisch	akkusativisch	
Sg.:	laudātus,-a,-um esse	laudātum,-am,-um esse	gelobt (worden) sein
Pl.:	laudātī,-ae,-a esse	laudātōs,-ās,-a esse	

Die akkusativische Form ist häufiger wegen ihrer Verwendung im AcI.

4 quīdam, quiddam bzw. quīdam, quaedam, quoddam ‚ein gewisser, ein bestimmter'

4.1 Vom Fragepronomen quis, quid bzw. quī, quae, quod (6 G 4) wird durch Anfügen des Suffixes -dam das Pronomen
quīdam, quiddam (substantivisch)
quīdam, quaedam, quoddam (adjektivisch) abgeleitet.[9]

Im Akk.Sg. *m/f* und im Gen.Pl. wird das auslautende -m der Kasusendung vor -d zu -n- assimiliert: que**n**-dam, qua**n**-dam; quōru**n**-dam, quāru**n**-dam.[10]

Der Unterschied zwischen substantivischem und adjektivischem Pronomen macht sich nur beim Nominativ und Akkusativ Singular Neutrum bemerkbar.

4.2 Das Pronomen bezeichnet eine bestimmte Person oder Sache, deren genaue Identität nicht angegeben werden soll oder kann: ‚ein gewisser/bestimmter', Plural auch ‚einige'.

Vēnimus ad quāsdam arborēs.	Wir kamen zu gewissen/einigen Bäumen. *(Näheres wird nicht mitgeteilt.)*

5 Zeitverhältnis in indikativischen Gliedsätzen

Das Zeitverhältnis der Handlung eines untergeordneten Satzes (Gliedsatzes) zur Handlung des ihm übergeordneten Satzes (z.B. des Hauptsatzes) wird im Lateinischen meist genauer ausgedrückt als im Deutschen.

---

9) quīdam < quisdam; vgl. die ähnliche Ableitung von ī-dem (< is-dem), ea-dem, i-dem (< id-dem) zu is, ea, id (7 G 3).

10) Wie bei īdem: eu**n**dem, ea**n**dem, eōru**n**dem, eāru**n**dem.

5.1 Gleichzeitigkeit:

Ist die Handlung des Gliedsatzes zu der des übergeordneten Satzes **gleichzeitig**, so steht in beiden Sätzen die gleiche Zeitstufe, nämlich

a) in Beziehung auf ein Präsens des übergeordneten Satzes ein Präsens im Gliedsatz:

Multī, cum aere aliēnō **premuntur**, sē in servitūtem **dicant** prīncipibus.	Viele begeben sich, wenn sie von Schulden bedrückt werden, in Leibeigenschaft bei den führenden Männern.
Cum poētīs auxilium **fertis**, vestrae quoque glōriae **cōnsulitis**.	Wenn/Indem ihr den Dichtern Hilfe bringt, sorgt ihr auch für euren eigenen Ruhm.

b) in Beziehung auf ein Vergangenheitstempus des übergeordneten Satzes ein Imperfekt oder Perfekt im Gliedsatz, je nach dem maßgebenden Aspekt (linear: Imperfekt; punktuell: Perfekt; s. 10 G 4.2):

Immissī sunt multī hominēs, qui **pūrgāvērunt** locum.	Es wurden viele Leute hingeschickt, die den Platz säuberten und freilegten.

Beide Sätze punktuell (Erzählung).

Catō luxuriam **studuit** reprimere, quae iam tum **incipiēbat** crēscere.	Cato bemühte sich, die Verschwendungssucht zu unterdrücken, die bereits damals sich zu entwickeln begann.

Hauptsatz punktuell (Erzählung); Gliedsatz linear (Hintergrund).

Ibi illa **fīēbant**, quae tū **volēbās**.	Dort **geschahen** (immer wieder) jene Dinge, die du **wolltest**.

Beide Sätze linear (Wiederholung).

5.2 Vorzeitigkeit:

Geht die Handlung des Gliedsatzes der des übergeordneten Satzes zeitlich voraus (= ist zu ihr **vorzeitig**), so steht im Gliedsatz

a) in Beziehung auf ein **Präsens** des übergeordneten Satzes ein **Perfekt**:

Populus, sī tyrannum **ēiēcit**, lībertāte **gaudet**.	Wenn das Volk einen Tyrannen vertrieben hat, freut es sich über die Freiheit.

b) in Beziehung auf ein **Vergangenheitstempus** des übergeordneten Satzes ein **Plusquamperfekt**:

Vīxī, et quem **dederat** cursum fortuna, **perēgī**.	Ich **habe** gelebt und den Lauf, den das Schicksal **gegeben hatte**, **vollendet**.

Im Deutschen wird die Vorzeitigkeit nicht immer ausgedrückt:

Quōcumque **vēnī**, argūmenta senectūtis meae **videō**.	Wohin ich auch **komme**, **sehe** ich Beweise für mein Alter.
Ita mihi senectūs mea, quōcumque **vēneram**, **apparuit**.	So **wurde** mir überall, wohin ich **kam**, mein Alter sichtbar.

11 6 **Zeitverhältnis im AcI und NcI**

Die Infinitive drücken das **Zeitverhältnis** ihres Verbalvorgangs zu dem des übergeordneten Verbs aus, und zwar

der **Infinitiv Präsens** die **Gleichzeitigkeit**,
der **Infinitiv Perfekt** die **Vorzeitigkeit**.

Bei der Auflösung, z.B. durch einen deutschen ‚dass'-Satz, muss auf den Ausdruck dieser Zeitverhältnisse geachtet werden:

Audiō tē ipsum **clāmāre**.	Ich höre dich selbst rufen = Ich höre, dass du selbst rufst.
Nāsīca sēnsit ancillam dominī iussū hoc **dīxisse** et illum intus **esse**.	Nasica merkte, dass die Magd das auf Befehl ihres Herrn **gesagt hatte/habe** und dass jener im Hause **war/sei**.
Iugurtha scelera **commīsisse** arguēbātur.	Iugurtha wurde beschuldigt, Verbrechen **begangen zu haben** = ... dass er ... **begangen habe**.

12

LEKTION 12

1 **Dritte Deklination, Gruppe II: i-Deklination, Substantive**

Außer den Nomina mit konsonantisch auslautendem Stamm (Konsonantische Deklination, 7 G 1.3) gehören zur Dritten Deklination auch solche mit Stammauslaut i-.

Ein Teil dieser Nomina gehört zur **i-Deklination**. Charakteristisch sind die Ausgänge des

Akk.Sg.*(m/f)*	-im	Akk.Pl.	-īs (neben -ēs)
Abl.Sg.	-ī	Gen.Pl.	-ium.
		Nom./Akk.Pl. *n*	-ia

Hierzu gehören

1.1 einige weibliche Substantive, z.B. turris ‚Turm' und das unregelmäßige vīs ‚Kraft, Macht, Gewalt'.[1]

1.2 männliche Flussnamen, z.B. Tiberis ‚Tiber', Albis ‚Elbe', und weibliche Städtenamen, z.B. Neāpolis ‚Neapel';[2] bei diesen Namen sind Nominativ und Genitiv Singular formgleich.

1.3 Substantive mit sächlichem Geschlecht, die im Nominativ Singular auf -e, -al oder -ar ausgehen,[3] z.B. mare ‚Meer', animal ‚Lebewesen, Tier', exemplar ‚Muster'.

---

1) Ebenso sitis ‚Durst', febris ‚Fieber', secūris ‚Beil', puppis ‚Schiffsheck' und tussis ‚Husten' (vgl. pertussis ‚Keuchhusten').
2) Griechischer Name: ‚Neustadt'.
3) -e < -i; bei -al und -ar ist der Stammauslaut weggefallen. – Merkwort: Ar-e-al.

1.4	Feminina und Namen		Neutra			12
Sg. Nom.	turr-is[4]	vīs	mar-e	animal	exemplar	
Gen.	turr-is	–	mar-is	animāl-is	exemplār-is	
Dat.	turr-ī	–	mar-ī	animāl-ī	exemplār-ī	
Acc.	turr-im	vim	mar-e	animal	exemplar	
Abl.	turr-ī	vī	mar-ī	animāl-ī	exemplār-ī	
Pl. Nom.	turr-ēs	vīrēs	mar-ia	animāl-ia	exemplār-ia	
Gen.	turr-ium	vīrium	mar-ium	animāl-ium	exemplār-ium	
Dat.	turr-ibus	vīribus	mar-ibus	animāl-ibus	exemplār-ibus	
Akk.	turr-ēs/īs	vīrēs	mar-ia	animāl-ia	exemplār-ia	
Abl.	turr-ibus	vīribus	mar-ibus	animāl-ibus	exemplār-ibus	

2 Dritte Deklination, Gruppe II: i-Deklination, Adjektive

2.1 Die Adjektive der i-Deklination gliedern sich nach dem **Nominativ Singular** in drei Gruppen:

1) Die meisten haben im Nom.Sg. eine gemeinsame Form für Maskulinum und Femininum, eine eigene Form für das Neutrum (**zweiendige Adjektive**):
gravis *(m/f)*, grave *(n)*[5] ‚schwer'
2) Einige Adjektive, die im Stammauslaut ein **-r-** enthalten, haben im Nom. Sg. für jedes Geschlecht eine eigene Form (**dreiendige Adjektive**):
celeber *(m)*, celebris *(f)*, celebre *(n)*[5] ‚berühmt'
3) Adjektive mit Stammauslaut -c- (Nom.Sg.: -x), -t- (Nom.Sg.: -s), -nt- (Nom.Sg.: -ns) haben im Nom.Sg. nur **eine** gemeinsame Form für alle drei Geschlechter (**einendige Adjektive**):

fēlīx	*(m/f/n)*, Stamm	fēlīc-	‚glücklich, wohlhabend'
expers		expert-	‚nicht teilhaftig'
prūdēns		prūdent-	‚umsichtig, klug'

2.2 Die übrigen Kasusformen der Adjektive der i-Deklination entsprechen denen der Substantive, mit Ausnahme des **Akk.Sg.** *m/f*; dieser endet auf **-em**.[5]

	zweiendig		dreiendig			einendig	
	m/f	*n*	*m*	*f*	*n*	*m/f*	*n*
Sg. N.	gravis	grave	celeber	celebris	celebre	fēlīx	
G.	gravis			celebris		fēlīcis	
D.	gravī			celebrī		fēlīcī	
Akk.	gravem	grave	celebrem		celebre	felīcem	fēlīx
Abl.	gravī			celebrī		fēlīcī	
Pl. N.	gravēs	gravia	celebrēs		celebria	fēlīcēs	fēlīcia
G.	gravium			celebrium		fēlīcium	
D.	gravibus			celebribus		fēlīcibus	
Akk.	gravēs	gravia	celebrēs		celebria	fēlīcēs	fēlīcia
Abl.	gravibus			celebribus		fēlīcibus	

4) Der Stammauslaut -i- ist mit den Kasusendungen verschmolzen.
5) -e- < -i-.

12

3 Suppletiv-Stammformen

Manche Verben waren von ihrer ursprünglichen Bedeutung her nicht für alle Kategorien des Formensystems geeignet; ihre Formen treten daher nur in einem Teilbereich auf, z.B. nur im Präsensstamm oder nur im Perfektstamm. Wenn sich zwei oder mehrere solcher unvollständiger Verben so entsprechen, dass sie sich in ihrem jeweiligen System gegenseitig zu vertreten scheinen, werden sie allmählich als unregelmäßiges einheitliches System empfunden. Da das eine Wort die Lücken des anderen aufzufüllen scheint, nennt man solche Verben **Suppletiv-Verben** (von supplēre ‚auffüllen, ergänzen').

Lateinische Verben mit suppletiven Stammformen:

3.1	esse	sum	fuī		sein[6]
3.2	ferre	ferō	tulī[7]	lātum[7]	tragen, bringen
	tollere	tollō	sustulī	sublātum	empor-, aufheben, beseitigen
3.3	incipere	incipiō[8]	coepī	coeptum/inceptum	anfangen, beginnen

4 Genitīvus und Ablātīvus quālitātis

Im Genitīvus und Ablātīvus quālitātis stehen mit einem Attribut versehene Substantive, die eine Eigenschaft bezeichnen.
Genitīvus und Ablātīvus quālitātis werden sowohl attributiv als auch prädikativ (besonders mit esse) verwendet. Im Deutschen ist eine Wiedergabe durch Präposition ‚von' oder ‚mit' möglich, aber auch durch Adjektive.

4.1 attributiv:

hominēs tam parvae statūrae	Menschen von so kleiner Statur, so kleinwüchsige Menschen
puella nōn minimō nāsō	ein Mädchen mit nicht sehr kleiner Nase

4.2 prädikativ:

Cīvitās erat māgnā auctōritāte.	Der Stamm war von großem Einfluss/war sehr einflussreich/besaß großen Einfluss.

5 Ablativ der Begleitumstände/der Art und Weise (Ablātīvus modī)

Der Ablativ bezeichnet die näheren Umstände, unter denen eine Handlung geschieht, oder die Art und Weise, wie sie geschieht. Das im Ablātīvus modī stehende Substantiv ist meist durch ein Attribut erweitert. Im Deutschen wird dieser Ablativ durch Präpositionen wie ‚mit, unter, auf' wiedergegeben:

Hīs verbīs sē Rōmānīs trādidērunt.	Mit diesen Worten ergaben sie sich den Römern.
fortī animō	mit tapferem Sinn
prūdentī cōnsiliō	mit klugem Plan/Entschluss
eā condiciōne	unter dieser Bedingung
hōc modō	auf diese Weise

---

6) Zu deutsch ‚sein' gehören drei Stammwörter: sein, bin, war/ge-wes-en.
7) tulī < te-tul-ī; daher re-ferre: rettulī (Rest der Reduplikation; s. 11 G 1.1). lātum < tlā-tum.
8) Kompositum von capere

6 Tempusgebrauch in indikativischen Gliedsätzen (Fortsetzung)

6.1 cum inversīvum

Ein mit der temporalen Subjunktion cum (6 G 7) eingeleiteter adverbialer Gliedsatz der Zeit (Temporalsatz) kann ein Ereignis bezeichnen, das überraschend während einer in Gang befindlichen Handlung eintritt oder unmittelbar an sie anschließt. Der Gliedsatz enthält den Hauptgedanken, nämlich die neueintretende Handlung (Vordergrund), und steht daher in der Erzählzeit (Indikativ Perfekt); der Hauptsatz dagegen enthält die Nebensache (Hintergrund) und steht daher im Imperfekt (durativ) oder Plusquamperfekt (vorzeitig). Da die Satzfolge inhaltlich und zeitlich umgedreht erscheint, nennt man die einleitende Subjunktion *cum inversīvum*.[9] Das überraschende Moment kann durch Adverbien wie vix ‚kaum' im Hauptsatz oder subitō ‚plötzlich' im Gliedsatz gekennzeichnet werden. Die Satzperiode mit *cum inversīvum* lässt sich im Deutschen auch durch zwei Hauptsätze (parataktisch) wiedergeben, wobei die überraschend eintretende Handlung mit dem Adverb ‚da' eingeleitet wird.

Philosophus in ātriō sedēbat, cum (subitō) sonus audītus est.	Der Philosoph saß im Atrium, als (plötzlich) ein Geräusch zu hören war. ..., da war plötzlich ein Geräusch zu hören.
Mōnstrum vix in hortum vēnerat, cum (subitō) ēvānuit.	Das Gespenst war kaum im Garten angekommen, als es (plötzlich) verschwand. ..., da verschwand es (plötzlich).

6.2 dum, dōnec, quoad, quamdiū

Die Subjunktion **dum** leitet temporale Gliedsätze (adverbiale Gliedsätze der Zeit) ein:

a) einen Gliedsatz, dessen Handlung zu der des übergeordneten Satzes absolut gleichzeitig ist (dt. **‚während'**). Es steht dann mit dem Indikativ Präsens ohne Rücksicht auf das Tempus des übergeordneten Satzes. Im Deutschen muss das Tempus des mit ‚während' eingeleiteten Gliedsatzes auf das Tempus des übergeordneten Satzes abgestimmt werden:

Dum scrībere **pergit, sēnsit** ...	**Während** er weiter**schrieb, bemerkte** er ...

b) einen Gliedsatz, dessen Handlung in ihrem Verlauf der des übergeordneten Satzes parallel ist (dt. **‚solange'**). Im Gliedsatz steht dann meist die gleiche Zeit wie im übergeordneten Satz, bei Vergangenheit meist das Imperfekt:

Dum philosophus scrībēbat, mōnstrum catēnīs īnsonābat.	**Solange** der Philosoph schrieb, rasselte das Gespenst mit den Ketten.

In gleicher Bedeutung stehen die Subjunktionen **quoad, dōnec** und **quamdiū**:

Catō **quoad** vīxit, virtūtum laude crēvit.	**Solange** Cato lebte, nahm er zu an Ruhm seiner Tugenden.

9) ‚Umkehrendes cum'

c) einen Gliedsatz, dessen Handlung als eingetreten bezeichnet wird (dt. ‚solange, **bis**'). Wenn der übergeordnete Satz in einem Vergangenheitstempus steht, steht im Gliedsatz der Indikativ Perfekt:

Mōnstrum catēnīs īnsonābat, **dum** philosophus scrībere dēstitit.	Das Gespenst rasselte (solange) mit den Ketten, **bis** der Philosoph aufhörte zu schreiben.

In gleicher Bedeutung stehen die Subjunktionen **dōnec** und **quoad**.

6.3 ubi, ut, cum (prīmum)

Als Subjunktionen bezeichnen ubi, ut und (seltener) cum eine Handlung der Vergangenheit, die der Handlung des übergeordneten Satzes unmittelbar vorausgeht: dt. **‚sobald'**. Wenn es sich um eine einmalige Handlung der Vergangenheit handelt, steht im Gliedsatz **Ind. Perf.**[10)] Zur Verstärkung kann prīmum hinzutreten: ubi/ut/cum prīmum. In gleicher Bedeutung werden die Subjunktionen **simulatque** und **simulac** verwendet.

Gallī, **ubi/ut/cum (prīmum)** hoc **cognōvērunt**, dīxērunt: ...	**Sobald** die Gallier das bemerkten (bemerkt hatten), sagten sie: ...

Ob das lateinische Perfekt durch ein deutsches Präteritum oder ein Plusquamperfekt zu übersetzen ist, hängt vom Textzusammenhang ab.

6.4 postquam

Die Subjunktion **postquam ‚nachdem'** steht im Lateinischen mit **Indikativ Perfekt**, auch wenn sich der Gliedsatz auf ein Vergangenheitstempus bezieht[11)]. Im Deutschen muss die Vorzeitigkeit ausgedrückt werden:

Postquam hoc **audīvit**, causam investigāre voluit.	**Nachdem** er das **gehört hatte**, wollte er die Ursache erforschen.
Postquam ossa **sepulta sunt**, mōnstrum nōn iam appāruit.	**Nachdem** die Gebeine **bestattet (worden) waren**, erschien das Gespenst nicht mehr.

7 Suffixe (Fortsetzung)

7.1 **-bilis** *(m/f)*, **-bile** *(n)* leitet von Verben Adjektive ab, die angeben, dass die betreffende Handlung **möglich** oder **wünschenswert** ist, entsprechend dt. ‚-bar', ‚-lich', ‚-würdig'; häufig in negativer Bedeutung mit Vorsilbe in- = dt. ‚un-'.

tolerāre ‚ertragen': (in-)tolerābilis ‚(un-)erträglich'; crēdere ‚glauben': incrēdibilis ‚unglaublich'; horrēre ‚sich entsetzen': horribilis ‚entsetzlich, furchtbar'; amāre ‚lieben': amābilis ‚liebenswürdig'; nō-scere ‚erkennen': nōbilis (‚erkennbar' >) ‚bekannt, edel'.

Das Suffix lebt in den romanischen Sprachen und im Englischen weiter (frz./engl. -able, -ible), im Deutschen als Fremdwortsuffix (akzept-abel, miser-abel, plausibel, no-bel).

7.2 **-(i)ēnsis** *(m/f)*, **-(i)ēnse** *(n)* bildet **Einwohnerbezeichnungen** zu Städtenamen.

Athēnae: Athēniēnsis; Carthāgō: Carthāginiēnsis; Massilia (Marseille): Massiliēnsis; (vgl. Homō Heidelbergēnsis)

---

10) Sonst auch hier Ausdruck des Zeitverhältnisses gem. 11 G 5.

11) Selten mit Ind. Imperf. zur Betonung des durativen Aspekts oder mit Ind. Präsens im Sinne von ‚seitdem'.

LEKTION 13

1 Dritte Deklination, Gruppe III: Gemischte Deklination, Substantive

1.1 In der **Gemischten Deklination** werden die Singularformen nach dem Muster der Konsonantischen Deklination (7 G 1) gebildet (Akk.Sg. *m/f*: -em; Abl.: -e), die Pluralformen nach der i-Deklination (12 G 1; Nom. u. Akk. Pl. *n*: -ia; Gen.Pl.: -ium).[1]

Die Gemischte Deklination umfasst:

a) Substantive auf -is und -ēs, die im Nominativ und Genitiv Singular die gleiche Anzahl Silben haben (‚gleichsilbige' Substantive), z.B.:

nāvis, Gen.Sg. nāvis ‚Schiff'; famēs, Gen.Sg. famis ‚Hunger'

Ausgenommen sind die zur i-Deklination gehörigen Substantive, ferner einige, die der Konsonantischen Deklination folgen.[2]

b) Substantive mit mehrkonsonantischem Ausgang des Wortstocks, z.B.:

urbs, Gen.Sg. urb-is (Wortstock: urb-) ‚Stadt'
pars, Gen.Sg. part-is (Wortstock: part-) ‚Teil'

Ausnahmen:

Die Verwandtschaftsbezeichnungen	pater	Gen.Sg.	patr-is	‚Vater'
	māter		mātr-is	‚Mutter'
	frāter		frātr-is	‚Bruder'

gehören zur Konsonantischen Deklination (Gen.Pl.: -um).

Die Neutra	cor	Gen.Sg.	cord-is	‚Herz'
	os		oss-is	‚Knochen'

bilden Nom. und Akk. Pl. auf -a: cord-a, oss-a.

c) die Partizipien Präsens Aktiv: s. G 2.

1.2 Die Substantive der Gemischten Deklination sind, sofern sie nicht männliche Personen bezeichnen, z.B. hostis *m* ‚Feind', in der Regel weiblich; jedoch gibt es zahlreiche Ausnahmen, z.B. orbis *m* ‚Kreis'; collis *m* ‚Hügel'; Substantive auf -nis: amnis *m* ‚Fluss'; fīnis *m* ‚Ende, Grenze', Plur.: fīnēs ‚Grenzen, Gebiet'; mōns *m* ‚Berg'; cor *n* ‚Herz'; ŏs *n* ‚Knochen'.

1.3

	a) nāvis ‚Schiff'		b) urbs ‚Stadt'	
	Sg.	Pl.	Sg.	Pl.
N.	nāv-is	nāv-ēs	urb-s	urb-ēs
G.	nāv-is	nāv-ium	urb-is	urb-ium
D.	nāv-ī	nāv-ibus	urb-ī	urb-ibus
Akk.	nāv-em	nāv-ēs[1]	urb-em	urb-ēs[1]
Abl.	nāv-e	nāv-ibus	urb-e	urb-ibus

1) Akk.Pl. *m/f* manchmal -īs statt -ēs.
2) canis, *m* *‚Hund'*, iuvenis, *m* *‚junger Mann'*, sēdēs,-is, *f* *‚Sitz, Wohnsitz'*

2 Gemischte Deklination: Partizipien Präsens Aktiv

Die **Partizipien Präsens Aktiv** werden mit dem Suffix **-nt-** (identisch mit dem deutschen -nd-: lobe-nd) vom Präsensstamm abgeleitet. Der Nom.Sg. hat (wie die einendigen Adjektive der i-Deklination) nur eine gemeinsame Form für alle drei Geschlechter; sie endet auf -ns (< -nts).[3)]

laudā- re:	laudā- ns	Gen.Sg.	lauda- nt-is
habē- re:	habē- ns		habe- nt-is
leg- e- re:	leg- ē-ns		leg- e-nt-is
face- re:	faci- ē-ns		faci- e-nt-is
audī- re:	audi- ē-ns		audi- e-nt-is
ī- re:	i- ē-ns		**e- u**-nt-is (unregelmäßig!)

Sie folgen, sofern sie nicht zu bloßen Adjektiven abgeschwächt sind, der **Gemischten** Deklination (Abl.Sg.: -e; Nom./Akk.Pl. *n*: -ia; Gen.Pl.: -ium).

	Sg. *m/f*	*n*	Pl. *m/f*	*n*
N.	continē-ns		contine-nt-ēs	contine-nt-ia
G.	contine-nt-is		contine-nt-ium	
D.	contine-nt-ī		contine-nt-ibus	
Akk.	contine-nt-em	continē-ns	contine-nt-ēs	contine-nt-ia
Abl.	contine-nt-e[4)]		contine-nt-ibus	

▷ Die Partizipien Präsens Aktiv können, wenn sie attributiv gebraucht sind, mit den entsprechenden deutschen Partizipialformen oder durch einen Relativsatz übersetzt werden.

3 Adjektive der Konsonantischen Deklination

Der Konsonantischen Deklination (Abl.Sg.: -e; Nom./Akk.Pl. *n*: -a; Gen.Pl.: -um; 7 G 1) folgen nur wenige Adjektive:

dīves	Gen.Sg.	dīvit-is	‚reich‘
pauper		pauper-is	‚arm‘
vetus		veter-is	‚alt‘[5)]
prīnceps		prīncip-is	‚erster, vornehmster‘ (Subst. *m.*: ‚Fürst‘)

4 Die Zahlwörter trēs, tria und mīlle/mīlia

4.1 Das Zahlwort trēs, tria ‚drei‘ wird nach der i-Deklination dekliniert.

4.2 Das Zahlwort mīlle ‚tausend‘ ist unveränderlich (indeklinabel).
Als Plural wird das Substantiv mīlia (Neutrum) ‚Tausende‘ verwendet, das der i-Deklination folgt. Da es Substantiv ist, steht danach der gezählte Gegenstand – sofern kein anderes Zahlwort dazwischensteht – im Genitīvus partitīvus: tria mīlia hominum ‚3.000 Menschen‘; cum duōbus mīlibus hominum ‚mit 2.000 Menschen‘.

3) Lange Vokale werden vor -nt- gekürzt, andererseits werden alle Vokale vor -ns gedehnt.
4) Wenn das Partizip rein adjektivisch gebraucht wird, wird der Abl.Sg. gewöhnlich auf -ī gebildet: in terrā continentī ‚auf dem Festland‘; vir excellentī prōvidentiā ‚ein Mann von hervorragender Voraussicht‘.
5) mīles veterānus ‚altgedienter Soldat, Veteran‘

4.3

	m/f n	(Pl. n)
N.	trēs tria	mīlia
G.	trium	mīlium
D.	tribus	mīlibus
Akk.	trēs tria	mīlia
Abl.	tribus	mīlibus

5 Ablativ der Beziehung (Ablātīvus līmitātiōnis)

Der Ablativ kann angeben, in welcher Beziehung (Hinsicht)[6] eine Angabe oder Aussage gemacht wird. Er steht in Verbindung mit Adjektiven oder Verben. Deutsche Wiedergabe mit ‚bezüglich, hinsichtlich, gemäß, nach, an, in'.[7]

nātūrā et mōribus mōbilis	bezüglich/hinsichtlich/in Naturanlage und Charakter unbeständig
meā sententiā	gemäß/nach meiner Meinung

6 **Suffixe** (Fortsetzung)

6.1 **-ālis, -āle:** Zugehörigkeitsadjektive, abgeleitet von Nomina.

nāvis: nāvālis ‚zum Schiff gehörig, zu Schiff (befindlich)': hostis nāvālis ‚ein mit dem Schiff ankommender Feind'

Wenn das Grundwort bereits ein -l- enthält, wird -ālis zu -āris dissimiliert: populus: populāris; singulī (‚einzelne'): singulāris ‚einzigartig'[8]

Das Suffix -ālis lebt in den romanischen Sprachen und im Englischen weiter, im Deutschen als Fremdwortsuffix: national; -āris im frz. -ier (singulier), engl. -ar (similar) und im deutschen Fremdwortsuffix -är (singulär, elitär).

6.2 Meist von i-Stämmen werden Adjektive auf **-īlis, -īle** abgeleitet.

cīvis: cīvīlis: bellum cīvīle ‚Bürgerkrieg'

---

6) Daher auch Ablātīvus respectūs.

7) Der Ablātīvus līmitātiōnis ist wohl vom Abl. instrūmentālis (1 G 7.5) herzuleiten (‚wodurch? womit?' > ‚worin? in welcher Beziehung?'); in manchen Fällen scheint auch eine Ableitung vom Abl. sēparātīvus (2 G 4) möglich (‚von woher gesehen?').

8) Auch: ‚auf einzelne bezogen'; numerus singulāris ‚Singular'.

14

LEKTION 14

1 Konjunktiv

1.1 Konjunktiv Präsens (Aktiv und Passiv)

Kennzeichen: a-Konjugation: **-ē-** (der Stammauslaut a- entfällt),
andere Konjugationen: **-ā-**; esse und velle: **-ī-**.

	laudāre	**vidēre**	**audīre**	**mittere**	**capere**
Aktiv:	laud-e-m	vide-a-m	audi-a-m	mitt-a-m	capi-a-m
	laud-ē-s	vide-ā-s	audi-ā-s	mitt-ā-s	capi-ā-s
	laud-e-t	vide-a-t	audi-a-t	mitt-a-t	capi-a-t
	laud-ē-mus	vide-ā-mus	audi-ā-mus	mitt-ā-mus	capi-ā-mus
	laud-ē-tis	vide-ā-tis	audi-ā-tis	mitt-ā-tis	capi-ā-tis
	laud-e-nt	vide-a-nt	audi-a-nt	mitt-a-nt	capi-a-nt
Passiv:	laud-e-r	vide-a-r	audi-a-r	mitt-a-r	capi-a-r
	laud-ē-ris	vide-ā-ris	audi-ā-ris	mitt-ā-ris	capi-ā-ris
	laud-ē-tur	vide-ā-tur	audi-ā-tur	mitt-ā-tur	capi-ā-tur
	laud-ē-mur	vide-ā-mur	audi-ā-mur	mitt-ā-mur	capi-ā-mur
	laud-ē-minī	vide-ā-minī	audi-ā-minī	mitt-ā-minī	capi-ā-minī
	laud-e-ntur	vide-a-ntur	audi-a-ntur	mitt-a-ntur	capi-a-ntur

īre	**fierī**	**esse**	**velle**	**nōlle**
e-a-m[1)]	fī-a-m[2)]	s-i-m	vel-i-m	nōl-i-m
e-ā-s	fī-ā-s	s-ī-s	vel-ī-s	nōl-ī-s
e-a-t	fī-a-t	s-i-t	vel-i-t	nōl-i-t
e-ā-mus	fī-ā-mus	s-ī-mus	vel-ī-mus	nōl-ī-mus
e-ā-tis	fī-ā-tis	s-ī-tis	vel-ī-tis	nōl-ī-tis
e-a-nt	fī-a-nt	s-i-nt	vel-i-nt	nōl-i-nt

1.2 Konjunktiv Imperfekt (Aktiv und Passiv)

Kennzeichen: -re-[3)]

Aktiv:	laudā-re-m	vidē-re-m	audī-re-m	mitt-e-re-m	cape-re-m
	laudā-rē-s	vidē-rē-s	audī-rē-s	mitt-e-rē-s	cape-rē-s
	laudā-re-t	vidē-re-t	audī-re-t	mitt-e-re-t	cape-re-t
	laudā-rē-mus	vidē-rē-mus	audī-rē-mus	mitt-e-rē-mus	cape-rē-mus
	laudā-rē-tis	vidē-rē-tis	audī-rē-tis	mitt-e-rē-tis	cape-rē-tis
	laudā-re-nt	vidē-re-nt	audī-re-nt	mitt-e-re-nt	cape-re-nt
Passiv:	laudā-re-r	vidē-re-r	audī-re-r	mitt-e-re-r	cape-re-r
	laudā-rē-ris	vidē-rē-ris	audī-rē-ris	mitt-e-rē-ris	cape-rē-ris
	laudā-rē-tur	vidē-rē-tur	audī-rē-tur	mitt-e-rē-tur	cape-rē-tur
	laudā-rē-mur	vidē-rē-mur	audī-rē-mur	mitt-e-rē-mur	cape-rē-mur
	laudā-rē-minī	vidē-rē-minī	audī-rē-minī	mitt-e-rē-minī	cape-rē-minī
	laudā-re-ntur	vidē-re-ntur	audī-re-ntur	mitt-e-re-ntur	cape-re-ntur

1) i- vor Vokal > e-; s. 2 G 2.2
2) Langes -i-; s. 6 G 3 Anm.2
3) Ursprüngliches Kennzeichen -se-: es-se-m, (vel-se-m >) velle-m; zwischen Vokalen > -re-.

īre	fierī	esse	velle	nōlle
ī-re-m	fie-re-m	es-se-m	vel-le-m	nōl-le-m
ī-rē-s	fie-rē-s	es-sē-s	vel-lē-s	nōl-lē-s
ī-re-t	fie-re-t	es-se-t	vel-le-t	nōl-le-t
ī-rē-mus	fie-rē-mus	es-sē-mus	vel-lē-mus	nōl-lē-mus
ī-rē-tis	fie-rē-tis	es-sē-tis	vel-lē-tis	nōl-lē-tis
ī-re-nt	fie-re-nt	es-se-nt	vel-le-nt	nōl-le-nt

Der Konjunktiv Imperfekt sieht also aus wie eine Zusammensetzung aus dem Infinitiv Präsens Aktiv und der Personalendung.

1.3 Konjunktiv Perfekt Aktiv

An den Perfektstamm wird **-erim, -eris** usw. angehängt:

laudāv-erim	habu-erim	mīs-erim	pepul-erim	cēp-erim
laudāv-eris	habu-eris	mīs-eris	pepul-eris	cēp-eris
laudāv-erit	habu-erit	mīs-erit	pepul-erit	cēp-erit
laudāv-erimus	habu-erimus	mīs-erimus	pepul-erimus	cēp-erimus
laudāv-eritis	habu-eritis	mīs-eritis	pepul-eritis	cēp-eritis
laudāv-erint	habu-erint	mīs-erint	pepul-erint	cēp-erint

fu-erim	i-erim
fu-eris	i-eris
fu-erit	i-erit
fu-erimus	i-erimus
fu-eritis	i-eritis
fu-erint	i-erint

1.4 Konjunktiv Plusquamperfekt Aktiv

An den Perfektstamm wird **-isse-** mit den Personalendungen angehängt: -isse-m, -issē-s usw.

laudāv-isse-m	habu-isse-m	mīs-isse-m	pepul-isse-m	cēp-isse-m
laudāv-issē-s	habu-issē-s	mīs-issē-s	pepul-issē-s	cēp-issē-s
laudāv-isse-t	habu-isse-t	mīs-isse-t	pepul-isse-t	cēp-isse-t
laudāv-issē-mus	habu-issē-mus	mīs-issē-mus	pepul-issē-mus	cēp-issē-mus
laudāv-issē-tis	habu-issē-tis	mīs-issē-tis	pepul-issē-tis	cēp-issē-tis
laudāv-isse-nt	habu-isse-nt	mīs-isse-nt	pepul-isse-nt	cēp-isse-nt

fu-isse-m	īsse-m (< i-isse-m; 11 G 1.4)
fu-issē-s	īssē-s
fu-isse-t	īsse-t
fu-issē-mus	īssē-mus
fu-issē-tis	īssē-tis
fu-isse-nt	īsse-nt

Der Konjunktiv Plusquamperfekt Aktiv sieht also aus wie eine Zusammensetzung des Infinitiv Perfekt Aktiv mit der Personalendung.

14

1.5 Konjunktive Perfekt und Plusquamperfekt Passiv

Wie die entsprechenden Indikative (10 G 2.2; 11 G 2.2) werden auch die Konjunktive umschrieben durch das Partizip Perfekt Passiv und den Konjunktiv Präsens bzw. Imperfekt von esse:

Konjunktiv Perfekt Passiv		Konj. Plusquamperfekt Pass.	
laudātus,-a	sim	laudātus,-a	essem
laudātus,-a	sīs	laudātus,-a	essēs
laudātus,-a,-um	sit	laudātus,-a,-um	esset
laudātī, -ae	sīmus	laudātī, -ae	essēmus
laudātī, -ae	sītis	laudātī, -ae	essētis
laudātī, -ae,-a	sint	laudātī, -ae,-a	essent
entsprechend:	habitus sim	habitus essem	
	missus sim	missus essem	

2 Konjunktiv in Hauptsätzen

2.1 Ausdruck des Wunsches; zur Verstärkung kann **utinam** (‚dass doch, wenn doch‘) hinzugefügt werden; Verneinung durch **nē**

Es wird unterschieden,
- ob der Wunsch als erfüllbar (coniūnctīvus **optātīvus**) oder als unerfüllbar (coniūnctīvus **irreālis**) gedacht ist
- ob der Wunsch für die Gegenwart oder die Vergangenheit gilt.

	Gegenwart	Vergangenheit
erfüllbar gedacht (optativisch)	Konjunktiv Präsens **(Utinam) prōsit!** Möge es nützen! Hoffentlich nützt es!	Konjunktiv Perfekt **(Utinam) prōfuerit!** (Möge es genützt haben!) Hoffentlich hat es genützt!
unerfüllbar (irreal)	Konjunktiv Imperfekt **Utinam prōdesset!** Würde es doch nützen! Wenn es doch nützen würde!	Konjunktiv Plusquamperf. **Utinam prōfuisset!** Hätte es doch genützt! Wenn es doch genützt hätte!

2.2 **Aufforderung:** Konjunktiv Präsens; Verneinung **nē**

- an die **1. Person Plural**: Aufforderung an eine Gruppe, der der Sprecher angehört (coniūnctīvus **hortātīvus**); deutsch: ‚wir wollen ...!/wollen wir ...!/lasst uns ...!‘

Gaudeāmus!	**Wir wollen** fröhlich sein! **Wollen wir** fröhlich sein! **Seien wir fröhlich! Lasst uns** fröhlich sein!
Nē hoc **faciāmus!**	**Wir wollen** das **nicht** tun! **Wollen wir** das **nicht** tun! **Tun wir** das **nicht! Lasst uns** das **nicht** tun!

- an die **3. Person** oder (seltener) die **2. Person** (coniūnctīvus **iussīvus**); deutsch: ‚soll(en) ..., mag/mögen ...‘

Videant cōnsulēs ...	Die Konsuln **sollen/mögen** darauf achten ...

2.3 **Verbot** an die **2. Person** (coniūnctīvus **prohibitīvus**): **nē + Konjunktiv Perfekt;** deutsch: verneinter Imperativ

14

Nē hoc **fēceris!**	Tu das nicht!
Nē mortem **timueritis!**	Fürchtet euch nicht vor dem Tod!

▷ Der Konjunktiv Perfekt hat hier keine Vergangenheitsbedeutung.[4]

Für die Verneinung des Befehls gibt es im Lateinischen zwei Möglichkeiten:

1. nē + Konjunktiv Perfekt
2. nōlī/nōlīte + Infinitiv Präsens Aktiv (9 G 4)

Nē hoc fēceris/fēceritis!	= Nōlī/Nōlīte hoc facere!
Nē mortem timueris/timueritis!	= Nōlī/Nōlīte mortem timēre!

Der Imperativ selbst kann im Lateinischen nicht verneint werden.

2.4 Im **Fragesatz**: Ausdruck des **Zweifels** oder **Überlegens** (coniūnctivus **dubitātīvus** oder **dēlīberātīvus**); Verneinung: **nōn**

– für die **Gegenwart**: **Konjunktiv Präsens;** im Deutschen: ‚soll(en) ...'

Quid (nunc) **faciam**?	Was soll ich (jetzt) tun?

– für die **Vergangenheit**: **Konjunktiv Imperfekt;** im Deutschen: ‚hätte(n) ... sollen' (= Konj. Plqpf. von ‚sollen')[5]

Quid (tunc) **facerem**?	Was hätte ich (damals) tun sollen?

2.5 Kennzeichung der **Nichtwirklichkeit** oder **Unmöglichkeit** einer Aussage (coniūnctīvus **irreālis**). Modus- und Tempusgebrauch sind beim Irrealis im Deutschen und Lateinischen gleich.[6] Verneinung: **nōn**

Irrealis der **Gegenwart**: **Konjunktiv Imperfekt**

O philosophia, quid vīta hominum sine tē **esset**?	O Philosophie, was **wäre** das Leben der Menschen ohne dich?

Irrealis der **Vergangenheit**: **Konjunktiv Plusquamperfekt**

O philosophia, quid vīta hominum sine tē esse **potuisset**?	O Philosophie, was **hätte** das Leben der Menschen ohne dich sein **können**?

Der irreale Konjunktiv im Hauptsatz steht meist in Verbindung mit einem entsprechenden konditionalen Gliedsatz (Irreales Satzgefüge): s. 3.5

2.6 Kennzeichnung der Aussage als nur **möglich** (abgeschwächte Aussage, coniūnctīvus **potentiālis**); Verneinung: **nōn** [Ausführliche Behandlung: 24 G 1]

– für die **Gegenwart**: **Konjunktiv Präsens** oder **Perfekt** (das Perfekt hat hier keine Vergangenheitsbedeutung, vgl. oben 2.3); im Deutschen: Formen der abgeschwächten Aussage (‚wohl, vielleicht'; ‚könnte, sollte, dürfte')

Hoc nēmō **crēdat/crēdiderit**.	Das glaubt wohl niemand.

– für die **Vergangenheit** (selten): **Konjunktiv Imperfekt;** im Deutschen: ‚hätte ... können'

Crēderēs.	Du hättest (= man hätte) glauben können.

---

4) Ein Teil der lateinischen Perfektformen (s-Perfekt) geht auf einen Verbstamm zurück, der keine Zeitstufe ausdrückte (Aoriststamm, im Griechischen noch vorhanden).

5) sog. Tempusverschiebung im Deutschen

6) Das Deutsche hat die lateinische Konstruktion übernommen.

3 Konjunktiv in Gliedsätzen

Im Konjunktiv stehen folgende Arten von Gliedsätzen:

Subjekt-/Objektsätze:	abhängige Fragesätze (3.1)
	abhängige Wunschsätze (3.2a)
	Folgesätze (Konsekutivsätze; 3.3)
Adverbialsätze:	der Absicht (Finalsätze; 3.2b)
	der Folge (Konsekutivsätze; 3.3)

unter bestimmten Voraussetzungen (Satzeinleitung, Satzinhalt):

Adverbialsätze:	der Zeit (Temporalsätze; 3.4)
	des Grundes (Kausalsätze; 3.4)
	der Einräumung/des Gegensatzes (Konzessiv-/Adversativsätze; 3.4)
	der Bedingung (Kondizionalsätze; 3.5)

3.1 Indirekte Fragesätze vertreten das Subjekt oder Objekt des übergeordneten Verbs (Subjekt- bzw. Objektsätze).

Es ist unbekannt, wann er kommt:	Subjekt (Wer/was ist unbekannt?)
Ich weiß nicht, wann er kommt:	Objekt (Was weiß ich nicht?)

Wie bei der direkten Frage unterscheidet man beim indirekten Fragesatz:

Wortfrage, eingeleitet durch ein **Fragepronomen** oder **-adverb**

Satzfrage, eingeleitet meist durch **num** ‚ob' (ohne Rücksicht auf die erwartete Antwort), selten durch **nōnne** oder **-ne**

Doppelfrage, eingeleitet durch **utrum – an** / **-ne – an** / **– an** ‚ob – oder ob'.

Statt an nōn ‚... oder nicht' kann necne stehen.

Indirekte Fragesätze stehen im Lateinischen immer im **Konjunktiv** (obliquer Konjunktiv); die Verneinung ist **nōn**. Die Wahl der Zeitstufe des Konjunktivs im Gliedsatz hängt ab

1. vom Tempus des übergeordneten Verbs:
   Haupttempus (Gegenwart oder Zukunft bezeichnend):
   Präsens, Futur I und II, Resultat-Perfekt

   Nebentempus (Vergangenheit bezeichnend):
   Imperfekt, Erzähl-Perfekt, Plusquamperfekt
2. vom **Zeitverhältnis** des Gliedsatzes zum übergeordneten Satz:
   Gleichzeitigkeit, Vorzeitigkeit

Daraus ergeben sich für das Lateinische folgende Regeln der **Zeitenfolge (cōnsecūtiō temporum)**:

	nach Haupttempus	nach Nebentempus
Gleichzeitigkeit	Konjunktiv Präsens	Konjunktiv Imperfekt
Vorzeitigkeit	Konjunktiv Perfekt	Konjunktiv Plusquamperf.

Im Deutschen ist das Zeitverhältnis nur bei indikativischer Wiedergabe zu beachten. Bei konjunktivischer Wiedergabe ist, soweit möglich, Konjunktiv I (obliquer Konjunktiv) zu benutzen (s. 8 G 3). Beispiele:

Gleichzeitigkeit:

Nēmō **scit**, quid **sit** melius.	Niemand weiß, was besser **ist**.
Dionȳsius **dēclārāvit**, quantopere amīcitiās **dēsīderāret**.	Dionysius zeigte, wie sehr er sich nach Freundschaften sehnte/sehne.
Nesciō, num amīcus **veniat**.	Ich weiß nicht, ob mein Freund (jetzt) kommt.
Quaeritur, utrum deī **sint** an nōn (= necne).	Es wird gefragt, ob die Götter existieren oder nicht.

Vorzeitigkeit:

Interrogant, quantae cōpiae hostium **fuerint**.	Sie fragen, wie stark die Truppen der Feinde gewesen sind/gewesen seien.
Nūntiī **exposuērunt**, quantae cōpiae hostium **fuissent**.	Die Boten legten dar, wie stark die Truppen der Feinde gewesen waren/seien.

▷ Der oblique Konjunktiv des indirekten Fragesatzes kann sowohl einem Indikativ wie einem deliberativen Konjunktiv der direkten Frage entsprechen:

Interrogās, quid faciam. Interrogābās, quid facerem. Direkte Frage: Quid facis?	Du fragst mich, was ich tue. Du fragtest mich, was ich täte. Was tust du? (indikativisch)
Nesciō, quid faciam. Direkte Frage: Quid faciam?	Ich weiß nicht, was ich tun soll. Was soll ich tun? (dubitativ)
Mē cōnsulēbat, utrum Rōmam īret an Capuae manēret. Direkte Frage: Utrum Rōmam eam an Capuae maneam?	Er fragte mich, ob er nach Rom gehen oder in Capua bleiben solle. Soll ich nach Rom gehen oder in Capua bleiben? (deliberativ)

3.2 a) Abhängige **Wunschsätze** (Objektsätze)
b) Adverbiale Gliedsätze der Absicht (**Finalsätze**)

ut + Konjunktiv: a) ‚dass' (Wunschsatz); b) ‚damit' (Finalsatz)
nē + Konjunktiv: a) ‚dass nicht' (Wunschsatz); b) ‚damit nicht' (Finalsatz)

Auch hier hängt die Wahl der Zeitstufe im Lateinischen vom Tempus des übergeordneten Verbs ab:

nach Haupttempus: Konjunktiv Präsens
nach Nebentempus: Konjunktiv Imperfekt.

14

Da im Deutschen eine konjunktivische Wiedergabe oft schwierig ist, können andere Wiedergabemöglichkeiten gewählt werden, z.B. der mit ‚(um) zu' eingeleitete Infinitiv Präsens.

a) Tyrannus alterī amīcō **permittit**, ut ad suōs **eat**.	Der Tyrann erlaubt dem einen der beiden Freunde, (dass er zu seinen Angehörigen gehe =) zu seinen Angehörigen zu gehen.
Tyrannus ... **permīsit**, ut ... **īret**.	Der Tyrann erlaubte ..., ... zu gehen.
b) **Redit**, ut vadem suum **līberet**.	Er kehrt zurück, damit er seinen Bürgen auslöse/um ... auszulösen.
Rediit, ut vadem suum **līberāret**.	Er kehrte zurück, (damit er seinen Bürgen auslöse =) um ... auszulösen.

⊳ Im Deutschen muss zwischen Objektsatz (Wunschsatz) und Adverbialsatz (Finalsatz) unterschieden werden. Die Subjunktion ‚damit' steht nur im Adverbialsatz, die Subjunktion ‚dass' meist nur im Objektsatz. Der Adverbialsatz ist eine zusätzliche Angabe innerhalb der Satzperiode; der Objektsatz ist dagegen eine notwendige Ergänzung des übergeordneten Verbs.

3.3 Gliedsätze der **Folge (Konsekutivsätze)** können als Subjekt-/Objektsätze oder als adverbiale Gliedsätze vorkommen.

ut + Konjunktiv	‚(so)dass'
ut nōn + Konjunktiv	‚(so)dass nicht'

Das dem ‚dass' (ut) korrelativ entsprechende ‚so' ist oft im übergeordneten Satz enthalten (tantus – ut; sīc/ita – ut).

Im deutschen Konsekutivsatz steht der Indikativ; die Zeit des lateinischen Konsekutivsatzes muss in die deutsche Übersetzung übernommen werden.

Ita efficitur, ut hominēs in pāce vīvant. (Subjektsatz: Was wird erreicht?)	So wird erreicht, dass die Menschen in Frieden leben.
Dionȳsius tantā admīrātiōne captus est, ut captīvum **absolveret**. (Adverbialsatz)	Dionysius wurde von solcher Bewunderung ergriffen, dass er den Gefangenen **freiließ**.

3.4 Adverbialsätze der **Zeit (Temporalsätze)**, des **Grundes (Kausalsätze)**[7] und der **Einräumung** bzw. des **Gegensatzes (Konzessiv-** bzw. **Adversativsätze)**, die mit den Subjunktionen **cum** oder **ut** eingeleitet werden:

cum + Konjunktiv:
1. cum historicum oder nārrātīvum: ‚als, nachdem'
2. cum causāle: ‚weil, da'
3. cum concessīvum: ‚obwohl'; im übergeordneten Satz steht oft ein verdeutlichendes tamen ‚dennoch, trotzdem'.
cum adversātīvum: ‚während, wohingegen'[8]

ut + Konjunktiv: ‚wenn auch, obwohl' (verneint: ut nōn)

---

7) Die mit cum eingeleiteten konjunktivischen Gliedsätze stehen zum übergeordneten Satz in einem zugleich zeitlichen (temporalen) wie begründenden (kausalen) Verhältnis.

8) frz. tandis que

Im **Deutschen** stehen Temporal-, Kausal- und Konzessivsätze im **Indikativ**. Die Wahl der Zeitstufe des Konjunktivs im Lateinischen entspricht dem Deutschen, doch ist das Lateinische im Ausdruck der Vorzeitigkeit oft genauer.

Alter amīcus, cum īnsidiās Dionȳsiō **parāvisset**, capitis damnātus est.	Als/Weil der eine der beiden Freunde ein Attentat gegen Dionysius **geplant hatte**, wurde er zum Tode verurteilt.
Cum ille **redīsset**, Dionȳsius admīrātiōne captus est.	Als jener zurück**kehrte**, wurde Dionysius von Bewunderung ergriffen.
Dionȳsius cum abundāret aequālibus et propinquīs, (tamen) crēdēbat eōrum nēminī.	Obwohl Dionysius sehr viele Altersgenossen und Verwandte hatte, traute er (trotzdem) keinem von ihnen.

3.5 **Bedingungssätze (Konditionale Gliedsätze)** im Konjunktiv kennzeichnen eine Bedingung als nicht der Wirklichkeit entsprechend **(irreales Satzgefüge, Irrealis)** oder als lediglich **möglich (potentiales Satzgefüge, Potentialis)**; Modus und Tempus wie in den entsprechenden übergeordneten Sätzen.

Irrealis der Gegenwart: Konjunktiv Imperfekt

Ad tē Athēnās venīrem, nisi mē patria retinēret.	Ich käme zu dir nach Athen, wenn mich nicht das Vaterland zurückhalten würde.

Irrealis der Vergangenheit: Konjunktiv Plusquamperfekt

Quid potius hominibus deī dedissent, sī eīs nocēre voluissent?	Was hätten die Götter den Menschen eher verliehen, wenn sie ihnen hätten schaden wollen?

Die beiden Zeitstufen können auch kombiniert werden:

Sī hoc fēcissēs, tē laudārem.	Wenn du das getan hättest, würde ich dich loben.

Potentialis der Gegenwart: Konjunktiv Präsens oder **Perfekt** [s. 2.6]

Sī hoc dīcās, errēs = Sī hoc dīxeris, errāveris.	Falls du das sagst (sagen solltest), irrst du dich wohl (dürftest du dich irren).

3.6 **Schematische Übersicht** über die Verwendung lateinischer Konjunktive

1. Hauptsatz

Konjunktivform	Verneinung	Benennung und Bedeutung	G §
Präsens	nē	Optativ (Gegenwart) Erfüllbarer Wunsch	2.1
1. Pl. Präsens	nē	Hortativ Aufforderung	2.2
2./3. Sg./Pl. Präsens	nē	Iussiv Aufforderung	2.2
Präsens	nōn	Dubitativ, Deliberativ (Gegenwart) Zweifel, Überlegung	2.4

14

Konjunktivform	Verneinung	Benennung und Bedeutung	G §
Präsens	nōn	Potentialis (Gegenwart) Möglichkeit	2.6
Imperfekt	nē	Unerfüllbarer Wunsch (Gegenwart)	2.1
Imperfekt	nōn	Irreale Aussage (Gegenwart)	2.5
Imperfekt	nōn	Dubitativ (Vergangenheit) Zweifel	2.4
Imperfekt	nōn	Potentialis (Vergangenheit) Möglichkeit	2.6
Perfekt	nē	Optativ (Vergangenheit) Erfüllbarer Wunsch	2.1
Perfekt	nōn	Potentialis (Gegenwart) Möglichkeit	2.6
2.Sg./Pl.Perfekt	nē	Prohibitiv Verbot	2.3
Plusquamperfekt	nē	Unerfüllbarer Wunsch (Vergangenheit)	2.1
Plusquamperfekt	nōn	Irreale Aussage (Vergangenheit)	2.5

2. Gliedsatz

	Einleitung+Konj.-form	Verneinung	Art des Gliedsatzes	G §
I	sī + Konj.Imperf. Plqpf.	nisi	Irrealis (Gegenwart) (Vergangenheit)	3.5
II	Fragewort + Konj. ut + Konj.	nōn nē + Konj.	Indir. Frage Wunschsatz und Finalsatz	3.1 3.2
III	ut + Konj. cum + Konj.	ut nōn + Konj. nōn	Konsekutivsatz Konzessivsatz Temporalsatz Kausalsatz Konzessivsatz/ Adversativsatz	3.3 3.4 3.4 3.4 3.4
IV	sī + Konj. Präs. od. Perf.	nisi	Potentialis (Gegenwart)	3.5

LEKTION 15

1 Vierte oder u-Deklination

1.1 Die Kasusendungen der Vierten Deklination entsprechen denen der Dritten Deklination. Mit dem Stammauslaut -u- ergibt sich folgendes Deklinationsschema:

	magistrātus *m* ‚Amt; Beamter'		cornū *n* ‚Horn; Heeresflügel'	
	Singular	Plural	Singular	Plural
N.	magistrāt-us	magistrāt-ūs	corn-ū	corn-ua
G.	magistrāt-ūs	magistrāt-uum	corn-ūs	corn-uum
D.	magistrāt-uī	magistrāt-ibus	corn-ū(-uī)	corn-ibus
Akk.	magistrāt-um	magistrāt-ūs	corn-ū	corn-ua
Abl.	magistrāt-ū	magistrāt-ibus	corn-ū	corn-ibus

Dabei ist zu beachten:
- Der **Kasusausgang -us** gehört zu **vier** Kasus:
  -us: Nominativ Singular *(m/f)*
  -ūs: Genitiv Singular *(m/f/n)*; Nominativ und Akkusativ Plural *(m/f)*
- Der Dativ Singular wird häufig, besonders bei den Neutra, ohne -i gebildet.

1.2 Genus
Die Substantive auf **-us** der u-Deklination sind in der Regel **männlich**.
Weiblich sind manus ‚Hand',[1] (‚Handvoll Menschen'=) ‚Schar',
domus ‚Haus' (s. 1.3), tribus ‚Wahlbezirk der Stadt Rom'.[2]
Es gibt nur wenige Neutra und keine Adjektive der u-Deklination.

1.3 Unregelmäßig ist domus *(f)* ‚Haus', das einige Formen nach der o-Deklination bildet:

Abl. Sg. dom**ō**; Akk. Pl. dom**ōs**; Gen. Pl. dom**ōrum** (neben domuum).

Lokativ: domī ‚zuhause'

2 Fünfte oder e-Deklination

2.1 Die Kasusendungen der Fünften Deklination entsprechen – außer im Genitiv Singular und Plural – ebenfalls denen der Dritten Deklination. Mit dem Stammauslaut -e- ergibt sich folgendes Deklinationsschema:

	rēs *f* ‚Sache'		diēs *m* ‚Tag'	(*f* ‚Termin')
	Singular	Plural	Singular	Plural
N.	rēs	rēs	diēs	diēs
G.	reī	rērum	diēī	diērum
D.	reī	rēbus	diēī	diēbus
Akk.	rem	rēs	diem	diēs
Abl.	rē	rēbus	diē	diēbus

1) frz. la main; ital. la mano
2) Außerdem: porticus ‚Säulenhalle', Idūs (Plur.) ‚die Iden' (Monatsmitte) und Substantive mit natürlichem Geschlecht.

15

Dabei ist zu beachten:

- Der Ausgang **-ēs** gehört zu **drei** Kasus: Nominativ Singular; Nominativ und Akkusativ Plural.
- Nach -i- bleibt -ē- im Wortausgang des Gen. u. Dat. Sg. (-ēī) lang und wird deshalb auch betont: diēī (Ausnahme von der Kürzungsregel 2 G 2.2).

2.2 Genus

Die Substantive der e-Deklination sind **weiblich**;
Ausnahme: Männlich sind diēs ‚Tag' und meridiēs ‚Mittag'.[3]
Es gibt keine Adjektive der e-Deklination.

3 Relativischer Satzanschluss (muss nicht)

Im Lateinischen kann ein Satz mit dem vorausgehenden Satz durch ein Relativpronomen oder -adverb eng verknüpft werden. Im Deutschen, wo diese Verknüpfung nicht üblich ist,[4] setzt man stattdessen das entsprechende Demonstrativum:

Sēdem cōnstituērunt; **quam** cum ... saepsissent, ...	Sie legten einen Wohnsitz fest; nachdem sie **diesen** abgegrenzt hatten, ...
Plēna lībertātis sunt omnia.	Alles ist voll von Freiheit.
Quō fit, ut etiam lēgēs incipiant neglegere.	**Dadurch** kommt es, dass sie anfangen, sogar die Gesetze zu missachten.

4 ‚Partitiver' Gebrauch einiger Adjektive

Adjektive, die eine **örtliche Lage** oder eine **Reihenfolge** angeben, sind z.B.: summus ‚oberster, höchster'; medius ‚mittlerer'; prīmus ‚erster'.

Sie können

a) diese Eigenschaft eines Nomens ‚vergleichend' im Gegensatz zu einem anderen bezeichnen:

summus mōns	der höchste Berg
medius locus	ein mittlerer Platz, ein Platz in der Mitte
media aciēs	die mittlere Schlachtreihe (von mehreren)
liber prīmus	das erste Buch
prīma hiems	der erste Winter

b) diese Eigenschaft ‚partitiv' nur von einem Teil des betreffenden Gegenstandes aussagen. Im Deutschen steht dann meist statt des Adjektivs ein entsprechendes Substantiv, zu dem das Nomen im partitiven Genitiv tritt:

in summō monte	am **höchsten Punkt**, auf dem **Gipfel des Berges**
media aciēs	die **Mitte, das Zentrum der Schlachtreihe**
prīmā hieme	zu **Anfang des Winters**

Ob der ‚vergleichende' oder der ‚partitive' Gebrauch eines solchen Adjektivs vorliegt, lässt sich nur aus dem Textzusammenhang entscheiden.[5]

---

3) Jedoch ist diēs in der Bedeutung ‚Termin' weiblich, häufig auch im Spätlatein und mittelalterlichen Latein: Diēs īrae, diēs illa ... – Haec diēs, quam fēcit Dominus.

4) Umgangssprachlich: Worauf du dich verlassen kannst (= Darauf kannst du dich verlassen). – Abschlussformel eines mathematischen Beweises: Quod erat dēmōnstrandum ‚Was zu beweisen war' (= ‚Dies war zu beweisen').

5) nicht aus der Wortstellung

5 Suffixe (Fortsetzung)

5.1 Mit dem Suffix **-tus/-sus** (nach der u-Deklination) werden aus dem PPP-/Supinstamm der Verben **Verbalsubstantive** abgeleitet.

redīre ‚zurückkehren‘	reditus ‚Rückkehr‘
coīre ‚zusammengehen‘	coetus (< coitus) ‚Zusammenschluss, Vereinigung‘
exercēre ‚üben‘	exercitus ‚Heer‘ (eigtl. ‚Übung‘)[6]
stāre ‚stehen‘	status ‚Zustand‘
sentīre ‚empfinden, fühlen‘	sēnsus ‚Empfindung, Sinn‘ (PPP: sēnsum)[7]

5.2 Mit dem Suffix **-ātus** (nach der u-Deklination) werden aus Personenbezeichnungen Substantive abgeleitet, die ein **Amt** oder eine **Gruppe** angeben.

magister (eigtl. ‚Höherer‘)	magistrātus ‚Amt, Behörde, Beamter‘
cōnsul ‚Konsul‘	cōnsulātus ‚Konsulamt, Konsulat‘
prīnceps ‚erster, Führer‘	prīncipātus ‚Führung(samt)‘[8]
senex ‚Greis, alter Mann‘	senātus ‚Rat der Alten, Senat‘
eques ‚Reiter‘	equitātus ‚Reiterei‘
pedes ‚Fußsoldat‘	peditātus ‚Fußvolk‘

Das Suffix lebt im Deutschen als Fremdwortsuffix in Amtsbezeichnungen weiter, die im Gegensatz zum Lateinischen meist Neutra sind: das Konsulat, das Rektorat; aber: der Magistrat, der Primat.

6 aut, vel, sīve

6.1 **aut** ‚oder‘ ist **ausschließend**, d.h. nur eine der Alternativen ist möglich:

Invidiā dūceris aut īrā raperis.	Du lässt dich von Missgunst leiten oder vom Zorn mitreißen.

6.2 **vel** und **sīve** ‚oder, beziehungsweise‘ lassen **die Wahl offen**, z.B. zwischen zwei Bezeichnungen für dieselbe Sache:

Britannia vel/sīve Anglia	Britannien bzw. England
oppidum vel urbs	Kleinstadt bzw. Großstadt

korrigierend (verstärkt: vel potius) ‚oder vielmehr (sogar)‘:

homō minimē malus vel potius vir optimus	ein keineswegs schlechter Mensch, vielmehr sogar ein sehr guter Mann

steigernd: ‚sogar, schon‘

Vel doctī hominēs errāre possunt.	Sogar gebildete Menschen können sich irren.

6.3 **aut – aut; vel – vel** ‚entweder – oder‘

---

6) Abstrakta können konkrete Bedeutung annehmen; vgl. im Deutschen: ‚Auszeichnung‘ = 1) Vorgang; 2) sichtbares Zeichen (Orden).

7) Entsprechend der Lautententwicklung in der PPP-/Supinstammform (10 G 2.1), ergibt sich auch beim Suffix -tor (7 G 6.1) die Variante -sor: ōrāre ‚feierlich sprechen‘ = ōrātor ‚Redner‘; cēnsēre ‚schätzen‘ (PPP: cēnsum): cēnsor (‚Schätzer‘) ‚Zensor‘. Ebenso bei Fremdwörtern im Deutschen: z.B. ‚Sensor‘.

8) Kaiser Augustus nannte seine monarchische Regierungsform, in der die republikanischen Ämter formal weiterbestanden, prīncipātus ‚Herrschaft des führenden Mannes, Prinzipat‘.

16

LEKTION 16

1 Indikativ Futur I

1.1 Der Indikativ Futur I hat als Kennzeichen

- **in der a- und e-Konjugation** und bei **īre** ein **-b-**, an das – wie beim Indikativ Präsens der Konsonantischen Konjugation – die konsonantisch anlautenden Personalendungen mit den Bindevokalen -i- (vor -r: -e-) bzw. -u- angehängt werden; das ergibt die Kombinationen **-bo-, (-be-), -bi-, -bu-** (‚b-Futur').
- Das Verbum **esse** bildet den Indikativ Futur I ebenfalls mit den Bindevokalen, jedoch **ohne -b-**.

	a-Konj.	**e-Konj.**	**īre**	**esse**
Aktiv:	laudā-b— ō	vidē-b— ō	ī-b— ō	er— ō
	laudā-b-i- s	vidē-b-i- s	ī-b-i- s	er-i- s
	laudā-b-i- t	vidē-b-i- t	ī-b-i- t	er-i- t
	laudā-b-i- mus	vidē-b-i- mus	ī-b-i- mus	er-i- mus
	laudā-b-i- tis	vidē-b-i- tis	ī-b-i- tis	er-i- tis
	laudā-b-u- nt	vidē-b-u- nt	ī-b-u- nt	er-u- nt
Passiv:	laudā-b— or	vidē-b— or		
	laudā-b-e- ris	vidē-b-e- ris		
	laudā-b-i- tur	vidē-b-i- tur	ī-b-i- tur[1]	
	laudā-b-i- mur	vidē-b-i- mur		
	laudā-b-i- minī	vidē-b-i- minī		
	laudā-b-u- ntur	vidē-b-u- ntur		

- in den **anderen Konjugationen** sowie bei **velle** (nōlle, mālle), **ferre** und **fierī**: in der 1. Person Singular **-a-**, in den übrigen Formen **-e-** (‚a/e-Futur').

	Kons.Konj.	**Gem.Konj.**	**i-Konj.**	**velle**	**fierī**
Akt.:	reg-a-m	capi-a-m	audi-a-m	vol-a-m	fī-a-m[2]
	reg-ē-s	capi-ē-s	audi-ē-s	vol-ē-s	fī-ē-s
	reg-e-t	capi-e-t	audi-e-t	vol-e-t	fī-e-t
	reg-ē-mus	capi-ē-mus	audi-ē-mus	vol-ē-mus	fī-ē-mus
	reg-ē-tis	capi-ē-tis	audi-ē-tis	vol-ē-tis	fī-ē-tis
	reg-e-nt	capi-e-nt	audi-e-nt	vol-e-nt	fī-e-nt
Pass.:	reg-a-r	capi-a-r	audi-a-r		
	reg-ē-ris	capi-ē-ris	audi-ē-ris		
	reg-ē-tur	capi-ē-tur	audi-ē-tur		
	reg-ē-mur	capi-ē-mur	audi-ē-mur		
	reg-ē-minī	capi-ē-minī	audi-ē-minī		
	reg-e-ntur	capi-e-ntur	audi-e-ntur		

▷ Beim a/e-Futur ist die 1. Sg. Ind. Fut. I Akt. und Pass. formgleich mit der 1. Sg. des Konj. Präs.!

---

1) Persönliche Passivformen von īre werden nur bei transitiven Komposita gebildet, z.B praeter-īre ‚an jem./etw. vorübergehen, jem./etw. übergehen': praeterībor usw.

2) Langes -i- als Ausnahme von der Kürzungsregel; s. auch 6 G 3.

In der Konsonantischen Konjugation unterscheiden sich 2. Sg. Ind. Präs. und Fut. I Pass. nur in der Länge und Betonung des -e-: regeris (Präsens): regēris (Futur I).

Einen Konjunktiv Futur I und II gibt es nicht.

1.2 Der **Indikativ Futur I** bezeichnet wie im Deutschen eine **zukünftige Handlung**:

laudābō	ich werde loben;	regētur	(er) wird gelenkt werden;
ībimus	wir werden gehen;	erunt	(sie) werden sein.

▷ Im Lateinischen wird die Zukunft meist genauer ausgedrückt als im Deutschen. Im Deutschen kann das als umständlich empfundene Futur (Umschreibung mit Hilfsverb) durch das Präsens ersetzt werden, zumal wenn die Zukünftigkeit der Handlung durch ein Zeitadverb oder aus der Situation bereits ersichtlich ist. Ein Futur im Gliedsatz wird in der Regel durch ein deutsches Präsens wiedergegeben.

Mox **aderit**.	Er **ist** bald da.
Dōnec **eris** fēlīx, ...	Solange du glücklich **bist**, ...

2 Indikativ Futur II

2.1 Der **Indikativ Futur II Aktiv** wird gebildet durch Anhängen von -erō, -eris, ..., -er**i**nt an den Perfektstamm:[3]

laudāv-erō	vīd-erō	dīx-erō	fu-erō
laudāv-eris	vīd-eris	dīx-eris	fu-eris
laudāv-erit	vīd-erit	dīx-erit	fu-erit
laudāv-erimus	vīd-erimus	dīx-erimus	fu-erimus
laudāv-eritis	vīd-eritis	dīx-eritis	fu-eritis
laudāv-er**i**nt	vīd-er**i**nt	dīx-er**i**nt	fu-er**i**nt

Der Indikativ Futur II Aktiv unterscheidet sich also nur in der 1. Person Singular (-erō) vom Konjunktiv Perfekt Aktiv (-erim). Zur Unterscheidung ist der Textzusammenhang zu beachten (s.u. 2.3).

2.2 Der **Indikativ Futur II Passiv** wird – entsprechend den anderen Formen der Perfektgruppe Passiv (10 G 2) – aus dem **Partizip Perfekt Passiv** und dem **Indikativ Futur I von esse** zusammengesetzt:

laudātus,-a	erō	vīsus,-a	erō	missus,-a	erō
laudātus,-a	eris	vīsus,-a	eris	missus,-a	eris
laudātus,-a,-um	erit	vīsus,-a,-um	erit	missus,-a,-um	erit
laudātī, -ae	erimus	vīsī, -ae	erimus	missī, -ae	erimus
laudātī, -ae	eritis	vīsī, -ae	eritis	missī, -ae	eritis
laudātī, -ae,-a	erunt	vīsī, -ae,-a	erunt	missī, -ae,-a	erunt

---

3) Der Indikativ Futur II sieht also aus wie eine Zusammensetzung des Perfektstammes mit dem Indikativ Futur I von esse; die 3.Person Plural hat jedoch den Wortausgang -erint.

2.3 Indikativ Futur II bezeichnet

– im **Gliedsatz** eine Handlung, die einer in der Zukunft liegenden Handlung des Hauptsatzes vorausgeht (**Vorzeitigkeit**; s. auch 4.2).

In einem Gliedsatz kann ein Indikativ Futur II nur stehen, wenn im übergeordneten Satz Indikativ Futur I oder II steht.
Im **Deutschen** steht statt Futur II das Perfekt oder häufiger das Präsens:

Cēnābis bene apud mē, sī ipse tēcum cēnam **attuleris**.	Du wirst bei mir gut speisen, wenn du dein Essen selbst **mitbringst**.
Tempora sī **fuerint** nūbila, sōlus eris.	Wenn die Zeiten düster (geworden) **sind**, wirst du allein sein.
Cum dē generibus reī pūblicae **dīxerō**, dīcam dē ...	Wenn ich über die Staatsformen **gesprochen habe**, werde ich sprechen über ...

– seltener im **Hauptsatz** eine sicher oder bald eintretende **Vollendung in der Zukunft (Futūrum exāctum)**.

In ūnā urbe ūniversam **cēperitis** Hispāniam.	In (= mit der Eroberung) einer einzigen Stadt **werdet ihr** ganz Spanien **erobert haben.**

3 Partizip Futur Aktiv

3.1 Neben den Partizipien Präsens Aktiv und Perfekt Passiv besitzt das Lateinische ein Partizip Futur Aktiv. Es wird von der PPP-/Supin-Stammform mithilfe des Suffixes **-ūrus,-a,-um** abgeleitet.

laudāre:	laudāt-us,-a,-um:	laudāt-ūrus,-a,-um
vidēre:	vīs-us,-a,-um:	vīs-ūrus,-a,-um
īre:	it-um:	it-ūrus,-a,-um
ferre:	lāt-us,-a,-um:	lāt-ūrus,-a,-um
esse:	[fu-ī]	fut-ūrus,-a,-um

3.2 Da es im Deutschen kein Partizip Futur gibt, ist das lateinische Partizip Futur Aktiv durch eine deutsche Formulierung wiederzugeben, die seinen futurischen Charakter ausdrückt. Es wird übersetzt

a) als Attribut (im Klassischen Latein selten, außer futūrus ‚zukünftig') durch einen Relativsatz futurischen Charakters:

tempus futūrum	eine zukünftige Zeit („Futur"), eine Zeit, die kommen wird

b) als Prädikatsnomen mit esse durch ‚im Begriff sein, wollen, sollen' (sog. coniugātiō periphrastica āctīva):

Scrīptūrus sum.	Ich bin im Begriff zu schreiben. Ich will/soll schreiben.

Diese Ausdrucksweise entspricht ungefähr dem französischen Futur immédiat (je vais écrire; vgl. engl.: I am going to ...).

4 Zeitverhältnis in indikativischen Gliedsätzen: Futurische Sätze

4.1 Ist die Handlung eines Gliedsatzes zu der des übergeordneten Satzes **gleichzeitig**, so steht in beiden Sätzen die **gleiche Zeitstufe**. Steht im übergeordneten Satz ein Futur I, so steht auch im Gliedsatz ein Futur I; im deutschen Gliedsatz wird statt des Futurs meist Präsens gebraucht (s.o. 1.2).

Dōnec **eris** fēlīx, multōs **numerābis** amīcōs.	Solange du glücklich **bist**, **wirst** du viele Freunde **zählen.**
At tū **dolēbis**, cum **rogāberis** nūlla.	Aber du **wirst** Schmerz **empfinden**, wenn du nicht mehr **gefragt wirst**.
Faciam, ut **poterō**.	Ich **werde tun**, wie ich **kann**.

4.2 Geht die Handlung des Gliedsatzes der des übergeordneten Satzes zeitlich voraus (**Vorzeitigkeit**), so steht in Beziehung auf ein Futur I des übergeordneten Satzes **Futur II** im Gliedsatz. Dieses Futur II wird im Deutschen meist durch ein Perfekt oder Präsens wiedergegeben (s.o. 2.3).

Auch in den temporalen Gliedsätzen, die mit den Subjunktionen ubi/cum/ut prīmum, simulatque (simulac) ‚sobald' und dum/dōnec/quoad ‚bis' eingeleitet werden, steht Futur II, wenn im übergeordneten Satz Futur I oder ein Ausdruck mit futurischem Sinn steht:

Simulatque parēs esse **coeperint**, superiōrēs **erunt**.	Sobald sie **angefangen haben/anfangen**, gleich zu sein, **werden** sie überlegen **sein**.
Non tibi **crēdam**, dōnec ipse rem **cognōverō**.	Ich **werde** dir nicht **glauben**, bis ich selbst den Sachverhalt **erkundet habe**.

4.3 Gliedsätze, die keine Temporalsätze sind, sind in ihrem Tempusgebrauch vom übergeordneten Satz unabhängig, wenn eine zeitliche Beziehung zwischen beiden Sätzen nicht besteht oder unwichtig ist (sog. absoluter Tempusgebrauch):

Faciam, quod **vultis**, ut **poterō**.	Ich **werde tun**, was ihr **wollt** *(nicht bezogen)*, wie ich es **kann** *(bezogen)*.
Cum, quae **sentiō**, **dīxerō**, **dīcam** dē ...	Wenn ich **gesagt habe**, was ich **denke**, **werde ich sprechen** über ...

Ebenso auch bei Sätzen in der Vergangenheit:

Prīncipes nostrōs, quī nōs ad hoc bellum **impulērunt**, ē cīvitāte **pepulimus**.	Unsere Anführer, die uns zu diesem Krieg **veranlasst haben**, **haben wir** aus dem Stamm **vertrieben**.

In Haupt- und Gliedsatz bezeichnet hier das Perfekt die Fakten in der Argumentation der Sprecher. Im Bericht eines Historikers würde dagegen das Zeitverhältnis berücksichtigt:

Gallī prīncipes suōs, quī eōs ad hoc bellum impulerant, ē cīvitāte pepulērunt.	Die Gallier vertrieben ihre Anführer, die sie zu diesem Krieg veranlasst hatten, aus dem Stamm.

16 5 **Zeitverhältnis in konjunktivischen Gliedsätzen: Ausdruck der Nachzeitigkeit**

Da es im Lateinischen keinen Konjunktiv Futur gibt, muss in konjunktivischen Gliedsätzen das Zeitverhältnis der Nachzeitigkeit durch eine Umschreibung ausgedrückt werden:

Partizip Futur Aktiv (-ūrus,-a,-um) + Konjunktiv Präsens bzw. Imperfekt von esse (coniugātiō periphrastica āctīva).

Diese Umschreibung ist aber nur im Aktiv möglich; im Passiv wird die Zeitenfolge wie bei Gleichzeitigkeit gestaltet.

Nachzeitigkeit in aktivischen **Indirekten Fragesätzen:**

	nach Haupttempus	nach Nebentempus
Nachzeitigkeit	Umschreibung mit -ūrus,-a,(-um) sim	Umschreibung mit -ūrus,-a,(-um) essem

Nesciō, quid **futūrum sit**. — Ich weiß nicht, was sein wird.

Nesciēbam, quid **futūrum esset**. — Ich wusste nicht, was sein (geschehen) würde.

LEKTION 17

17 1 **Supīnum**[1)]

1.1 Das **Supīnum I**, die 4. Verbalstammform auf **-um** (Supinstammform), gibt den **Zweck einer Bewegung** an. Es steht nach Verben, die eine Bewegung oder die Auslösung einer Bewegung bezeichnen, besonders īre ‚gehen', venīre ‚kommen', mittere ‚schicken'.

Im Deutschen übersetzt man das Supīnum durch einen Infinitiv mit ‚um zu ...' oder durch ein Verbalsubstantiv mit ‚zu ...'

Imus spectātum. — Wir gehen, um zu schauen/zum Schauen.

Das Supīnum I kann eine Objektsergänzung zu sich nehmen:

Vēnimus admonitum tē. — Wir sind gekommen, um dich aufzufordern.

1.2 Das **Supīnum II** auf **-ū** wird nur von einigen Verben der Wahrnehmung (z.B. vidēre: vīsū; audīre: audītū), sowie von dīcere (dictū) und facere (factū) gebildet und steht als **Ergänzung zu Adjektiven** der Bedeutungsgruppen ‚leicht' (facilis), ‚schwer' (difficilis), ‚möglich' (-bilis!), sowie zu Adjektiven, die eine Empfindung oder Beurteilung ausdrücken, wie ‚angenehm', ‚hässlich', ‚schändlich'. Im Deutschen verwendet man einen Infinitiv mit ‚zu ...'.

difficile dictū ‚schwer zu sagen'; horribile aspectū ‚schrecklich anzusehen'.

Manchmal kann das Supinum II bei der Übersetzung weggelassen werden:

Hoc est incrēdibile dictū/audītū. — Das ist unglaublich.

1) Die beiden Supīna sind ursprünglich Akkusativ bzw. Ablativ (oder Dativ) eines Verbalsubstantivs auf -tus/-sus (s. 15 G 5.1) der u-Deklination.

2 Infinitiv Futur

2.1 Der **Infinitiv Futur Aktiv** ist eine Umschreibung mit dem **Partizip Futur Aktiv** und dem **Infinitiv Präsens** von **esse** (vgl. die Coniugātiō periphrastica āctīva). Es kommen nur akkusativische Formen vor (im AcI).
Beispiele (von laudāre, vidēre, esse):

Singular			Plural		
laudātūrum,	-am,-um	esse	laudātūrōs,	-ās,-a	esse
vīsūrum,	-am,-um	esse	vīsūrōs,	-ās,-a	esse
futūrum,	-am,-um	esse	futūrōs,	-ās,-a	esse

2.2 Der **Infinitiv Futur Passiv** ist eine Umschreibung mit dem **Supīnum I** und **īrī** (Inf. Präs. Pass. von īre): laudātum īrī, vīsum īrī.

Da der Infinitiv Futur Passiv nicht mit einem Partizip, sondern mit dem Supinum zusammengesetzt ist, ist er **unveränderlich**.

2.3 Die Infinitive Futur Aktiv und Passiv kommen nur im AcI vor; sie bezeichnen die **Nachzeitigkeit**. In der deutschen Übersetzung muss dieses Zeitverhältnis deutlich werden:

Haeduī prōmīsērunt sē obsidēs nōn repetitūrōs esse.	Die Häduer versprachen, dass sie die Geiseln nicht zurückfordern würden.
Gallī spērābant Germānōs ā Caesare victum īrī.	Die Gallier hofften, dass die Germanen von Caesar besiegt (werden) würden.

Ist das Subjekt des AcI identisch mit dem Subjekt des übergeordneten Satzes, ist im Deutschen oft infinitivische Wiedergabe (Infinitiv Präsens!) möglich:

Die Häduer versprachen, die Geiseln nicht zurückzufordern.

3 **Infinitiv** als Subjekt und Objekt; AcI und NcI

3.1 Infinitive können als Subjekt oder direktes Objekt fungieren.

Subjekt:

Difficile est invenīre amīcum.	Es ist schwierig, einen Freund zu finden. *(Wer/was ist schwierig?)*
Idem velle atque idem nōlle, ea firma amīcitia est.	Dasselbe (zu) wollen und dasselbe nicht (zu) wollen, das ist feste Freundschaft.

Hiervon ausgehend, steht auch bei anderen Verbindungen von *esse* mit einem Substantiv der Infinitiv als Ergänzung:

Tempus est abīre.	Es ist Zeit wegzugehen.

Objekt:

Amīcum invenīre vult/potest.	Er will/kann einen Freund finden. *(Was will/kann er?)*

3.2 Vom Prädikats-Infinitiv eines AcI oder NcI können weitere Infinitive (mit Akkusativen) oder AcI-Konstruktionen abhängen.

	Diviciacus dīxit
1. AcI	Haeduōs coāctōs esse
1. Inf. + Obj.	Sēquanīs obsidēs dare
2. Inf. + Obj.	et iūre iūrandō cīvitātem obstringere
2. AcI	sē obsidēs nōn repetītūrōs esse.

3.3 In den mit *esse* zusammengesetzten Infinitiven kann das Hilfsverb weggelassen werden, besonders beim Infinitiv Futur Aktiv:

Caesar prōmīsit hanc rem sibi cūrae futūram (esse).

4 Indirekte Reflexivität

Im AcI und in innerlich abhängigen Sätzen, d.h.

- in indirekten Fragesätzen (14 G 3.1),
- in abhängigen Wunschsätzen und Finalsätzen (14 G 3.2)
- in indirekter Rede (s.u. G 5)

steht ein Reflexivpronomen der 3. Person nicht nur in Beziehung auf das Subjekt seines eigenen Satzes (direkte Reflexivität: 4 G 2), sondern auch in Beziehung auf das Subjekt des übergeordneten Verbs (indirekte Reflexivität). Im **Deutschen** steht dagegen im abhängigen Satz das **nichtreflexive** Pronomen:

Gallī petīvērunt, ut Caesar **sē** adiuvāret.	**Die Gallier** baten, dass Caesar **sie** unterstützen solle.
Caesar prōmīsit hanc rem **sibi** cūrae futūram esse.	**Caesar** versprach, dass diese Angelegenheit **ihm** Anlass sein werde, sich darum zu kümmern.
Ariovistus interrogāvit, cūr Caesar in **suās** possessiōnēs venīret.	**Ariovist** fragte, warum Caesar in **seine** (Ariovists) Besitzungen komme.[2]

2) Dieser Satz ist doppeldeutig; „suās possessiōnēs" könnten auch Caesars eigene Besitzungen sein. Die richtige Übersetzung ergibt sich aus dem textlichen oder sachlichen Zusammenhang.

5 Indirekte Rede (Ōrātiō oblīqua)

Grundregeln der lateinischen indirekten Rede:

5.1 Hauptsätze, die Aussagen enthalten, stehen im AcI.

5.2 Hauptsätze,
– die Wunsch- und Aufforderungssätze sind,
– die Fragesätze sind,
alle Gliedsätze
stehen im Konjunktiv nach den Regeln der cōnsecūtiō temporum.

5.3 Grundregel der deutschen indirekten Rede:

Die gesamte indirekte Rede steht im obliquen Konjunktiv, d.h. Konjunktiv I, wenn möglich, sonst Konjunktiv II; s. 8 G 3.

Direkte Rede	Indirekte Rede	Dt. Übersetzung
Gallus quidam dixit:	Gallus quidam dixit	Ein Gallier sagte,
Nihil de eis dicam, qui se Romanis dedere volunt.	se nihil de eis dicturum esse, qui se Romanis dedere vellent.	er werde nichts über die sagen, die sich den Römern ergeben wollten.
De eis dicere volo, qui eruptionem suadent;	De eis se dicere velle, qui eruptionem suaderent;	Er wolle über die reden, die zu einem Ausfall rieten;
quorum consilium non probo.	quorum consilium se non probare.	deren Plan billige er nicht.
Cur fortunam temptare vultis?	Cur fortunam temptare vellent?	Warum wollten sie das Schicksal herausfordern?
Saepe (nos Galli) a Romanis repulsi sumus.	Saepe se (= Gallos) a Romanis repulsos esse.	Oft seien sie (= die Gallier) von den Römern zurückgeschlagen worden.
Socios exspectate, qui mox aderunt!	Socios exspectarent, qui mox adfuturi essent.	Sie sollten die Verbündeten erwarten, die bald da sein würden.

6 Dativ-Bedeutungen (Fortsetzung)

Der Dativ bezeichnet die an der Handlung beteiligte oder interessierte Person (seltener die Sache):

6.1 das **indirekte Objekt** (Frage: ‚wem?') bei Verben und Adjektiven: 1 G 7.3; 3 G 7.1+3

6.2 den **Besitzer** (mit esse; **Datīvus possessīvus**): 3 G 7.2

6.3 die **Person** (oder Sache), zu deren **Vor- oder Nachteil** etwas ist oder geschieht (**Datīvus commodī** bzw. **incommodī**); daher ist im Deutschen oft Wiedergabe mit **‚für'** möglich.

Gallī sē **Caesarī** ad pedēs prōiēcērunt.	Die Gallier warfen sich (dem) Caesar zu Füßen.
Catō **cīvitātī** cōnsuluit.	Cato sorgte **für** den Staat.

6.4 den **Zweck** einer Handlung (Frage: ‚wofür? wozu?'; **Datīvus fīnālis**)

Germānī **auxiliō** arcessītī sunt.	Die Germanen wurden **zu Hilfe** geholt.
ebenso: auxiliō venīre, mittere	 zu Hilfe kommen, schicken

6.5 Der Datīvus fīnālis wird meist mit einem Datīvus commodī kombiniert (‚**Doppelter Dativ**'):

– **bei esse;** deutsche Wiedergabe mit ‚gereichen, dienen, Anlass sein zu ...':

Hoc **mihi gaudiō** est.	Das ist **mir** Anlass **zur Freude**.

Manchmal ist eine freiere Übersetzung erforderlich:

Hoc mihi cūrae est.	Ich kümmere mich darum.

– bei dare, tribuere, vertere = ‚als/zu etw. anrechnen':

Hoc **tibi honōrī** dō/tribuō/vertō.	Das rechne ich **dir zur Ehre** an.

7 Unbestimmtes Personalpronomen (Indefinitpronomen)

7.1 Das unbestimmte Personalpronomen (Indefinitpronomen) **aliquis** wird mit dem Vorderglied ali- (‚irgend-') vom Fragepronomen (6 G 4) abgeleitet und hat deshalb ebenfalls eine substantivische und eine adjektivische Ausprägung.

substantivisch:	**aliquis, aliquid**	(‚irgendwer') ‚jemand', (‚irgendwas') ‚etwas'
adjektivisch:	**aliquī,-qua,-quod**	‚(irgend-)einer, -eine, -ein'

Nach sī ‚wenn', nisi ‚wenn nicht', nē ‚dass nicht, damit nicht', num (Fragewort: 1. direkte Frage: ‚etwa ...?'; 2. indirekte Frage: ‚ob') und einigen anderen Frage- und Relativwörtern steht nur

quis, quid (substantivisch) bzw. **quī, qua, quod** (adjektivisch).[3)]

... nē quam multitūdinem amplius Rhēnum trādūceret.	... er solle (nicht eine =) keine Menschenmenge zusätzlich über den Rhein führen.
... nē quid dētrīmentī rēs pūblica capiat.	... damit der Staat (nicht etwas an Schaden =) keinen Schaden nehme.

7.2 Das substantivische Pronomen **quisquam, quidquam** (quicquam) ‚jemand', ‚etwas' und das Pronominaladjektiv (3 G 3) **ūllus,-a,-um** ‚irgendein(e)' stehen nur in Sätzen mit negativem Sinn.

sine ūllō dominō	**ohne** irgendeinen Herren
neque quisquam	**und nicht** jemand = und niemand
neque quidquam (quicquam)	und nicht etwas = und nichts

Verneinte Indefinita sind nēmō, (Dat. nēminī; Akk. nēminem) ‚niemand' und nihil ‚nichts' (nur Nom. und Akk.) sowie das Pronominaladjektiv nūllus,-a,-um ‚kein(e)'.

7.3 Das Pronomen quīdam, quiddam (substantivisch) bzw. quīdam, quaedam, quoddam (adjektivisch) ‚ein bestimmter, ein gewisser'; Plur.: ‚einige' bezeichnet eine bestimmte Person oder Sache, deren genaue Identität jedoch nicht angegeben werden kann oder soll (s. 11 G 4).

---

3) Merkvers: Nach sī, nisi, nē, num, / quō, quandō, ubi, cum / fällt „ali-" um. Der Nom.Sg. *f* heißt meist qua (selten quae). – quis, quid bzw. quī, qua(e), quod sind hier die unbetonten (enklitischen) Formen des Fragepronomens; ähnlich in der deutschen Umgangssprache: Da kommt wer. Wenn du was wissen willst, ...

1 Ablativ des Grundes (Ablātīvus causae)

Der Ablativ bezeichnet den Grund eines Vorgangs oder Zustandes, besonders bei Verben der Gemütsbewegung. Er steht auf die Frage ‚wodurch? (Instrumentalis), weshalb?‘ (1 G 7.5)

Spectāculō dēlector.	Ich werde **durch** das Schauspiel/den Anblick erfreut/Ich freue mich über das Schauspiel/den Anblick.

Häufig steht der Ablātīvus causae in Verbindung mit einem Partizip Perfekt Passiv von Verben mit der Bedeutung ‚bewegen, veranlassen‘. In der freieren Übersetzung kann dieses Partizip weggelassen werden:

precibus commōtus	von den Bitten bewegt, wegen der Bitten
rēgnī cupiditāte adductus	von Begierde nach der Königsherrschaft veranlasst, aus Streben nach Herrschaft

2 Partizipialkonstruktionen

2.1 Partizip als Attribut und Prädikatsnomen; substantiviertes Partizip

Partizipien können wie Adjektive verwendet werden

a) als Attribut:

populus spectāns	das zuschauende Volk
clausīs oculīs	mit geschlossenen Augen
tempus futūrum	die zukünftige Zeit

Ein attributives Partizip kann durch einen Relativsatz übersetzt werden:

populus spectāns	das Volk, das zuschaut(e)

b) als Prädikatsnomen:

das *Partizip Perfekt Passiv* dient mit den Formen von *esse* zur Umschreibung der Perfektgruppe (Perfekt, Plusquamperfekt, Futur II) im Passiv;

das *Partizip Futur Aktiv* dient mit den Formen von *esse* zur Umschreibung des Futurs im Aktiv (coniugātiō periphrastica āctīva) und des Infinitiv Futur Aktiv.

c) substantiviert:

spectantēs	die Zuschauenden, die Zuschauer

2.2 Partizip als Prädikativum; Akkusativ mit Partizip (AcP)

Als Objekt von **Verben der sinnlichen Wahrnehmung** kann statt eines Akkusativs mit Infinitiv (AcI) ein Akkusativ mit prädikativem Partizip (AcP) stehen, um die Unmittelbarkeit der Wahrnehmung zu betonen. Im Deutschen wird der AcP durch eine Infinitivkonstruktion oder durch einen mit ‚wie‘ eingeleiteten Gliedsatz wiedergegeben:

... **nōs** tē hīc vīdisse **iacentēs**.	„... du habest **uns** hier **liegen** geseh'n.“
Audiō **multōs dīcentēs** ...	Ich höre **viele sagen** / **wie** viele sagen ...
dagegen: Audiō multōs dīcere ...	Ich höre, **dass** viele sagen ...

2.3 Partizip als Adverbiale (I): Participium coniūnctum

Partizipien können eine Nebenhandlung, nähere Umstände oder Voraussetzungen einer Handlung bezeichnen; sie erweitern also den Kernsatz (Subjekt, Prädikat, Objekt) durch zusätzliche adverbiale Angaben. In diesem Fall entsprechen sie einem adverbialen Gliedsatz (satzwertige Konstruktion, partizipiale Satzverkürzung), d.h. einem

– Temporalsatz	Adverbialsatz der Zeit
– Kausalsatz	Adverbialsatz des Grundes
– Kondizionalsatz	Adverbialsatz der Bedingung
– Modalsatz	Adverbialsatz der Art und Weise
– Konzessivsatz	Adverbialsatz der Einräumung
– Adversativsatz	Adverbialsatz des Gegensatzes.

Sie können in der deutschen Übersetzung durch den entsprechenden adverbialen Gliedsatz wiedergegeben werden.

Das Partizip kann die adverbiale Angabe in Beziehung auf ein nominales Satzglied des Kernsatzes (Subjekt, Objekt) machen, mit dem es in Kasus, Numerus und Genus übereinstimmt (kongruiert) und auf diese Weise ‚verbunden' ist: **Participium coniūnctum (PC)**.

Im Deutschen kann das Participium coniūnctum wiedergegeben werden

a) durch ein **Partizip** in undeklinierter Form

b) durch einen sinnentsprechenden **adverbialen Gliedsatz**, dessen Subjekt das nominale Satzglied des Kernsatzes ist, auf das sich das Partizip bezieht (Beziehungswort des Partizips).

Cūriōsitāte **victus Alȳpius** oculōs aperuit.	a) Von Neugierde überwältigt, öffnete **Alypius** die Augen. b) Weil **er** von Neugierde überwältigt wurde, öffnete **Alypius** die Augen.

Nominales Beziehungswort im Kernsatz: Alȳpius	+	kongruierendes PC: victus
Subjekt	+	Prädikat

eines adverbialen Gliedsatzes

Je nach Abfolge des deutschen Satzgefüges kann das Beziehungswort des Partizips entweder in den adverbialen Gliedsatz als dessen Subjekt gezogen werden oder im Kernsatz verbleiben; es muss im jeweils anderen Satz durch ein Pronomen vertreten werden:

Cūriōsitāte **victus Alȳpius** oculōs aperuit.	Weil **Alypius** von Neugierde überwältigt wurde, öffnete **er** die Augen. Weil **er** von Neugierde überwältigt wurde, öffnete **Alypius** die Augen.
Multōs librōs **legentēs discipulī** multa discent.	Wenn **die Schüler** viele Bücher lesen, werden **sie** vieles lernen. Wenn **sie** viele Bücher lesen, werden **die Schüler** vieles lernen.

Das PC kann sich auf jedes nominale Satzglied des Kernsatzes beziehen, nicht nur auf das Subjekt; z.B.:

Alȳpius **amīcīs** *(Dativobjekt)* dē prandiō **redeuntibus** obviam ībat.	Alypius begegnete **den Freunden**, als **sie** vom Mittagessen zurückkehrten. Als **die Freunde** vom Mittagessen zurückkehrten, begegnete **ihnen** Alypius.

	Nominales Beziehungswort im Kernsatz: amīcīs	+	kongruierendes PC: redeuntibus	
als	Subjekt: die Freunde	+	Prädikat: zurückkehrten	eines adverbialen Gliedsatzes

Neben der wörtlichen Übersetzung und der Auflösung des Partizips durch einen adverbialen Gliedsatz gibt es noch andere Wiedergabemöglichkeiten:

- **Präpositionalgruppe** (Präposition + Substantiv); ein vom Partizip abhängiges Akkusativobjekt erscheint im Deutschen als vom Substantiv abhängiger *Genitīvus obiectīvus*:

Multōs librōs legentēs discipulī multa discent.	Durch das Lesen *vieler Bücher* werden die Schüler vieles lernen.

- **Beiordnung** durch einen dem Kernsatz gleichgeordneten Satz; dabei ist darauf zu achten, dass die Partizipialgruppe, die nur einen Nebenumstand bezeichnet, nicht zu sehr aufgewertet wird; dadurch könnte die logische Struktur des Textes verändert werden.

  Bei der Beiordnung muss zuerst die Partizipialkonstruktion aufgelöst werden; dann wird der Kernsatz gewöhnlich mit **‚und‘** (bei Gegensatz: ‚aber‘) angeschlossen. Meistens wird ein auf die logische Beziehung hinweisendes Adverb hinzugefügt. Das Beziehungswort wird wie beim adverbialen Gliedsatz einbezogen:

Cūriōsitāte victus Alȳpius oculōs aperuit.	Alypius wurde von Neugierde überwältigt **und** öffnete *deswegen* die Augen.
Alȳpius amīcīs dē prandiō redeuntibus obviam ībat.	Die Freunde waren auf dem Rückweg vom Mittagessen; *dabei* begegnete ihnen Alypius.

- Manchmal kann ein Partizip attributiv oder adverbial (als Participium coniūnctum) aufgefasst werden; bei attributiver Auffassung ist Auflösung durch Relativsatz möglich (s.o. 2.1 a):

Alȳpius amīcīs redeuntibus obviam ībat.	Alypius begegnete den Freunden, die auf dem Rückweg waren.

18

2.4 Zeitverhältnis der Partizipien

Partizipien geben keine absolute Zeitstufe (Gegenwart, Vergangenheit, Zukunft) an, sondern das **Zeitverhältnis** der Partiziphandlung zur Aussage des Kernsatzes. Bei der Auflösung (durch Relativsatz, Adverbialsatz, Präpositionalgruppe oder Beiordnung) muss dieses Zeitverhältnis zum Ausdruck kommen; hierbei ist allerdings das Deutsche oft weniger genau als das Lateinische:

– Partizip **Präsens (-nt-)**	**Gleich**zeitigkeit
– Partizip **Perfekt**	**Vor**zeitigkeit (die Handlung des **Partizips** liegt **vor** der Handlung des Kernsatzes)

– Das Partizip Futur wird erst seit der nachklassischen Zeit häufiger verwendet und bezeichnet eine Absicht oder einen Zweck; Auflösung mit Finalsatz: ‚damit' oder (bei gleichem Subjekt) ‚um zu' mit Infinitiv.

Rediit spectātūrus.	Er kam zurück, um zuzuschauen (= damit er zuschaue).

2.5 Sinnrichtung der Partizipien

Die Wahl der **Subjunktion** des adverbialen Gliedsatzes bzw. der **Präposition** der Präpositionalgruppe ist unter Beachtung des Zeitverhältnisses und der **logischen Beziehung** des Partizips zur Aussage des Kernsatzes zu treffen.

Tabellarische Übersicht über die Übersetzungsmöglichkeiten bei der Wahl der **Subjunktion** bzw. **Präposition**:

Sinnrichtung	Subjunktion	Präposition
temporal	als	
gleichzeitig	während	bei, während
vorzeitig	nachdem	nach
kausal	weil, da	wegen, infolge
konditional	wenn	im Falle von, bei
modal	dadurch, dass; indem	durch, mit, unter
verneint:	ohne dass	ohne
konzessiv	obwohl	trotz
(häufig Hinweis im Kernsatz durch tamen ‚dennoch')		
final (nur Partizip Futur)	damit	für, zu

19

LEKTION 19

1 Partizip als Adverbiale (II): Ablātīvus absolūtus (Ablativ mit Partizip)

1.1 Während das Participium coniūnctum sich auf ein nominales Satzglied des Kernsatzes bezieht, macht der **Ablātīvus absolūtus** die adverbiale Angabe in Bezug auf ein Subjekt, das **nicht** als nominales Satzglied im Kernsatz vorkommt.

Das Partizip und sein Beziehungswort (Subjekt) bilden einen geschlossenen Ausdruck, der im Ablativ steht (Ablativ mit kongruierendem Partizip). Diese

Konstruktion wird Ablātīvus absolūtus (Abl. abs.) genannt, weil sie aus dem Kernsatz scheinbar herausfällt.[1]

Da es im Deutschen, von wenigen Ausnahmen abgesehen,[2] keine absoluten Partizipien gibt, muss ein lateinischer Ablātīvus absolūtus stets aufgelöst werden.

Bei Auflösung durch einen adverbialen Gliedsatz und bei Beiordnung wird das lateinische **Nomen im Ablativ** zum **Subjekt**, das **Partizip** zum **Prädikat** des Auflösungssatzes.

Omnibus rēbus comparātīs Helvētiī diem profectiōnis dīxērunt.	Als alle Dinge vorbereitet waren, setzten die Helvetier einen Termin für den Aufbruch fest.

Nomen im Ablativ: omnibus rēbus	+	kongruierendes Partizip: comparātīs
Subjekt	+	Prädikat

eines adverbialen Gliedsatzes oder eines beigeordneten Satzes.

Das Subjekt des Abl. abs. und das Subjekt des Kernsatzes sind nicht identisch.

Wie beim PC ist auch beim Abl. abs. Wiedergabe durch eine Präpositionalgruppe möglich:

Nach Vorbereitung aller Dinge (freier: Nach Abschluss aller Vorbereitungen) ...

▷ **Eine Auflösung durch Relativsatz ist nicht möglich!**

Für den Ausdruck des Zeitverhältnisses und für die Wahl der Subjunktion bzw. Präposition gilt das Gleiche wie beim Participium coniūnctum.

1.2 Wiedergabe eines passivischen Ablātīvus absolūtus

Wenn ein Abl. abs. mit dem PPP gebildet ist, wird die **handelnde Person** in der Regel **nicht angegeben**, doch ist sie meist mit dem Subjekt des Kernsatzes identisch.

Omnibus rēbus comparātīs Helvētiī diem profectiōnis dīxērunt.	Nachdem [von ihnen] alle Dinge vorbereitet waren, setzten die Helvetier einen Termin für den Aufbruch fest.

1) Die Konstruktion hat sich wohl aus temporalen und instrumentalen bzw. modalen Ablativen entwickelt, die durch Partizipien erweitert waren: aestāte ineunte ‚im beginnenden Sommer'; cōpiīs coāctīs ‚mit zusammengezogenen Truppen'; oculīs clausīs ‚mit geschlossenen Augen'.
Da man solche Ausdrücke als bequeme Kurzformen für die entsprechenden Gliedsätze ansehen konnte, verselbständigte sich diese Ausdrucksweise und wurde auch dort angewandt, wo sie nicht durch die einfache Kasusbedeutung zu erklären ist.

2) Die deutschen satzwertigen Partizipien sind in der Regel auf das Subjekt des Satzes bezogen (vgl. das Beispiel in 18 G 2.3: Von Neugierde überwältigt, öffnete Alypius die Augen).
Beispiel für ein absolutes Partizip im Deutschen: abgesehen von ...: „von wenigen Ausnahmen abgesehen"; ausgenommen ...: „Ich kenne sie alle, keinen ausgenommen". Absolute Partizipien gibt es auch im Französischen, Italienischen, Englischen: frz. cela fait/dit, ital. questo fatto/detto, engl. this being done; (dt.: dies getan/gesagt); frz. Les chats partis, les souris dansent.

19

Da das Passiv im Deutschen wegen der Umschreibung als umständlich empfunden wird, kann die **Passivkonstruktion sinngemäß in eine aktivische umgewandelt** werden; dabei wird das Subjekt des Kernsatzes auch zum Subjekt der umgewandelten Partizipialkonstruktion; das Subjekt des Abl. abs. (also das Nomen im Ablativ) wird Objekt:

Omnibus rēbus comparātīs Helvētiī diem profectiōnis dīxērunt. — Nachdem [von ihnen] alle Dinge vorbereitet *waren*, setzten **die Helvetier** einen Termin für den Aufbruch fest.

Nachdem **die Helvetier** alle Dinge vorbereitet *hatten*, setzten **sie** ... fest.

Beiordnung: **Die Helvetier** *bereiteten* alle Dinge vor **und** setzten (dann) ... fest.

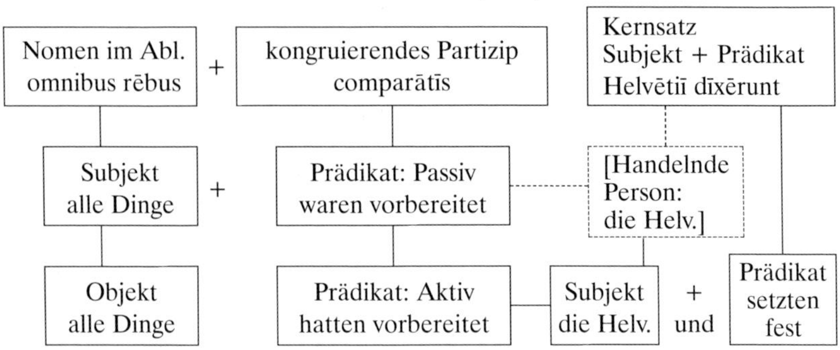

Da die Umwandlung in die Aktivkonstruktion voraussetzt, dass die handelnde Person des passivischen Abl. abs. mit dem Subjekt des Kernsatzes identisch ist, muss diese Frage vom Textzusammenhang her überprüft werden.

Hāc ōrātiōne habitā cōnsul abiit. — Nachdem diese Rede gehalten worden war [von wem?], ging der Konsul weg.

Nur wenn aus dem Textzusammenhang feststeht, dass die Rede vom Konsul gehalten wurde, ist die Umwandlung ins Aktiv erlaubt:

Nachdem der Konsul diese Rede gehalten hatte, ging er weg.

Eine ähnliche Doppeldeutigkeit besteht auch im Deutschen bei Verwendung einer Präpositionalgruppe: — Nach dieser Rede ging der Konsul weg.

1.3 Tabellarische Übersicht über die **Wiedergabemöglichkeiten** der adverbialen Partizipialkonstruktionen:

Participium coniūnctum	Wiedergabe im Deutschen[3]	Ablātīvus absolūtus
möglich	*Partizip*	nicht möglich
möglich	*Adverbialer Gliedsatz*	möglich
möglich	*Präpositionale Wortgruppe*	möglich
möglich	*Beiordnung*	möglich

3) Wiedergabe attributiver Partizipien: a) wörtlich; b) durch Relativsatz.

1.4 Ablativ mit nominaler Ergänzung

Statt eines Ablativs mit Partizip Präsens kann auch ein Ablativ mit nominaler Ergänzung (Substantiv oder Adjektiv) stehen. Auch diese Konstruktion kann wie ein Ablativ mit Partizip (Abl. abs.) durch einen adverbialen Gliedsatz oder eine Präpositionalgruppe aufgelöst werden. Es empfiehlt sich, die häufigsten Verbindungen dieser Art wie Redewendungen zu lernen.

Cicerōne cōnsule	(als Cicero Konsul war =) **unter dem Konsulat** Ciceros
Cicerōne (et) Antōniō cōnsulibus	**unter dem Konsulat** von C. und Antonius
Rōmulō rēge	**unter der Regierung des Königs** Romulus
Caesare duce/imperātōre	**unter der Führung/dem Oberbefehl** Caesars
Orgetorige auctōre	**auf Veranlassung** des Orgetorix
eō auctōre	**auf dessen/seine Veranlassung**
nōbīs auctōribus	**auf unsere Veranlassung**
Sēquanīs invītīs	**ohne Einverständnis, gegen den Willen** der Sequaner
Catōne vīvō	**zu Lebzeiten** Catos
parentibus īnsciīs	**ohne Wissen** der Eltern

2 **Satzgliederung**

2.1 Auch komplizierte Satzstrukturen lassen sich auf das Grundschema des lateinischen Satzbaus zurückführen:

1. Satzkern: Prädikat, Subjekt; notwendige Ergänzungen, z.B. Objekte
2. Erweiterungen: Attribute, adverbiale Angaben

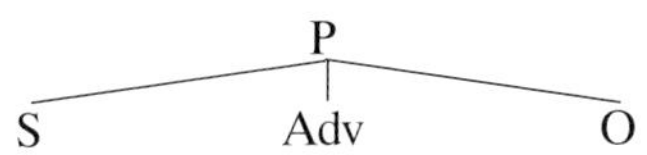

2.2 Die Positionen der nominalen Satzglieder können statt durch Nomina auch in anderer Weise gefüllt werden, z.B.:

Satzglied	Füllung
Subjekt, Objekt	Infinitiv (Subjekts-, Objektsinfinitiv)
	AcI, NcI
	Relativsatz
	Subjekts- bzw. Objektssatz
Objekt	AcP (bei Verben der Wahrnehmung)
Adverbiale Angabe	Adverbialer Gliedsatz
	Adverbiale Partizipialkonstruktion
Attribut	Relativsatz

2.3 Wenn eine Satzposition durch einen Gliedsatz ausgefüllt wird, entsteht eine **Satzperiode**, ein **Gefüge aus Hauptsatz und Gliedsatz**.

Da die Satzpositionen innerhalb der Gliedsätze ebenfalls in verschiedener Weise, z.B. durch weitere Gliedsätze, gefüllt werden können, entsteht ein ständig komplizierter werdendes Gefüge voneinander abhängiger Sätze, die sich in einem **Rangstufensystem** (‚Hierarchie') ordnen lassen.

Partizipien und Infinitivkonstruktionen sind Satzglieder und werden deshalb in der Regel nicht durch Komma abgetrennt; da sie jedoch – zumal unter dem Gesichtspunkt der deutschen Übersetzung – die **Bedeutung von Gliedsätzen** haben (satzwertige Wortgruppen), empfiehlt es sich, sie bei der Satzanalyse als eigene Rangstufen zu behandeln.

2.4 Obwohl die Grundstruktur der lateinischen und deutschen Sprache weitgehend gleich ist, ergeben sich beim Versuch, einen lateinischen Text zu **verstehen** und ins Deutsche zu **übersetzen**, Schwierigkeiten:

1. Das Lateinische hat mehr Wortformen als das Deutsche. Die uns geläufigen Hinweise durch Umschreibungen (z.B. Perfekt, Futur und Passiv beim Verb) entfallen im Lateinischen bzw. sind seltener. Das Subjekt ist häufig nur durch die Personalform des Prädikats bezeichnet. Die Kasusformen des Nomens bezeichnen auch adverbiale Angaben, die im Deutschen durch Präpositionen ausgedrückt werden.
2. Im Lateinischen wird, bei grundsätzlich freier Wortstellung, der Satz häufig durch Subjekt und Prädikat eingerahmt. Im Deutschen ist dagegen die Stellung des Prädikatsverbs festgelegt: Im Hauptsatz als Aussagesatz steht der konjugierte Teil des Prädikats (Verb, Hilfsverb) an der zweiten syntaktischen Stelle; in einem Gliedsatz, der durch Subjunktion, Fragewort oder Relativum eingeleitet wird, steht das Prädikat am Ende.
3. Das Lateinische hat mehr satzwertige Konstruktionen als das Deutsche (z.B. Abl.abs.) bzw. setzt sie häufiger ein (Partizipien, AcI).
4. Die lateinischen literarischen Texte haben ein anspruchsvolles Niveau.

2.5 Übersetzungsmethoden

Voraussetzung aller Methoden der Texterschließung ist eine solide Kenntnis der Wortformen, der wichtigsten Konstruktionen und des Grundwortschatzes.

1. Natürliches Textverständnis

Der Sinn eines Satzes ergibt sich allmählich aus der Abfolge der Satzglieder und Wortgruppen, die sich zu Sinneinheiten (Kola) zusammenschließen. Im Verlauf des Satzes werden die Deutungsmöglichkeiten immer mehr eingeschränkt, weil die möglichen syntaktischen Kombinationen und die Bedeutungen der Wörter das Verständnis in eine bestimmte Richtung lenken (Erwartung) und andererseits bestimmte Möglichkeiten ausschließen (Eliminierung). Man sollte daher auch bei lateinischen Texten versuchen, dieser schrittweisen Entwicklung des Satzsinnes zu folgen. Hierbei sind folgende **Arbeitsschritte** zu empfehlen:

a) Ein sofortiger Blick auf das Prädikat des Hauptsatzes und später auch auf die Prädikate der Gliedsätze ist wichtig, weil
   - die Prädikatsform das Subjekt, die Zeitstufe und die Aussageweise kennzeichnet;
   - das Prädikatsverb im deutschen Hauptsatz (als Aussagesatz) sofort nach dem ersten Satzglied stehen muss;
   - das Prädikatsverb bestimmte Ergänzungen nahelegt und andere ausschließt.

   Selbst wenn das Prädikat noch nicht in die Übersetzung aufgenommen wird, ist es als Orientierungspunkt im Satz wichtig.

b) Zur richtigen Erfassung von Gliedsätzen ist es notwendig, Satzeinleitung (Subjunktion, Relativum, Fragewort) und Prädikatsform zusammen zu betrachten, weil sich nur so der Satztypus erkennen lässt (z.B.: cum-Sätze mit Indikativ oder Konjunktiv).

c) Aus den häufigen adverbialen Partizipialkonstruktionen (PC, Abl. abs.) lassen sich weitere Prädikate gewinnen; allerdings ist die Sinnrichtung dieser Partizipien nicht immer sofort erkennbar. Viele lateinische Autoren (z.B. Caesar) beginnen Sätze häufig mit adverbialen Partizipialkonstruktionen.

Zur Einübung des natürlichen Textverständnisses empfiehlt es sich, bereits bekannte Texte nach ihren Sinnabschnitten zu lesen. (Die Texte der Lektionen von „Studium Latinum“ sind zum großen Teil kolometrisch, d.h. nach Sinnabschnitten gedruckt.)

2. Satzanalyse und Konstruktionsmethode

Die Erschließung eines Satzes vom Prädikat aus und die Zuordnung der übrigen Satzglieder durch Fragen führt bei komplizierten Sätzen zu zwei Schwierigkeiten:

a) Durch die Fragen lassen sich nur die notwendigen Ergänzungen des Verbs erfassen; bei den zusätzlichen Angaben ist man bereits auf ein gewisses Sinnverständnis angewiesen.

b) Infolge der freien Wortstellung sind große Umstellungen nötig bzw. man muss wegen der Konstruktion Teile des Satzes zunächst überspringen. Die syntaktisch höherrangigen Satzglieder bleiben aber ohne die untergeordneten Teile, die ihnen in der Wortabfolge vorangehen, oft inhaltlich unklar.

Trotzdem ist man auf Satzanalyse und Konstruieren manchmal angewiesen, um sich einen Überblick über die Struktur einer Satzperiode zu verschaffen. Zur Kontrolle der Übersetzung ist die nachträgliche Satzanalyse hilfreich.

Erschließungsstufen:

- Herausarbeiten des **Hauptsatzes**, der die Grundstruktur der gesamten Satzperiode bestimmt und von dem alle Gliedsätze abhängen.
- Herausarbeiten der **Gliedsätze** und satzwertigen Wortgruppen (z.B. AcI, Partizipialkonstruktionen) und Feststellung ihrer **Rangordnung** in der Satzperiode.

Hierbei kann man u.a. folgende Verfahren anwenden:

a) **Markierung** (farbig oder durch Unterstreichungen) der Sätze nach ihren Rangstufen, mit besonderer Hervorhebung der Subjekte und Prädikate:

Eō cum vēnisset, **Caesar certior factus est** omnēs Belgās in armīs esse Germānōsque, *quī cis Rhēnum habitārent*, sē cum hīs coniūnxisse.

fett: Hauptsatz (Rang I); mager: Rang II; *kursiv: Rang III;* unterstrichen: Subjekte u. Prädikate.

b) Schreibung der gesamten Periode nach **Gliederungsebenen**:
Rang I (Hauptsatz) linksbündig; die weiteren Rangstufen mit zunehmender Einrückung; gleiche Rangstufen auf gleiche Höhe:

I II III

    Eō cum vēnisset,
Caesar certior factus est
    omnēs Belgās in armīs esse
    Germānōsque,
        quī cis Rhēnum habitārent,
    sē cum hīs coniūnxisse.

oder verkürzte Schreibung der Satzperiode gemäß der Wortabfolge, aber zeilenmäßig versetzt: Rang I (Hauptsatz) erste Zeile, die weiteren Rangstufen jeweils eine Zeile tiefer; gleiche Rangstufen in gleiche Zeile:

I		Caesar ... factus est		
II	Eō cum vēnisset,		Belgās … esse Germānōsque … coniūnxisse
III			quī … habitārent

3. Wort-für-Wort-Übersetzung

Abzuraten ist vom Versuch einer reinen Wort-für-Wort-Übersetzung. Selbst bei guter Formenkenntnis führen die Mehrfachmöglichkeiten der Formen und Bedeutungen sehr bald in eine Sackgasse.

3 Der römische Kalender

3.1 Die **Monatstage** wurden bei den Römern nicht fortlaufend vom Monatsbeginn, sondern rückwärts von bestimmten Fixpunkten an gezählt; diese bezeichneten ursprünglich die Mondphasen:

Kalendae,-ārum (mit k-!)	die Kalenden:[4] Monatsbeginn (Neumond)
Idūs,-uum, *f*	die Iden: Monatsmitte (Vollmond); im März, Mai, Juli, Oktober der 15. Tag, sonst der 13.
Nōnae,-ārum	die Nonen: der 9. Tag vor den Iden (1.Mondviertel); 7. bzw. 5. Tag des Monats

Von diesen Fixpunkten wurde zurückgerechnet, wobei der Ausgangstag mitgezählt wurde; die Angabe der Tage erfolgte mit a(nte) d(iem) [Ordnungszahl] Kal(endās)/Id(ūs)/Nōn(ās). Diese Zählweise war bis ins Mittelalter üblich.

3.2 Die **Monatsnamen** sind Adjektive; die Namen der Monate Januar bis Juni sind z.T. von Götternamen (Iānus, Mārs, Iūnō) abgeleitet, die übrigen von Zahlwörtern, gerechnet vom alten Jahresanfang im März (daher jetzt um 2 zu niedrig: 12. Monat = Dezember). Quīntīlis (Juli) und Sextīlis (August) wurden nach C. Iūlius Caesar bzw. Kaiser Augustus umbenannt.

Kalendae Aprīlēs	1. April
Idūs Mārtiae	15. März
a. d. V Kal(endās) Apr(īlēs)	28. März

4) Von einem nicht mehr gebräuchlichen Verbum calāre ‚ausrufen'. Zu Monatsbeginn wurden die Arbeits- und Feiertage durch den pontifex bekanntgegeben. – Davon dt. ‚Kalender'.

3.2 Die Römer kannten keine durchgehende **Jahreszählung** von einem bestimmten Datum an (Ära). Die Jahre wurden mit den Namen der amtierenden Konsuln bezeichnet; Konstruktion: Ablativ mit nominaler Ergänzung (G 1.4). **19**

L. Pīsōne (et) A. Gabīniō cōnsulibus	unter dem Konsulat von L. Piso und A. Gabinius (= 58 v. Chr.)

Das et zwischen den beiden Konsulnamen bleibt meist weg.

Die von dem antiken Altertumsforscher Varro (1.Jh.v.Chr.) entwickelte durchgehende Jahreszählung ‚ab urbe conditā' (a.u.c.) = ‚seit Gründung der Stadt' (753 v. Chr.) wurde erst in der Kaiserzeit als inoffizielle Zählung übernommen. In Griechenland gab es die Olympiadenrechnung, eine Periode von jeweils vier Jahren, beginnend mit der 1. Olympiade 776 v. Chr. In den hellenistischen Monarchien datierte man z. T. vom Herrschaftsantritt einer Dynastie an (z. B.: *Seleukiden-Ära* ab 312/311 v. Chr.). Die christliche Zeitrechnung stammt aus dem 6.Jh.n.Chr. Ihr Beginn ist um 5 bis 7 Jahre zu spät angesetzt; Herodes, zu dessen Lebzeiten Jesus von Nazareth geboren wurde, starb 4 v. Chr.

LEKTION 20

20

1 Deponentien und Semideponentien

1.1 **Deponentien** sind Verben mit passivischer Form und transitiver, intransitiver oder reflexiver Bedeutung; aktivische Formen werden – außer bei den Partizipien – nicht gebildet.[1)]

transitiv:	hortor (amīcum)	ich ermahne (einen Freund)
intransitiv:	proficīscor	ich breche auf, reise ab
reflexiv:	laetor	ich freue mich

Zu Deponentien kann kein Passiv gebildet werden. Es wird durch andere Verben oder Ausdrücke ersetzt.

Deponentien gibt es in allen Konjugationen. Die Stammformenreihen der Deponentien bestehen nur aus drei Elementen:

Konjugation	Inf.Präs.	1.Sg.Ind.Präs.	1.Sg.Ind.Perf.	
a-	hortārī	hortor	hortātus sum	ermahnen
e-	pollicērī	polliceor	pollicitus sum	versprechen
Kons.	proficīscī	proficīscor	profectus sum	aufbrechen
Gem.	ēgredī	ēgredior	ēgressus sum	hinausgehen
i-	experīrī	experior	expertus sum	versuchen

1) Verba dēpōnentia = Verben, die ihre aktivische Form ‚abgelegt' haben. – Das Präverb sēmi- bedeutet ‚halb'.

20

1.2 Besonderheiten:

1. Der **Imperativ Singular** hat die Endung **-re**[2] (sieht also wie ein Inf.Präs.Akt. aus): hortāre! ‚ermahne!', laetāre! ‚freue dich!' proficīscere! ‚reise ab!'

   Der **Imperativ Plural** hat die Endung **-minī** (formgleich mit der 2. Plur. Ind. Präs.): hortāminī! laetāminī! proficīsciminī!

2. Die drei **Partizipien** werden wie bei den aktivischen Verben gebildet und haben **aktivische Bedeutung**:

hortāns (Gen.Sg. hortant-is)	ermahnend
hortātus,-a-um	(ermahnt habend)
hortātūrus,-a,-um	(ermahnen werdend)[3]
moriēns (Gen.Sg. morient-is)	sterbend
mortuus,-a,-um	gestorben, tot
moritūrus,-a-um	(sterben werdend)[3]
proficīscēns (Gen.Sg. proficīscent-is)	aufbrechend, abreisend
profectus,-a,-um	aufgebrochen, abgereist
profectūrus,-a,-um	(aufbrechen werdend)[3]

   Auch die zusammengesetzten Infinitive haben aktivische Bedeutung:

Perf.:	hortātum,-am,-um esse	ermahnt haben[4]
	profectum,-am,-um esse	abgereist sein[4]
Fut.:	hortātūrum,-am,-um esse	im Begriff sein zu ermahnen[4]
	profectūrum,-am,-um esse	im Begriff sein abzureisen[4]

1.3 **Semideponentien** bilden im Präsensstamm aktivische, im Perfektstamm passivische Formen. Es sind nur wenige Verben:

audēre	audeō	ausus sum	wagen
gaudēre	gaudeō	gāvīsus sum	sich freuen
solēre	soleō	solitus sum	gewohnt sein, pflegen[5]
cōnfīdere	cōnfīdō	cōnfīsus sum	vertrauen
diffīdere	diffīdō	diffīsus sum	misstrauen

Dagegen:

revertī revertor revertī reversus,-a,-um zurückkehren

1.4 Die Perfektpartizipien einiger Deponentien und Semideponentien können die Gleichzeitigkeit bezeichnen, z. B.:

arbitrātus, ratus	glaubend, in der Meinung
veritus	fürchtend, aus Furcht vor ...
ūsus	gebrauchend, mithilfe von ...
cōn-/diffīsus	ver-/misstrauend
ausus	wagend
gāvīsus	sich freuend, aus Freude über ...
cōnātus	versuchend, beim Versuch

2) Variante der ‚Passiv'-Endung -ris.
3) Zur Übersetzung s. 16 G 3
4) Bei der Auflösung eines AcI entsprechende Umsetzung des Zeitverhältnisses; s. 11 G 6, 17 G 2.
5) Das Part.Perf. solitus ist wie das deutsche ‚gewohnt' in der Diathese indifferent: solitus sum ‚ich bin gewohnt' (medial); solita dīligentia ‚die gewohnte Sorgfalt' (passivisch).

2 Medium 20

Die Deponentien sind Reste des ehemaligen Mediums. Diese Diathese des Verbs bezeichnete die Verbalhandlung als vom Subjekt ausgehend (‚dynamisches Medium') oder sich auf das Subjekt zurückbeziehend (‚reflexives Medium': ich wasche mich).
Das Passiv hat sich im Lateinischen und anderen Sprachen aus dem Medium entwickelt, mit dem es weitgehend formgleich ist.[6)]

Das Nebeneinander der drei Diathesen Aktiv, Medium und Passiv lässt sich im Lateinischen nur noch bei wenigen Verben beobachten, z.B.:

Aktiv	Medium	Passiv (selten)[7)]
lavō ich wasche	lavor ich wasche mich, ich bade	lavor ich werde gewaschen

Germānī lavantur in flūminibus. Die Germanen baden in Flüssen.

nāscī ist trotz der passivischen deutschen Übersetzung ‚geboren werden' ein ursprüngliches Medium (‚entstehen').

vidērī (videor, vīsus sum) ist ein altes Medio-Passiv:

Medium: ‚(er-)scheinen'
Passiv: ‚gesehen werden'

LEKTION 21

21

1 Adverb

1.1 Adverbien zu **Adjektiven** werden gebildet

a) in der **o/a-Deklination** auf **-ē**
clārus: clār-ē; pulcher: pulchr-ē; miser: miser-ē.
Ausnahmen mit -e: bonus: ben-e; malus: mal-e.

b) in der **i-Deklination** auf **-iter**
celer: celer-iter; ācer: ācr-iter; gravis: grav-iter; fēlīx: fēlīc-iter.
Ein Adverb auf -iter bildet auch alius: aliter.

Als Adverb zu facilis/difficilis dient der Akk.Sg.Neutrum: facile/nōn facile (selten: difficulter).

c) bei Adjektiven auf **-ns** (Stammauslaut -nt-) auf **-ter**
prūdēns: prūdenter; cōnstāns: cōnstanter; ebenso audāx: audāc-ter.

Während im Lateinischen wie in den romanischen Sprachen und im Englischen das von Adjektiven abgeleitete Adverb durch eine eigene Form gekennzeichnet ist (vgl. frz. -ment, engl. -ly), wird im **Deutschen** dafür die **undeklinierte Form des Adjektivs** verwendet.

---

6) Die Bezeichnung ‚Medium' = ‚mittlere', d.h. zwischen Aktiv und Passiv stehende Diathese ist sprachgeschichtlich unkorrekt.
7) Part. Perf.: lautis manibus ‚mit gewaschenen Händen'.

1.2 Neben den von Adjektiven abgeleiteten Adverbien gibt es **andere Bildungen**, meist erstarrte Kasusformen von Substantiven und Adjektiven:

a) Ablative
- auf **-ō**: meritō ‚mit Recht', modo[1] ‚nur', subitō ‚plötzlich', prīmō ‚zuerst, zunächst', postrēmō ‚schließlich'
- auf **-ā**: ūnā ‚zusammen', frūstrā ‚vergebens'
- auf **-ū**: noctū ‚nachts', diū ‚lange'
- sonstige: forte ‚zufällig'; grātīs ‚unentgeltlich'

b) Akkusative: parum, paulum ‚wenig'; dēmum ‚endlich'; multum ‚viel', plūs ‚mehr', plūrimum ‚am meisten, sehr viel'; plērumque ‚meistens'; aliās ‚anderswo, sonst'; statim ‚sofort'; saepe ‚oft'; (nōn) facile ‚(nicht) leicht'

c) Nominative: rūrsus ‚wiederum, erneut'

d) Suffixableitungen:
auf -(ā)tim:[2] paulātim ‚allmählich', praesertim ‚zumal'
auf -per: semper ‚immer', nūper ‚neulich', paulisper ‚eine Weile'
auf -tus: intus ‚drinnen', funditus ‚von Grund auf', antīquitus ‚von alters her'

e) Zusammenrückungen:
quōmodo[1] ‚wie?'; dēnuō[3] ‚erneut'; imprīmīs ‚besonders'; hodiē ‚heute', cottīdiē ‚täglich'; māgnopere ‚sehr'; admodum ‚völlig, sehr'; obviam ‚entgegen'

f) erstarrte präpositionale Wortgruppen:
anteā ‚früher, vorher', posteā ‚später', intereā ‚inzwischen', praetereā ‚außerdem', propterea ‚deswegen'

g) sonstige: contrā ‚dagegen', intrā ‚innerhalb', īnfrā ‚unten', suprā ‚oben'; ferē, prope, paene ‚beinahe, fast'

h) Pronominaladverbien, z.B.: ibi, ubi; tum, cum; ut, ita; sīc

1.3 Funktion des Adverbs

Das Adverb bestimmt die **Umstände** eines verbalen Vorgangs näher nach Ort, Zeit, Art und Weise:[4]

Hoc **ibi/ tum/ bene** fēcistī.	Das hast du **dort/ damals/ gut** gemacht.

Adverbien können, vor allem in vergleichender und steigernder Funktion, auch zu Adjektiven und zu anderen Adverbien treten:

aequē magnus	gleich groß
longē aliter	weitaus anders, ganz anders

2 Adverb und Prädikativum

2.1 Während das Adverb lediglich eine nähere Angabe zum Verb macht, gibt das Prädikativum eine Angabe sowohl in Beziehung auf ein nominales Satzglied, nach dem es formal ausgerichtet ist, als auch in Beziehung auf das Verb (10 G 5).

---

1) Das auslautende -o wurde gekürzt.
2) Übertragen von statim.
3) Aus dē novō ‚von neuem'.
4) Deutsche Bezeichnung daher ‚Umstandswort'.

Im **Deutschen** wird für das prädikative Adjektiv und für das Adverb die undeklinierte Form des Adjektivs verwendet:

Dieses Buch ist gut. – Diese Bücher sind gut. – Dieses Buch finde ich gut / halte ich für gut. – Das hast du gut gemacht.

Im **Lateinischen** hat das Adverb eine eigene Form, während das prädikative Adjektiv in Kasus, Numerus und Genus mit seinem nominalen Beziehungswort übereinstimmt.

2.2 Bei Adjektiven, die eine **Reihenfolge** bezeichnen, wie prīmus ‚erster', postrēmus, ultimus ‚letzter', gibt es mehrere Möglichkeiten der Zuordnung. Im Deutschen kann statt dieser genauen Differenzierung jeweils ein adverbialer Ausdruck stehen:

1. Prädikativum, bezogen auf das Subjekt

Tuam epistulam **prīmus** lēgī.	Deinen Brief habe ich als Erster (= **zuerst**) gelesen *(d.h. bevor ihn andere lasen).*

2. Prädikativum, bezogen auf ein Objekt

Tuam epistulam **prīmam** lēgī.	Deinen Brief habe ich als ersten (= **zuerst**) gelesen *(d.h. bevor ich andere Briefe las).*

3. Adverb (auf -um) zur Bezeichnung der reinen Abfolge der Handlungen

a) **Prīmum** epistulam tuam lēgī, deinde amīcum vīsitāvī.	Als Erstes (= **zuerst**) habe ich deinen Brief gelesen, dann habe ich meinen Freund besucht.
b) Epistulam tuam tum **prīmum** lēgī.	Deinen Brief habe ich damals **zum ersten Mal** gelesen.

4. Adverb (auf -ō; erstarrter Ablativ) zur Bezeichnung der Abfolge im Sinne eines Gegensatzes

Prīmō epistulam tuam cum gaudiō lēgī, tum (autem) īrātus lacerāvī.	Deinen Brief habe ich **zuerst** (= zunächst) mit Freude gelesen, dann (aber) zornig zerrissen.

Bei **Angaben von körperlichen und seelischen Zuständen** ist zu unterscheiden zwischen dem Adverb, das die Art und Weise der Handlung erläutert, und dem Prädikativum, das die Funktion eines Adverbiale (ähnlich einem Participium coniūnctum) hat.

Phaedrus hanc fabulam prūdenter et venustē composuit.	Ph. verfasste diese Fabel in kluger und ansprechender Form.
Lysander imprūdens ipse suus fuit accūsātor.	Lysander wurde unvorsichtig (= weil er unvorsichtig war) sein eigener Ankläger.
dagegen:	
... imprūdenter ...	... (in) unvorsichtig(er Weise)

2.3 Ein Partizip steht als prädikative Ergänzung zum Objekt bei Verben der Wahrnehmung: **Akkusativ mit Partizip (AcP;** 18 G 2.2).

LEKTION 22

1 **Steigerung (Komparation)** der Adjektive und Adverbien

Die Steigerung der Adjektive und Adverbien erfolgt im Lateinischen wie im Deutschen in drei Stufen.

1.1 Adjektiv

Positiv (Grundform)		clārus,-a,-um gravis,-e	berühmt schwer
Komparativ (Vergleichsform)	**-ior**(*m/f*),**-ius**(*n*); Stamm: **-iōr-**; Konsonantische Deklination!	clārior, clārius gravior, gravius	berühmter schwerer
Superlativ (Höchstform, auch elativisch: ‚sehr')	**-issimus,-a,-um**	clārissimus,-a,-um gravissimus,-a,-um	berühmtester, sehr berühmt schwerster, sehr schwer

1.2 Besonderheiten

a) Adjektive auf **-er** (sowohl der o/a- als auch der i-Deklination) bilden den Superlativ auf **-rimus** (-a,-um):

miser, misera, miserum	miserrimus,-a,-um
pulcher, pulchra, pulchrum	pulcherrimus,-a,-um
celer, celeris, celere	celerrimus,-a,-um
ācer, ācris, ācre	ācerrimus,-a,-um

b) einige Adjektive auf **-lis** bilden den Superlativ auf **-limus** (-a,-um):

facilis,-e	‚leicht (zu tun)'	facillimus,-a,-um
difficilis,-e	‚schwierig'	difficillimus,-a,-um
similis,-e	‚ähnlich'	simillimus,-a,-um
dissimilis,-e	‚unähnlich'	dissimillimus,-a,-um
humilis,-e	‚niedrig, demütig'	humillimus,-a,-um

c) Von Adjektiven der o/a-Deklination, bei denen vor dem Wortausgang -us,-a,-um ein weiterer Vokal steht, werden keine Steigerungsformen gebildet; stattdessen wird **mit magis und maximē umschrieben** (vgl. engl. more, most): arduus,-a,-um; magis arduus,-a,-um; maximē arduus,-a,-um.

▷ Das -u- von **-qu-** ist **kein** Vokal! antīquus: antīquior, antīquissimus

1.3 Unregelmäßige Steigerung

bonus,-a,-um	‚gut'	melior, melius	optimus,-a,-um
malus,-a,-um	‚schlecht'	pēior, pēius	pessimus,-a,-um
māgnus,-a,-um	‚groß'	māior, māius[1)]	maximus,-a,-um
parvus,-a,-um	‚klein'	minor, minus	minimus,-a,-um
multus,-a,-um	‚viel'	plūs (Gen.: plūris)	plūrimus,-a,-um
multī,-ae,-a	‚viele'	plūrēs, plūra (Gen.: plūrium!)[2)]	plūrimī,-ae,-a

1) Pl. *m* auch substantivisch: māiōres ‚Vorfahren'.
2) complūrēs,-a (Gen.: -ium!) ‚mehrere'

1.4 Unvollständige Steigerungsreihen (meist ohne Positiv), überwiegend abgeleitet von Präpositionen bzw. Adverbien

Grundwort	Positiv	Komparativ	Superlativ
in in, an, auf inter zwischen intrā innerhalb		interior,-ius der innere	intimus,-a,-um der innerste
ex aus extrā außerhalb	exterus,-a,-um ausländisch, fremd[3]	exterior,-ius der äußere	extrēmus,-a,-um der äußerste
super über suprā oberhalb	superus,-a,-um der obere[4]	superior,-ius der obere, überlegene	suprēmus,-a,-um der oberste, letzte summus,-a,-um der oberste, höchste
īnfrā unterhalb	īnferus,-a,-um der untere[5]	īnferior,-ius der untere, unterlegene	īnfimus,- a,-um īmus,-a,-um der unterste
cis, citrā diesseits		citerior,-ius der diesseitige	
ultrā jenseits		ulterior,-ius der jenseitige	ultimus,-a,-um der äußerste, letzte
prae vor		prior, prius der frühere	prīmus,-a,-um der erste
post nach, danach	posterus,-a,-um der nachfolgende[6]	posterior,-ius der spätere	postrēmus,- a,-um der letzte postumus[7]
prope nahe bei, beinahe		propior,-ius der nähere	proximus,-a,-um der nächste
dē von – herab		dēterior,-ius der minder- wertigere	dēterrimus,-a,-um der minder- wertigste
potis[8] mächtig, fähig		potior,-ius der wichtigere	potissimus,-a,-um der wichtigste
senex der Greis		senior der ältere	
iuvenis jugendlich		iūnior der jüngere	

3) exterae gentēs ‚fremde Völker'.
4) Mare Superum ‚das Obere Meer' = das Ionische Meer; superī,-ōrum ‚die Oberirdischen, die Oberwelt; die Götter der Oberwelt'.
5) Mare Inferum ‚das Untere Meer' = das Tyrrhenische Meer; īnferī,-ōrum ‚die unterirdischen Götter, die Unterwelt' (frz. les enfers ‚die Hölle').
6) bei Zeitbegriffen (diēs, nox, annus): ‚später, nachfolgend'; posterī,-ōrum ‚die Nachkommen, die Nachwelt'.
7) postumus (filius) ‚der nach dem Tod des Vaters geborene Sohn'; davon ‚posthum', mit falscher Ableitung (Volksetymologie) von post humātiōnem ‚nach der Beerdigung'.
8) Seltenes Adjektiv; enthalten in posse: pos-sum (< pot- sum), pot-est; potestās ‚Macht'.

22

1.5 Adverb

Im **Komparativ** wird als Adverbialform der Akk. Sing. Neutr. verwendet (**-ius**); im **Superlativ** wird das Adverb mit dem Wortausgang **-ē** gebildet:

clārē	clārius	clārissimē
graviter	gravius	gravissimē
pulchrē	pulchrius	pulcherrimē
celeriter	celerius	celerrimē
facile	facilius	facillimē
[difficulter]	difficilius	difficillimē
similiter	similius	simillimē
bene	melius	optimē
male	pēius	pessimē
[*zu* māgnus]	magis	maximē
[*zu* parvus]	minus	minimē
diū ‚lange‘	diūtius	diūtissimē
saepe ‚oft‘	saepius	saepissimē

2 Vergleich

2.1 Vergleich auf verschiedener Ebene

a) Das Vergleichswort beim **Komparativ** ist **quam ‚als‘**.

Nūlla societās est **gravior quam** ea, quae ...	Keine Gemeinschaft ist **gewichtiger als** die, welche ...
Nūlla societās est **firmior quam** cum ...	Keine Gemeinschaft ist **stabiler**, **als** wenn ...
Omnia Rōmānī invēnērunt **sapientius quam** Graecī.	Alles haben die Römer **weiser** erfunden **als** die Griechen.
Māvult optimus esse **quam** viderī.	Er will **lieber** der **Beste** sein **als** scheinen.

b) Statt **quam mit Nominativ oder Akkusativ** (des Objekts oder der Ausdehnung) kann der Ablativ eintreten (**Ablātīvus comparātiōnis**):

Nihil est pulchrius **quam virtūs**. Nihil pulchrius est **virtūte**.	Nichts ist schöner als die Tugend.
Nihil celerius accēpimus **quam artem ōrātōriam**. Nihil celerius **arte ōrātōriā** accēpimus.	Nichts haben wir schneller übernommen als die Redekunst.
Diūtius **quam (ūnum) annum** in prōvinciā esse nōluī. Diūtius **annō** in prōvinciā esse nōluī.	Ich wollte nicht länger als ein Jahr in der Provinz bleiben.

▷ Ein **Komparativ ohne Vergleichsglied** kann im Deutschen mit ‚allzu‘ oder ‚ziemlich‘ wiedergegeben werden:

librī scrīptī incōnsīderātius	allzu/ziemlich unüberlegt geschriebene Bücher

2.2 Vergleich auf gleicher Ebene (oft korrelativ)

a) Adverbien:

tam – quam	so – wie *(Vergleich des Grades, bei Adjektiven und Adverbien)*
Tam moveor hīs rēbus quam tū.	Ich werde durch diese Dinge so bewegt wie du.
nōn tam – quam	nicht so – wie; nicht so sehr – als vielmehr
Nōn tam aedificiīs pulchrīs moveor quam memoriā clārōrum virōrum.	Ich werde nicht so sehr durch schöne Gebäude beeindruckt als vielmehr durch die Erinnerung an die berühmten Männer.
ut – sīc/ita	wie – so *(Vergleich der Art und Weise, bei Verben)*
Ut sēmentem fēceris, ita metēs.	Wie du säst (gesät hast), so wirst du ernten.

b) Adjektive:

tantus – quantus	so groß – wie (groß)
Puella amāta tantum, quantum amābitur nūlla	Ein Mädchen, so sehr geliebt, wie keine geliebt werden wird
tālis – quālis	so (beschaffen) – wie (beschaffen)
Quālis rēx, tālis grex.	Wie der König, so die Herde.

c) nach Ausdrücken der Gleichheit (z. B.: īdem) steht atque/ac ‚wie‘:

Dē deīs Gallī eandem opīniōnem habent atque reliquae nātiōnēs.	Von den Göttern haben die Gallier die gleiche Meinung wie die übrigen Völker.

3 Ausmaß des Unterschiedes beim Vergleich

Das Ausmaß des Unterschiedes bei einem Vergleich wird durch eine Mengenbezeichnung im Ablativ angegeben (**Ablātīvus mēnsūrae** oder **discrīminis**)[9]

3.1 beim Komparativ:

multō māior	viel größer
paulō māior	ein wenig größer, etwas größer
eō pēior	umso schlimmer
korrelativ: quō – eō	je – desto

3.2 bei sonstigen Ausdrücken, die einen Vergleich enthalten:

paulō post	kurz darauf (= wenig später)
multīs annīs ante Rōmam conditam	viele Jahre vor der Gründung Roms

3.3 beim Superlativ (selten):

Tantō pessimus omnium poēta, quantō tū optimus omnium es patrōnus.	In dem Maße der schlechteste aller Dichter, wie du der beste Anwalt von allen bist.

9) mensura ‚Maß‘, discrīmen ‚Unterschied‘ (vgl. ‚diskriminieren‘ = unterschiedlich behandeln).

22 **4 quam beim Superlativ**

quam beim Superlativ drückt einen möglichst hohen Grad aus; im Deutschen: ‚möglichst' mit dem Positiv:

quam maximus	möglichst groß, so groß wie möglich
quam celerrimē	möglichst schnell, so schnell wie möglich

Zu der Wortgruppe ‚quam mit Superlativ' können finite Formen von posse hinzutreten:

Quam celerrimē poterō, ad tē veniam.	So schnell ich kann (= möglichst schnell, so schnell wie möglich), werde ich zu dir kommen.
Caesar quam maximīs potuit itineribus in Galliam contendit.	Caesar eilte nach Gallien in so großen Marschstrecken wie er konnte (= in Eilmärschen).

5 Steigerung durch Mittel der Wortbildung

Die **Präverbien per-** und **prae-** verstärken die Bedeutung von Adjektiven und Adverbien, per- auch die von Verben. Im Deutschen übersetzt man solche Wörter elativisch (‚sehr ...') oder verwendet steigernde Adverbien bzw. Vorsilben (‚höchst, hoch-').

5.1 per-: perbonus ‚sehr gut', perfacilis ‚überaus leicht' (‚kinderleicht'), pergrātus ‚hochwillkommen', permāgnus ‚überaus groß' (‚riesengroß'), permultī ‚sehr viele', perpaucī ‚sehr wenige'; persaepe ‚sehr oft'.
per-territus ‚sehr erschrocken'; *danach:* per-terrēre ‚sehr erschrecken'. – per-crēbēscere ‚sehr häufig werden'.

5.2 prae-: praeclārus ‚sehr berühmt, hochberühmt', praealtus ‚sehr hoch', praegravis ‚überaus schwer', praepotens ‚sehr mächtig, übermächtig'.

23

LEKTION 23

1 -nd-Formen (Gerundium, Gerundīvum)

1.1 Die -nd-Formen werden mit dem Suffix **-nd-** vom Verbalstamm abgeleitet, auch bei Deponentien; in der Konsonantischen, Gemischten und i-Konjugation haben sie den Bindevokal -e-:

lauda-nd-..., dēle-nd-..., mitt-e-nd-..., capi-e-nd-..., audi-e-nd-..., horta-nd-..., proficīsc-e-nd-..., usw.

Das Verbum īre hat den Gerundialstamm eund-...[1]

Die -nd-Formen werden **substantivisch (Gerundium)** und **adjektivisch (Gerundīvum)** verwendet.

1) Auch sonst steht manchmal statt des Bindevokals -e- ein -u-: potīrī: potiund- (neben potiend-)

2 Substantivische -nd-Form (Gerundium)

2.1 Die **substantivische -nd-Form** vertritt die **deklinierten** Formen des **substantivierten Infinitivs** in den Kasus

Genitiv:	-nd-ī (laudand-ī, hortand-ī, capiend-ī)
Ablativ:	-nd-ō (laudand-ō, ...)
Akkusativ (nur nach Präposition):	ad ...-nd-um (ad laudand-um, ...)
[selten: Dativ	-nd-ō]

Als Subjekt (Nominativ) und Objekt (Akkusativ) steht immer der Infinitiv.

2.2 Ins Deutsche wird die substantivische -nd-Form übersetzt

a) durch einen Infinitiv mit ‚(um) ... zu' (außer im Ablativ; s.u.)

b) durch ein Verbalsubstantiv

tempus scrībendī	Zeit (um) zu schreiben
	Zeit zum Schreiben

Die Wiedergabe durch einen deutschen Infinitiv ist bei einer -nd-Form im Ablativ meist nicht möglich, da der deutsche Infinitiv mit ‚(um) ... zu' ein Ziel oder einen Zweck angibt; der lateinische Ablativ bezeichnet dagegen das Mittel oder den Grund (scrībendō ‚durch Schreiben'), in mit Abl. einen Begleitumstand (in scrībendō ‚beim Schreiben').

2.3 Die substantivische -nd-Form kann wie der Infinitiv durch **Adverbien** erweitert werden; im Deutschen steht dafür ein Infinitiv mit Adverb oder ein Substantiv mit attributivem Adjektiv:

Hoc satis est ad **beātē** vīvendum.	Das ist genug, um **glücklich** zu leben. (Adv.)
	Das ist genug zum **glücklichen** Leben. (Adj.)

2.4 Die substantivische -nd-Form kann wie der Infinitiv durch ein **Objekt** ergänzt werden; im Deutschen steht dafür ein Infinitiv mit Objekt oder ein Substantiv mit Genitīvus obiectīvus:

tempus **epistulam** scrībendī	Zeit, **einen Brief** zu schreiben
	Zeit zum Schreiben **eines Briefes**

3 Adjektivische -nd-Form (Gerundīvum)

Die **adjektivische -nd-Form** wird nach der o-/a-Deklination dekliniert (laudand-us,-a,-um). Sie hat passivische Bedeutung, auch beim Deponens, und wird verwendet

- in der sog. **-nd-Gruppe (Gerundiv-Konstruktion)** in unmittelbarer Zuordnung zu einem Substantiv[2)]
- in der sog. **-nd-esse-Gruppe** als **Prädikatsnomen** mit dem Hilfsverb ***esse***
- in Verbindung mit bestimmten Verben als **-nd-Prädikativum**
- nur selten als attributives Adjektiv (z. B.: facinus laudandum ‚eine lobenswerte Tat', dolor nōn ferendus ‚ein unerträglicher Schmerz').

---

2) Ob die adjektivische -nd-Form in dieser Konstruktion als Attribut oder als Prädikativum aufzufassen ist, ist umstritten.

4 Adjektivische -nd-Form in der sog. -nd-Gruppe (Gerundiv-Konstruktion)

4.1 Die adjektivische -nd-Form bildet in Verbindung mit einem Nomen (Substantiv, Pronomen), mit dem sie in Kasus, Numerus und Genus übereinstimmt, eine Wortgruppe, die sog. **-nd-Gruppe (Gerundiv-Konstruktion)**.

tempus epistul**ae** scrībend**ae**	a) Zeit, einen Brief zu schreiben b) Zeit zum Schreiben eines Briefes

Die -nd-Gruppe wird also in gleicher Weise ins Deutsche übersetzt wie die Wortgruppe ‚Substantivische -nd-Form mit Objekt' (s.o. 2.4):

tempus epistul**am** scrīben**dī** =	tempus epistul**ae** scrībend**ae**

Bei ablativischer Konstruktion (Instrumental oder in mit Abl.) ist auch hier eine Wiedergabe durch einen Infinitiv im Deutschen nicht möglich:

in scrībendā epistulā	beim Schreiben eines Briefes

In Abhängigkeit von Präpositionen (und im Dativ) verwendet das Lateinische nur die Gerundivkonstruktion:

tempus ad arma capienda	Zeit, die Waffen zu ergreifen Zeit zum Ergreifen der Waffen

Übersicht über das Vorkommen der beiden Wortgruppen

Kasus	Substantivische -nd-Form (Gerundium) + Objekt	Adjektivische -nd-Form in -nd-Gruppe (Gerundiv-Konstr.)
Gen.	tempus epistulam scrībendī	tempus epistulae scrībendae
Dat.	– – –	*nur in Formeln*[3]
Präp. +Akk.	– – –	ad epistulam scrībendam
Abl.	epistulam scrībendō	epistulā scrībendā
Präp.+Abl.	– – –	in epistulā scrībendā

4.2 Besonderheiten

a) Einige Deponentien, die einen Ablativ als Objekt haben, wie ūtī ‚gebrauchen', fruī ‚genießen', fungī ‚verwalten, ausüben' und potīrī ‚sich bemächtigen', haben diesen Ablativ auch bei sich, wenn sie in der substantivischen -nd-Form verwendet werden; in der -nd-Gruppe wirkt sich diese Besonderheit nicht aus:

spēs castr**īs** potiund**ī** = spēs castr**ōrum** potiund**ōrum**	die Hoffnung, sich des Lagers zu bemächtigen

b) In Beziehung auf Personalpronomina im Genitiv (meī, tuī, suī, nostrī, vestrī) hat die adjektivische -nd-Form immer die Endung -ī, ohne Rücksicht auf Numerus und Genus (Angleichung an das Pronomen):

Mīlitēs host**ibus** facultātem su**ī** colligend**ī** nōn relīquērunt.	Die Soldaten ließen den Feinden keine Möglichkeit, sich zu sammeln.

3) z.B. decemvirī lēgibus scrībendīs ‚Zehnmännerkollegium für die Aufzeichnung der Gesetze'

5 Adjektivische -nd-Form als Prädikatsnomen (sog. -nd-esse-Gruppe)

5.1 Als **Prädikatsnomen** mit dem Hilfsverb ***esse*** bezeichnet die adjektivische -nd-Form eine **Notwendigkeit im Passiv**; im Deutschen kann es wiedergegeben werden mit

	‚müssen'	+ Infinitiv Präsens Passiv
verneint:	‚nicht dürfen'/‚nicht können'	+ Infinitiv Präsens Passiv

Liber **legendus est**.	Das Buch **muss gelesen werden**.
Liber **legendus nōn est**.	Das Buch **darf nicht gelesen werden**.
Dolor **ferendus nōn est**.	Der Schmerz **kann nicht ertragen werden**.
Mīlitēs **cohortandī erant**.	Die Soldaten **mussten angefeuert werden**.

Die Passivkonstruktion kann im Deutschen ins Aktiv umgewandelt werden; dabei wird als Subjekt das unpersönliche ‚man' eingesetzt; das lateinische Subjekt wird zum deutschen Objekt:

Liber legendus est.	**Man muss** das Buch lesen.
Liber legendus nōn est.	**Man darf** das Buch **nicht** lesen.

Die mit einer adjektivischen -nd-Form im Neutrum Singular gebildete Prädikatgruppe kann auch ohne Subjekt (unpersönlich) stehen:

Pūgnandum erat.	**Es** musste gekämpft werden. **Man** musste kämpfen.

5.2 Die **ausführende Person** steht im Dativ (**Datīvus auctōris**); bei Umwandlung ins deutsche Aktiv wird die ausführende Person zum Subjekt:

Liber **mihi** legendus est.	Das Buch muss **von mir** gelesen werden. **Ich** muss das Buch lesen.
Mīlitibus pūgnandum erat.	(**Von den Soldaten** musste gekämpft werden.) **Die Soldaten** mussten kämpfen.

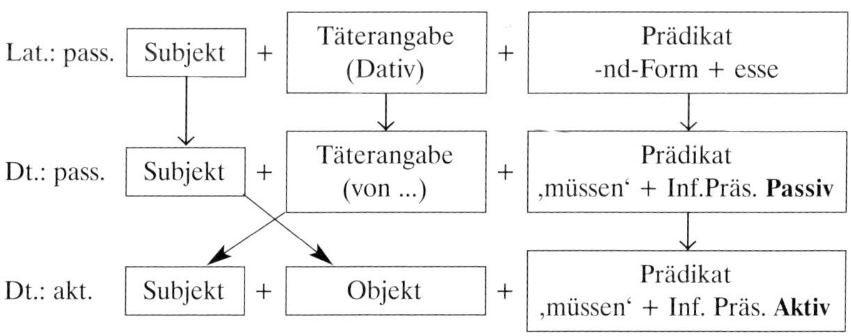

6 Adjektivische -nd-Form (Gerundīvum) als Prädikativum

Bei den Verben dare, trādere, attribuere, mittere, suscipere, relinquere, permittere, committere, mandāre sowie bei cūrāre ‚veranlassen' bezeichnet die adjektivische -nd-Form als prädikative Ergänzung zum Akkusativobjekt den Zweck der Handlung:

Hunc **librum** tibi **legendum** mittō.	Ich schicke dir dieses **Buch zum Lesen**.
Caesar **pontem** in Rhēnō **faciendum** cūrāvit.	Caesar veranlasste den **Bau einer Brücke** über den Rhein. / Caesar ließ eine Brücke über den Rhein bauen.

7 Unterscheidung der -nd-Formen bei der Texterschließung

Die Verwendungsmöglichkeiten der -nd-Formen sind gut zu unterscheiden:

7.1 Die **substantivische** -nd-Form (Gerundium) ist ein Neutrum Singular und hat nur die Kasusausgänge -ī, -ō und -um. Sie hat **kein Beziehungswort**, mit dem sie kongruiert.

7.2 Eine **-nd-Gruppe** (Gerundiv-Konstruktion) kommt in allen Genera und Kasus außer dem Nominativ vor. Die adjektivische -nd-Form hat dabei stets ein **Beziehungswort**, mit dem sie kongruiert.

7.3 In der **-nd-esse-Gruppe** ist die adjektivische -nd-Form (Gerundīvum) Prädikatsnomen und drückt eine Notwendigkeit aus. Sie kommt im Nominativ und Akkusativ (AcI!) aller Genera im Singular und Plural vor.

7.4 In Verbindung mit den in G 6 genannten Verben steht eine adjektivische -nd-Form im Akkusativ Singular und Plural aller Genera als Prädikativum zur Angabe des Zwecks der Handlung oder der Absicht; passivische Konstruktion mit -nd-Form im Nominativ ist selten.

8 Pronomen quisque

quisque, quidque (substantivisch)
quisque, quaeque, quodque (adjektivisch) } ‚jeder (von mehreren)'

Das Pronomen lehnt sich an andere Wörter an (enklitisches Wort). Es steht meist hinter Frage- und Relativwörtern, Superlativen und Ordnungszahlen.

Schwierigkeiten ergeben sich

1. aus der besonderen Wortstellung des Pronomens
2. aus der Tatsache, dass die Kasusformen von quisque gleich aussehen wie die Kombination des Frage- und Relativpronomens (quis, quid; quī, quae, quod) mit der Konjunktion -que ‚und'.

Quam *quisque* in partem cāsū dēvēnit ...	Auf welchen Abschnitt *jeder* durch Zufall gelangte ...
... *quae-que* (= et quae) prīma sīgna cōnspexit, ad haec cōnstitit.	... *und welche* Feldzeichen er als erste erblickte, dort nahm er Aufstellung.

Hier ist die Beachtung der Satzstruktur besonders wichtig.

LEKTION 24

1 Konjunktiv (Fortsetzung von 14 G 1 – 3)

Der Konjunktiv kann im Hauptsatz wie im Gliedsatz die bloße **Möglichkeit** bezeichnen **(coniūnctīvus potentiālis)**. Er dient deshalb auch als Form der abgeschwächten Aussage und Bedingung, vorzugsweise in theoretischen Erörterungen.

1.1 Potentialis der Gegenwart: Konjunktiv **Präsens oder Perfekt** (das Perfekt hat hier keine Vergangenheitsbedeutung).[1]

Im Deutschen gibt es den potentialen Konjunktiv nicht. Er wird mit Formen der abgeschwächten Aussage ausgedrückt: ‚wohl', ‚vielleicht'; Hilfsverben ‚können', ‚dürfen', ‚sollen' im Konjunktiv II; Futur.

Sī hoc dīcās/dīxeris, errēs/errāveris.	Falls du das sagst (sagen solltest), irrst du dich wohl (dürftest du dich irren).
Nōnne sapiēns, sī ipse fame cōnficiātur, abstulerit cibum alterī hominī?	Wird (wohl) nicht der Weise, falls er selbst vom Hungertod bedroht sein sollte, einem anderen Menschen Nahrung wegnehmen?

Im Sinne des deutschen allgemeinen Subjekts ‚man' stehen im Potentialis

– die Indefinitpronomina aliquis, quis und quispiam ‚jemand':

Dīcat/dīxerit aliquis/quis.	Es könnte (wohl) einer sagen. Man könnte (wohl) sagen.

– die 2. Person Singular des Konjunktivs:

Dīcās/dīxeris.	Du könntest/man könnte (wohl) sagen.

Das seltene Pronomen
quispiam, quidpiam ‚jemand', ‚etwas' (substantivisch)
quispiam, quaepiam, quodpiam ‚irgendein(e)' (adjektivisch)
kommt fast nur in potentialen Satzgefügen vor.

1.2 Der **Potentialis der Vergangenheit** ist selten, steht fast nur in Hauptsätzen und ist auf wenige, meist formelhafte, Wendungen beschränkt. Er steht im **Konjunktiv Imperfekt**, nur in der 2. Person Singular. Im **Deutschen** wird er mit **Konjunktiv Plusquamperfekt** wiedergegeben:[2]

Crēderēs urbem iam captam esse.	**Du hättest/man hätte glauben können**, die Stadt sei bereits erobert.

---

1) Wie beim coniūnctīvus prohibitīvus (Verbot: nē mit Konj.Perf.).
2) sog. ‚Tempusverschiebung'

2 Gliedsätze nach Verben des Fürchtens, Hinderns, Widerstrebens

2.1 Nach Verben und Ausdrücken des **Fürchtens** steht ein abhängiger Wunschsatz mit

nē + Konjunktiv	‚dass‘[3]
nē nōn oder **ut** + Konjunktiv	‚dass nicht‘[3]

Die Zeitenfolge entspricht der in abhängigen Wunschsätzen:

nach Haupttempus	bei Gleichzeitigkeit:	Konjunktiv Präsens
	bei Vorzeitigkeit:	Konjunktiv Perfekt
nach Nebentempus	bei Gleichzeitigkeit:	Konjunktiv Imperfekt
	bei Vorzeitigkeit:	Konjunktiv Plusquamperfekt

Im Deutschen steht Indikativ oder der oblique Konjunktiv:

Incolae timent, **nē** urbs dīripiātur.	Die Einwohner fürchten, **dass** die Stadt geplündert wird/werde/werden könne.
Incolae timēbant/timuērunt, **nē** urbs dīriperētur.	Die Einwohner fürchteten, **dass** die Stadt geplündert werde/werden könne.
Vereor, **ut/nē nōn** satis dīligenter āctum sit.	Ich fürchte, **dass nicht** sorgfältig genug verfahren worden ist.

2.2 Nach Verben und Ausdrücken des **Hinderns** und **Widerstrebens** steht ein abhängiger Wunschsatz, eingeleitet durch

nē[3] oder **quōminus** mit Konjunktiv (Präs./Imperf.) ‚dass‘ (mit Indikativ)

Prohibēbō, **nē/quōminus** id fiat.	Ich werde verhindern, **dass** dies geschieht.
Prohibuī, **nē/quōminus** id fieret.	Ich verhinderte, **dass** dies geschah.
Dolōre impedior, **nē/quōminus** plūra scrībam.	Ich werde vom Schmerz gehindert, **dass** ich mehr schreibe/mehr zu schreiben.

3 Gliedsätze mit der Subjunktion quīn

Die Subjunktion quīn steht nur, wenn der übergeordnete Satz verneint ist, sowie nach vix ‚kaum‘, aegrē ‚mit Mühe‘:

3.1 zur Einleitung eines **indirekten Fragesatzes nach verneinten Ausdrücken des Zweifelns**. Die Zeitenfolge entspricht der in indirekten Fragesätzen. Im Deutschen steht ein mit **‚dass‘** (mit Indikativ oder obliquem Konjunktiv) eingeleiteter Gliedsatz (abhängiger Aussagesatz).

Dubium nōn est/ Nōn dubitō, **quīn** id scelus commīseris.	Es besteht kein Zweifel/ Ich zweifle nicht daran, **dass** du dieses Verbrechen begangen hast.
Dīxērunt dubium nōn esse, **quīn** mīlitēs urbem dēlētūrī essent.	Sie sagten, es bestehe kein Zweifel, **dass** die Soldaten die Stadt zerstören würden.

---

3) Der Inhalt des Gliedsatzes entspricht einem negativen Wunsch:

Nē veniat! Timeō.	Möge er nicht kommen! Aber ich fürchte es.
Timeō, nē veniat.	Ich fürchte, dass er kommt.
Nē veniat! Impediō.	Möge er nicht kommen! Ich hindere ihn daran.
Impediō, nē veniat.	Ich hindere ihn, dass er kommt/zu kommen.

3.2 zur Einleitung eines Gliedsatzes **nach verneinten Ausdrücken des Hinderns** und **Widerstrebens** an Stelle von nē oder quōminus:

Mīlitēs continērī nōn possunt, **quīn** (nē, quōminus) in urbem irrumpant.	Die Soldaten können nicht davon abgehalten werden, **dass** sie gewaltsam in die Stadt eindringen/... einzudringen.

3.3 zur Einleitung eines Subjektsatzes mit der unpersönlichen Redewendung **nōn multum abest, quīn** ‚es fehlt nicht viel, dass'

Nōn multum āfuit, **quīn** urbs dēlērētur.	Es fehlte nicht viel, **dass** die Stadt zerstört wurde/zerstört worden wäre.[4]
Freiere Übersetzung:	Es fehlte nicht viel, und die Stadt wäre zerstört worden.[4] Beinahe wäre die Stadt zerstört worden.[4]

3.4 a) zur Einleitung eines **konsekutiven Gliedsatzes nach verneintem übergeordnetem Satz** (im Sinne von ut nōn) **‚(so)dass nicht, ohne dass, ohne zu'**:

Numquam tam male est Siculīs, **quīn** aliquid facētē dīcant.	Niemals geht es den Bewohnern Siziliens so schlecht, **dass** sie **nicht** noch irgendeinen Witz machen.
Numquam ad tē veniō, **quīn** abeam doctior.	Niemals komme ich zu dir, **ohne dass** ich gebildeter weggehe/ohne ... wegzugehen.
Redewendungen:	
Facere nōn possum **Fierī nōn potest** } **quīn** veniam.	Ich kann es nicht machen / Es kann nicht geschehen, dass ich nicht komme. **Es ist unvermeidlich, dass** ich komme. **Ich kann nicht umhin** zu kommen. **Ich muss unbedingt** kommen.
Dīxērunt fierī nōn posse, quīn statim dīriperentur.	Sie sagten, es sei unvermeidlich, dass sie sofort geplündert würden.

b) an Stelle von **quī (quae, quod) nōn** in einem **konjunktivischen Relativsatz** mit konsekutivem Nebensinn:

Nēmō erat, **quīn (= quī nōn)** putāret ...	Es gab niemanden, der nicht glaubte (geglaubt hätte)[4]...
Nihil est, **quīn (quod nōn)** investigārī possit.	Es gibt nichts, was nicht erforscht werden kann/könnte.[4]

4 Konjunktivische Relativsätze

Relativsätze stehen in der Regel im Indikativ.
Im Konjunktiv stehen Relativsätze

a) wenn sie einen Nebensinn haben; in diesem Fall können sie durch die entsprechenden mit einer Subjunktion eingeleiteten Gliedsätze ersetzt werden.
b) wenn sie zu einer indirekten Rede gehören oder einem innerlich abhängigen (obliquen) Satz, z.B. einem Finalsatz, untergeordnet sind.
c) wenn sie an einen konjunktivisch geprägten Kontext, z.B. eine potentiale Satzperiode, angepasst werden (Modusangleichung, Attractiō modī).

---

4) Modus- und Tempusverschiebung im Deutschen bei irrealer Wiedergabe.

24

4.1 Finaler Nebensinn

Relativpronomen mit Konjunktiv = ut mit Konjunktiv.
Im Deutschen steht ein Relativsatz mit ‚sollen' oder ein Finalsatz.

Sociī lēgātōs mīsērunt, **quī** auxilium **peterent**.	Die Bundesgenossen schickten Gesandte, **die** um Hilfe **bitten sollten/damit sie** ... bitten sollten.

quō beim Komparativ mit Konj. = ut eō mit Konj.:

Lēgem brevem esse oportet, **quō facilius** teneātur.	Ein Gesetz muss kurz sein, **damit** es **umso leichter** eingehalten wird/werden kann.

4.2 Konsekutiver Nebensinn:

Relativpronomen mit Konjunktiv = ut mit Konjunktiv.
Im Deutschen steht ein Relativsatz oder ein ‚dass'-Satz mit Indikativ.

Besonders nach **is** und **tālis** ‚so einer, so beschaffen':

Is es, **quī** reī pūblicae multam ūtilitātem afferre **possīs**.	Du bist **(so) einer, der** dem Staat großen Nutzen bringen kann/ ... **dass** du ... bringen kannst.

Nach verneintem übergeordnetem Satz kann quī (quae, quod) nōn durch quīn ersetzt werden:

Nōn is sum, **quīn (= quī nōn)** hoc intellegam.	Ich bin **nicht so, dass** ich das **nicht** verstehe (verstünde).[5] Ich bin **nicht einer, der** das **nicht** versteht/ verstehen könnte.[5]

Einen konjunktivischen Relativsatz enthalten folgende **Redewendungen**:

sunt/inveniuntur, quī	es gibt/es finden sich (Leute), die ...
nēmō est, quī	es gibt niemanden, der ...
est, quod	1. es gibt (etwas), was ... 2. es besteht Grund dazu, dass ...
habeō, quod	1. ich habe (etwas), was ... 2. ich habe einen Grund, dass ...
dīgnus, quī	würdig, dass ...
Sunt, quī putent ...	Es gibt Leute, die meinen ...
Antōnius habet, quod suīs polliceātur.	Antonius hat etwas, was er seinen Anhängern versprechen kann.
Nōn habeō, quod iīs īrāscar.	Ich habe keinen Grund, dass ich ihnen zürne/ihnen zu zürnen.
Cornēlia dīgna est, quae laudētur.	Cornelia ist würdig/verdient es, dass sie gelobt wird/gelobt zu werden.

4.3 Kausaler Nebensinn

Relativpronomen mit Konjunktiv = cum mit Konjunktiv.
Im Deutschen steht ein Kausalsatz im Indikativ, manchmal auch ein Relativsatz mit ‚ja'.

5) Modus- und Tempusverschiebung im Deutschen bei irrealer Wiedergabe.

Das Relativpronomen wird oft durch quippe (seltener: ut, utpote) ‚ja', praesertim ‚zumal' verstärkt:

Cicerō laudandus est, (**praesertim**) **quī** patriam **servāverit**.	Cicero muss gelobt werden, **der/da er/zumal er ja** das Vaterland gerettet hat.

4.4 Konzessiver bzw. **adversativer Nebensinn** (selten)

Relativpronomen mit Konjunktiv = cum mit Konjunktiv.

Im Deutschen steht ein Relativsatz (mit ‚doch') oder ein Konzessivsatz mit Indikativ. Im übergeordneten Satz steht häufig tamen ‚dennoch, trotzdem'.

Dionȳsius tyrannus, **quī** propinquīs **abundāret**, tamen crēdēbat eōrum nēminī.	Der Tyrann Dionysius, **der doch** sehr viele Verwandte hatte, traute dennoch keinem von diesen. **Obwohl** der Tyrann ... hatte, traute er dennoch keinem ...

4.5 Konjunktivischer Relativsatz bei innerer Abhängigkeit

Gallī dīxērunt Ariovistum māgnam partem agrī Sēquanī, **quī esset** optimus tōtīus Galliae, occupāvisse.	Die Gallier sagten, Ariovist habe einen großen Teil des sequanischen Ackerlandes, **welches** das beste von ganz Gallien **sei**, in Besitz genommen.
Caesar ab Ariovistō postulāvit, ut obsidēs, **quōs** ab Haeduīs **habēret**, redderet.	Caesar forderte von Ariovist, er solle die Geiseln, **die** er von den Häduern **habe**, zurückgeben.

4.6 Konjunktiv im Relativsatz infolge Modusangleichung

Im Deutschen steht der Indikativ.

Nēmō est, cui, **quod habeat**, satis sit.	Es gibt niemandem, dem das, **was er hat**, genug ist.

5 Erzählpräsens (Praesēns historicum)

Durch das Präsens können vergangene Handlungen in die Gegenwart des Erzählers versetzt werden. Daher eignet sich wie im Deutschen der **Indikativ Präsens** als **Mittel lebhafter Erzählung**: Erzählpräsens, Praesēns historicum. Bei der Übersetzung ins Deutsche kann das Erzählpräsens übernommen werden, auch wenn das Deutsche in dieser Hinsicht zurückhaltender ist als das Lateinische. Wenn aber, wie es häufig der Fall ist, im lateinischen Hauptsatz Erzählpräsens, im Gliedsatz ein Tempus der Vergangenheit steht, empfiehlt sich eine durchgehende Wiedergabe mit deutschem Präteritum.

Hostēs, quī **timēbant**, ... ūniversī sē portā forās **prōripiunt**.	Die Feinde, die **fürchteten**, ... **liefen** alle aus dem Stadttor nach draußen.

Für die Zeitenfolge (cōnsecūtiō temporum) kann das Praesēns historicum als Haupttempus oder als Nebentempus angesehen werden.

Orant, ut adventus Caesaris **exspectētur**. *(Zeitenfolge wie nach Haupttempus)*

Docent, sī turris **concidisset**, nōn posse mīlitēs continērī, quīn in urbem **irrumperent**. *(Zeitenfolge wie nach Nebentempus)*

25

LEKTION 25

1 Zahlen: Grund- und Ordnungszahlen; Zahladverbien; Zahlzeichen

1.1 Übersicht

Wert	Zeichen	Grundzahlen Cardinālia	Ordnungszahlen Ordinālia	Zahladverbien: Multiplicātīva
1	I	ūnus,-a,-um	prīmus,-a,-um	semel
2	II	duō, duae, duō	secundus,-a-um	bis
3	III	trēs, tria	tertius,-a,-um	ter
4	IV	quattuor	quartus,-a,um	quater
5	V	quīnque	quīntus,-a,-um	quīnquiēs
6	VI	sex	sextus,-a,-um	sexiēs
7	VII	septem	septimus,-a-um	septiēs
8	VIII	octō	octāvus,-a,-um	octiēs
9	IX	novem	nōnus,-a,-um	noviēs
10	X	decem	decimus,-a,-um	deciēs usw.
11	XI	ūndecim	ūndecimus,-a,-um	
12	XII	duōdecim	duōdecimus, ...	
13	XIII	trēdecim	tertius decimus	
14	XIV	quattuordecim	quartus decimus	
15	XV	quīndecim	quīntus decimus	
16	XVI	sēdecim	sextus decimus	
17	XVII	septendecim	septimus decimus	
18	XVIII	duōdēvīgintī	duōdēvīcēsimus	
19	XIX	ūndēvīgintī	ūndēvīcēsimus	
20	XX	vīgintī	vīcēsimus	
21	XXI	ūnus et vīgintī vīgintī (et) ūnus	ūnus et vīcēsimus vīcēsimus prīmus	
22	XXII	duō et vīgintī vīgintī (et) duō	alter et vīcēsimus vīcēsimus secundus	
28	XXVIII	duōdētrīgintā	duōdētrīcēsimus	
29	XXIX	ūndētrīgintā	ūndētrīcēsimus	
30	XXX	trī**gintā**	trī**cēsimus**	
40	XL	quadrāgintā	quadrā**gēsimus**	
50	L	quīnquāgintā	quīnquāgēsimus	
60	LX	sexāgintā	sexāgēsimus	
70	LXX	septuāgintā	septuāgēsimus	
80	LXXX	octōgintā	octōgēsimus	
90	XC	nōnāgintā	nōnāgēsimus	
100	C	centum	centēsimus	
200	CC	ducentī,-ae,-a	ducentēsimus	
300	CCC	trē**centī**,-ae,-a	trē**centēsimus**	
400	CCCC	quadrin**gentī**,-ae,-a	quadrin**gentēsimus**	
500	D	quīngentī,-ae,-a	quīngentēsimus	
600	DC	sescentī,-ae,-a	sescentēsimus	
700	DCC	septingentī,-ae,-a	septingentēsimus	
800	DCCC	octingentī,-ae,-a	octingentēsimus	
900	DCCCC	nōngentī,-ae,-a	nōngentēsimus	
1000	M	mīlle	mīllēsimus	
2000	MM	duō mīlia	bis mīllēsimus	

1.2 Erläuterungen

Die **Grundzahlen** von **1 bis 3** werden dekliniert:

ūnus,-a,-um	1	als Pronominaladjektiv (Gen. -īus, Dat. -ī)
duō, duae, duō	2	mit eigener Deklination (7 G 2)
trēs *(m/f)*, tria *(n)*	3	nach der i-Deklination (13 G 4)

Die Zehner werden mit den Einern 1–7 entweder wie im Deutschen zusammengesetzt: ūnus (-a,-um) et vīgintī 21,

oder die Einer werden den Zehnern (mit oder ohne et) nachgestellt: quadrāgintā (et) quattuor 44.[1)]

Zahlen mit den Einern 8 und 9 werden durch Subtraktion von der jeweils folgenden Zehnerzahl gebildet:

duōdēvīgintī 18; ūndēvīgintī 19;
duōdētrīgintā 28; ūndētrīgintā 29 usw. bis ūndēcentum 99.

Die Hunderter stehen vor den Zehnern und Einern:
centum quīnquāgintā sex 156;

Das Zahlwort **mīlle** ‚tausend' wird nicht dekliniert:

mīlle hominēs	1000 Menschen
cum mīlle hominibus	mit 1000 Menschen

Im Plural wird mīlia ‚Tausende', ein dekliniertes Substantiv der i-Deklination, verwendet, z.B.:

duō mīlia	2000 (zwei Tausende)

Wenn kein anderes Zahlwort dazwischensteht, wird mīlia mit dem Genitīvus partitīvus verbunden (13 G 4.2):

duō mīlia homin**um**	2000 Menschen
cum duōbus mīlibus hominum	mit 2000 Menschen; aber
duō mīlia quīngentī homin**ēs**	2500 Menschen
cum duōbus mīlibus quīngentīs hominibus	mit 2500 Menschen

Die Tausender stehen vor den Hundertern, Zehnern und Einern:

annō mīllēsimō nōngentēsimō nōnāgēsimō tertiō ‚im Jahre 1993' (**Jahreszahlen** werden im Lateinischen als Ordnungszahlen gegeben, nicht wie im Deutschen als Grundzahlen).

Zur Multiplikation dienen die **Zahladverbien** (Multiplikativzahlen) semel ‚einmal', bis ‚zweimal', ter ‚dreimal', quater ‚viermal';[2)] die weiteren Zahladverbien werden mit dem Suffix -iēs (oder -iēns) gebildet: quīnquiē(n)s ‚fünfmal'; ebenso: quotiē(n)s ‚wievielmal' (Quotient), totiē(n)s ‚sovielmal'.

Mit den Multiplikativadverbien werden die Vielfachen von 1000 bei den Ordnungszahlen gebildet: bis mīllēsimus (-a,-um) ‚der zweitausendste'.

Adverbial gebraucht werden auch: prīmum ‚zum ersten Mal'; ‚als erstes, zuerst' (entsprechend: tertium usw.); prīmō (in Gegensätzen) ‚zuerst, zunächst'.

---

1) vgl. frz. vingt-et-un, quarante quatre; engl. twenty one, fourty four.
2) Merkspruch: In die Semmel biss der Kater.

25

Distributivzahlen sind pluralische Adjektive der o/a-Deklination; besondere Formen haben die Distributivzahlen 1-4, die anderen werden mit dem Suffix -ēnī (-ēnae,-ēna) gebildet:
singulī,-ae,-a ‚je ein'; ‚einzelne'
bīnī,-ae,-a ‚je zwei' (bei Pluralwörtern statt der Grundzahl: bīna castra ‚2 Lager'); ternī,-ae,-a ‚je drei'; quaternī,-ae,-a ‚je vier'; centēnī,-ae,-a ‚je hundert'.
Die Grundzahlen ab 1 Million werden durch Zahladverbien und die Distributivzahl ‚je 100.000' umschrieben: deciēs centēna mīlia ‚1 Million'.

1.3 Zahlzeichen

Die römischen Zahlzeichen bestehen aus einem Strichsystem (I, II, III, auch IIII), kombiniert mit Zahlzeichen für 5 (V), 10 (X), 50 (L), 100 (C), 500 (D) und 1000 (M).

Die letzte Größe vor dem höheren Zahlzeichen wird bei den Einern und Zehnern durch Vorsetzen des Zeichens I bzw. X vor das höhere (Subtraktion) bezeichnet:

4 = IV, 9 = IX, 40 = XL, 90 = XC; aber 400 = CCCC, 900 = DCCCC. Das Zeichen M wird erst seit der Spätantike auch für die Vielfachen von 1000 verwendet (MM = 2000; MCM = 1900).

Obwohl die lateinischen Zahlwörter sprachlich ein Dezimalsystem darstellen, wurde dies nicht auf die Zahlzeichen angewandt (Fehlen der Null); doch konnten Rechenoperationen mithilfe eines Rechengerätes (abacus) mit großer Geschwindigkeit ausgeführt werden.

Die Zahlzeichen waren bei den Zehnerpotenzen und bei 50 ursprünglich Buchstaben eines alten westgriechisch-etruskischen Alphabets:

10 = X (ostgriech. Chi, westgriech. x);
100 = Θ (griech. Theta?), früh ersetzt durch C(entum);
1000 = Φ ∞ (griech. Phi), später ersetzt durch M(ille);
50 = Ѱ (westgriech. Chi), später ↓ ⊥, dann angeglichen an L.

Die Zeichen für 5 und 500 entstanden wahrscheinlich durch Halbierung der Zeichen für 10 bzw. 1000 und Angleichung an gebräuchliche Buchstabenformen:
halbiertes X > V = 5,
halbiertes Φ > Ↄ oder D = 500.

2 Perfektopräsentien

Die Verben

meminī ‚ich erinnere mich, ich gedenke'
ōdī ‚ich hasse'
nōvī ‚ich kenne, ich weiß'[3)]

sind der Form nach Perfekte, sie haben jedoch **Präsensbedeutung** (sog. Perfekto-Präsentien); entsprechend hat ihr Plusquamperfekt Imperfektbedeutung, ihre Futur-II-Form Futur-I-Bedeutung:

---

3) Perfekt des Verbums nōscere ‚kennenlernen' (vgl. cognōscere).

memineram	ich erinnerte mich/gedachte
meminerō	ich werde mich erinnern/gedenken
ōderam	ich hasste
ōderō	ich werde hassen
nōveram	ich kannte
nōverō	ich werde kennen

Zu meminī gibt es einen Imperativ:

2.Sg. mementō!	gedenke!
2.Pl. mementōte!	gedenket!

Zu den Perfekto-Präsentien gibt es im Klassischen Latein kein Passiv. Als Passiv zu ōdī wird odiō sum (alicui) verwendet.[4)]

3 Genitīvus und Ablātīvus pretiī

3.1 **Preisangaben** stehen im **Ablativ** (Ablātīvus pretiī):[5)]

Hoc aurum est mīlle **dēnāriīs**, sed **dēnāriō** ēmī.	Dieses Gold ist tausend Denare wert, aber ich habe es für einen Denar gekauft.

3.2 Bei den Verben
esse und **fierī** ‚wert sein, gelten‘,
aestimāre, putāre, facere, dūcere ‚einschätzen, für wert halten‘
stehen **allgemeine, vergleichende und fragende Wertangaben** im **Genitiv** (Genitīvus pretiī); es handelt sich um folgende Angaben:[6)]

māgnī ‚viel wert‘	plūris ‚mehr wert‘	plūrimī ‚sehr viel/am meisten wert‘ permāgnī ‚sehr viel wert‘
parvī ‚wenig wert‘	minōris ‚weniger wert‘	minimī ‚sehr wenig/am wenigsten wert‘ nihilī ‚nichts wert‘
tantī ‚soviel wert‘	tantīdem ‚ebensoviel wert‘	quantī ‚wieviel wert‘

Haec domus māgnī est.	Dieses Haus ist viel wert.
Quantī haec domus est?	Wieviel ist dieses Haus wert?
Scaevola dīxit sē fundum plūris aestimāre.	Scaevola sagte, er halte das Grundstück für mehr wert.

▷ Es ist also sorgfältig zu unterscheiden:

Haec domus māgnī est.	Dieses Haus ist viel wert.
Haec domus māgna est.	Dieses Haus ist groß.

4) Doppelter Dativ bei esse; s. 17 G 6.5.
5) Es handelt sich um eine Verwendung des Ablātīvus īnstrūmentālis zur Angabe des Zahlungsmittels.
6) Merkspruch: māgnī, plūris, plūrimī,/ parvī, minōris, minimī,/ permāgnī und nihilī,/ tantī, tantīdem, quantī.

25 **3.3** Nach **Verben des Geschäftsverkehrs**, z.B. emere ‚kaufen', vēndere ‚verkaufen', vēnīre ‚verkauft werden', cōnstāre ‚kosten' stehen nur die **vergleichenden und fragenden Wertangaben** im Genitiv (in der Tabelle 3.2 eingerahmt), alle anderen Wertangaben im Ablativ:

Vēndō frūmentum nōn plūris quam cēterī mercātōrēs.	Ich verkaufe das Getreide nicht teurer als die übrigen Händler.

aber:

Frūmentum plūrimō/quam plūrimō vēndō.	Ich verkaufe das Getreide sehr teuer/möglichst teuer.

26

LEKTION 26

1 Verallgemeinernde Relativsätze

1.1 Verallgemeinernde Relativsätze werden durch besondere Pronomina und Adverbien eingeleitet:

quisquis, quidquid ‚wer/was auch immer; jeder, der/alles, was' (Verdoppelung des Pronomens quis, quid; substantivisch).
Außer den beiden genannten Formen wird nur noch der Ablativ Singular in der Wendung **quōquō modō** ‚auf welche Weise auch immer' gebraucht.

quī-cumque, quae-cumque, quod-cumque ‚wer/welcher auch immer; jeder, der' (Relativpronomen mit Suffix -cumque; substantivisch und adjektivisch; es werden alle Formen gebildet).

Auch von anderen Relativpronomina und -adverbien können durch Anfügen von -cumque, z.T. auch durch Verdoppelung, verallgemeinernde Formen gebildet werden, z.B.:

quālis-, quālecumque	‚wie beschaffen auch immer'
quotcumque (neben **quotquot**)	‚wieviele auch immer'
ubicumque	‚wo auch immer'
quōcumque (neben **quōquō**)	‚wohin auch immer'

1.2 Verallgemeinernde Relativsätze stehen in der Regel im **Indikativ**. Im Konjunktiv stehen sie nur bei potentialer Auffassung, bei innerer Abhängigkeit oder infolge einer Modusangleichung. Im Deutschen wird meistens der Konjunktiv eingesetzt.

Quidquid id **est**, timeō Danaōs et dōna ferentēs.	Was immer das **sei/sein mag**, ich fürchte die Danaer, auch wenn sie Geschenke bringen.
Commūnitās servanda est ita, **ut**, quidquid sine dētrīmentō praebērī **possit**, id **tribuātur** vel īgnōtō.	Die Gemeinschaft muss so bewahrt werden, dass alles, was ohne Schaden gewährt werden **kann**, sogar einem Unbekannten gegeben wird.

2 Verschränkung eines Relativsatzes

Ein Relativsatz kann mit einer anderen syntaktischen Struktur (Gliedsatz, AcI/NcI, Partizip, Vergleich) in der Weise verbunden sein, dass das Relativum zugleich Teil dieser anderen Struktur ist: **Relativische Satzverschränkung, verschränkter Relativsatz**. Eine wörtliche Übernahme ins Deutsche ist nicht möglich; bei der Übersetzung muss die Verschränkung aufgelöst werden.

2.1 Verschränkung mit einem anderen Gliedsatz

Admīrāmur Alexandrum, **cuius** sī vīta longior fuisset, tōtum orbem subēgisset.

Wiedergabemöglichkeiten:

a) Man verfährt wie beim Relativischen Satzanschluss und übersetzt das Relativum durch das entsprechende Demonstrativum:

Wir bewundern Alexander; wenn **dessen** Leben länger gewesen wäre, hätte er die ganze Welt unterworfen.

b) man macht die Verschränkung rückgängig:

Wir bewundern Alexander, **der**, wenn **sein** Leben länger gewesen wäre, die ganze Welt unterworfen hätte.

c) bisweilen müssen freiere Wiedergaben gewählt werden:

Id sōlum bonum est, **quod quī habet**, beātus est.	Nur das ist ein Gut, **dessen Besitzer** glücklich ist.
Errāre mālō cum Platōne, **quem** tū quantī faciās, **sciō**, quam cum illīs vēra sentīre.	Ich will mich lieber mit Plato irren, **von dem ich weiß**, wie sehr du ihn schätzt, als mit jenen Recht haben.

2.2 Verschränkung mit einem AcI/NcI

Ferae, **in quibus** inesse fortitūdinem **dīcimus**, ...

Wiedergabemöglichkeiten:

a) provisorische Auflösung des Relativsatzes mit ‚von dem ... [regierendes Verb] ..., dass ...' [oder Entsprechendes]

Die wilden Tiere, **von denen wir sagen**, **dass in ihnen** Tapferkeit sei, ...

b) Wiedergabe des Verbs, das den AcI/NcI regiert, in Parenthese (‚wie ...') oder als Adverbiale (Adverb, Präpositionalgruppe); dabei wird der Relativsatz ohne Berücksichtigung der AcI/NcI-Konstruktion übersetzt.

..., **in denen**, **wie wir sagen**, **(nach unserer Aussage)** Tapferkeit ist (*freier:* denen wir Tapferkeit zusprechen)

Die gleichen Übersetzungsverfahren lassen sich auch anwenden, wenn im Lateinischen das Beziehungswort in den Relativsatz hineingezogen ist:
Quās cōpiās proximīs praebērī **aequius est**, eās trānsferunt ad aliēnōs.
(Quās cōpiās ..., eās ... = Eās cōpiās, quās ...)

a) Diejenigen Mittel, **bei denen es gerechter wäre**, **dass** sie den nächsten Angehörigen zugewendet werden, übertragen sie auf Fremde.
Die Mittel, die den nächsten Angehörigen **zuzuwenden gerechter wäre**, ...

b) Die Mittel, die man **gerechtererweise** (= eigentlich) ... zuwenden sollte, übertragen sie ...

26

2.3 Verschränkung mit einer Partizipialkonstruktion

Beispiel:

Simulātiō dēlet vēritātem, **quā sublātā** amīcitia esse non potest.

Wiedergabe:

a) mithilfe des Relativischen Satzanschlusses (wie 2.1a):
Heuchelei zerstört die Wahrhaftigkeit; **wenn diese aufgehoben (entfallen) ist**, kann Freundschaft nicht bestehen.

b) freier mit Übersetzung der Partizipialgruppe durch einen präpositionalen Ausdruck:
Heuchelei zerstört die Wahrhaftigkeit, **bei deren Wegfall** / **ohne die** Freundschaft nicht bestehen kann.

2.4 Verschränkung mit einem Vergleich

Wenn das Relativpronomen die verglichene Person oder Sache bezeichnet, steht es immer im Ablātīvus comparātiōnis (22 G 2.1b).

Sōcratēs, **quō** nēmō fuit sapientior

Wiedergabemöglichkeiten:

a) durch ‚im Vergleich zu ...‘:
Sokrates, **im Vergleich zu dem** keiner weiser war

b) (besser) durch freie superlativische Wendungen, besonders wenn der Relativsatz eine Verneinung (nōn, nihil) enthält:
Sokrates, der **weiseste Mensch** seiner Zeit

Ebenso:

līberālitās, **quā** nihil est nātūrae hominis accomodātius

a) die Freigebigkeit, **im Vergleich zu der** nichts der menschlichen Natur angemessener ist

b) die Freigebigkeit, **das** der menschlichen Natur **Angemessenste**, was es gibt

2.5 Hineinziehen des Beziehungswortes in den Relativsatz

a) Das Substantiv, auf das sich das Relativpronomen bezieht, kann in den Relativsatz hineingezogen werden, besonders, wenn der Relativsatz dem übergeordneten Satz vorangeht. Bei der Übersetzung ins Deutsche muss diese Umstellung rückgängig gemacht werden:

Vīxī, et **quem** dederat **cursum** fortūna, perēgī.	Ich habe gelebt und habe **die Laufbahn**, **die** mir das Schicksal gegeben hatte, vollendet.
Quam quisque nōverit **artem**, in hāc sē exerceat.	Jeder soll sich **in der Kunst** üben, **die** er versteht.

b) Das Beziehungswort eines Relativpronomens kann zur Verdeutlichung im Relativsatz wiederholt werden; bei der Übersetzung entfällt diese Wiederholung:

Erant omnīnō **itinera** duo, **quibus itineribus** domō exīre possent.	Es gab im Ganzen zwei **Wege**, **auf denen** sie aus ihrer Heimat auswandern konnten.

3 quod-Sätze (Fortsetzung)

3.1 Mit **faktischem quod** eingeleitete Gliedsätze enthalten eine Tatsache, die Grundlage einer Beurteilung oder Reaktion ist. Gewöhnlich sind sie Subjekt- oder Objektsätze; im Deutschen steht ein mit **‚dass'** eingeleiteter Gliedsatz.

Male facis, **quod** eum accūsās.	Du handelst schlecht (tust übel daran), **dass** du ihn anklagst.

Quod-Sätze können auch einen Begriff erläutern, der im übergeordneten Satz durch ein Pronomen dargestellt ist:

In eō peccant, **quod** ...	Sie begehen **darin** einen Fehler, **dass** ...

Zuweilen geht ein mit quod eingeleiteter Gliedsatz dem Hauptsatz voraus. Im Deutschen wird ein solcher Gliedsatz eingeleitet mit **‚was (die Tatsache) anbetrifft, dass'** oder **‚wenn'** (inhaltlich nicht als Bedingung aufgefaßt!):

Quod multī cupiditāte glōriae beneficī vidērī volunt, tālis simulātiō vānitātī propior est quam honestātī.	**Was das anbetrifft, dass/Wenn** viele aus Ruhmsucht als Wohltäter erscheinen wollen, so ist ein solches heuchlerisches Verhalten eitler Prahlerei näher als der Anständigkeit.

3.3 **quod sī** (auch **quodsī**) ‚wenn nun, wenn also, wenn aber, und wenn' (verneint: quod nisi) dient der argumentativen Verknüpfung von Satzperioden.

Grātiam referre dēbēmus; **quod sī** nōn dubitāmus officia cōnferre ...	Wir müssen Dank abstatten; **wenn** wir **also** nicht zögern, Dienste zu erweisen ...

▷ Bei Beginn einer Satzperiode mit quod sī ist zu prüfen, ob es sich nicht um einen Relativischen Satzanschluss mit quod handelt.

4 dum mit Konjunktiv

Der Konjunktiv in einem mit dum eingeleiteten Satz bezeichnet eine **subjektive Erwartung**:

4.1 eine Absicht oder Erwartung (finaler Nebensinn) im Temporalsatz: **dum** mit Konj. **‚bis'** (= ‚damit inzwischen'); Zeitenfolge wie beim Finalsatz.

Requiēvimus, **dum** sē calor frangeret.	Wir ruhten uns aus, **bis** die Hitze nachließ (wörtl.: sich brach).
Exspectō, **dum** veniās.	Ich warte, **bis** du kommst.

4.2 einen einschränkenden Wunsch: **dum** mit Konj. (Präsens oder Imperfekt) **‚wenn nur, wofern nur'** (verstärkt: dummodo; verkürzt: modo).

Oderint, **dum** metuant!	Sie mögen mich hassen, **wenn** sie mich **nur** fürchten!
Beneficium reddere dēbet, **dum** **(modo)** id facere possit sine iniūriā.	Er muss eine Wohltat erwidern, **wofern** er es (nur) ohne Unrecht tun kann.

5 Konstruktion und Wortbedeutung

Die Bedeutungsbereiche der Wörter sind zwischen verschiedenen Sprachen nicht gleich. Mit welchem deutschen Wort ein lateinisches Wort wiederzugeben ist, hängt – außer von der Situation, die ein Text darstellt oder in der er geäußert wird (situativer Kontext) – u.a. von der mit dem Wort verbundenen Konstruktion oder einer idiomatischen Wortverbindung ab.
Bei der Benutzung von Lexika ist auf entsprechende Angaben zu achten.

5.1 Bedeutungsveränderung bei verschiedener Kasusrektion

cavēre	mit Akk./ab+Abl.	sich vor jem./etw. hüten
	mit Dativ	für jem./etw. sorgen
cōnsulere	mit Akk.	um Rat fragen, konsultieren
	mit Dat.	für jem./etw. sorgen
prōvidēre	mit Akk.	voraussehen
	mit Dat.	für etw. Vorsorge treffen
timēre, metuere	mit Akk.	jem./etw. fürchten
	mit Dat.	um jem./etw. fürchten, besorgt sein
temperāre	mit Akk.	leiten, ordnen
	mit Dat.	mäßigen, schonen
	mit ab + Abl.	sich von etw. fernhalten
dēficere	mit Akk.	jeman**dem** ausgehen, schwinden, mangeln
	mit ab + Abl.	von jem. abfallen
dēficere animō		den Mut verlieren
adesse		da sein, anwesend sein
	mit Dat. (Sache)	an etw. teilnehmen
	mit Dat. (Person)	jemandem beistehen, helfen
interesse		dazwischen sein, dazwischen liegen
	mit Dat.	dabeisein, an etw. teilnehmen
interest	(mit inter + Akk.)	es besteht ein Unterschied (zwischen ...)
interest	mit Gen. (Person)[1]	es ist in jemandes ‚Interesse', es liegt jemandem daran

5.2 Bedeutungsveränderung bei verschiedener Konstruktion

cēnsēre	mit AcI	der Ansicht sein, meinen
	mit ut/nē + Konj.	dafür stimmen, beantragen
concēdere	mit AcI	zugestehen, zugeben, einräumen
	mit ut + Konj.	erlauben, gestatten
monēre	mit AcI	erinnern
	mit ut/nē + Konj.	mahnen, warnen
persuadēre	mit AcI	(jemanden) überzeugen
(alicui)	mit ut/nē + Konj.	(jemanden) überreden

1) Statt des Personalpronomens der 1., 2. und reflexiven 3. Person steht der **Abl. Sg.** *f* des **Possessiv**pronomens: meā, tuā, suā, nostrā, vestrā interest ‚es ist in meinem, deinem, seinem/ihrem (refl.), unserem, eurem Interesse'

vidēre	mit AcI	sehen/einsehen, dass
	mit AcP	sehen, wie (oder Infinitiv)
	mit ut + Konj.	sehen, wie (Indirekte Frage)
	mit ut/nē + Konj. (abh. Wunschsatz)	darauf achten, dafür sorgen, dass/dass nicht
timēre, verērī	mit Infinitiv	sich scheuen
	mit nē + Konj.	(be)fürchten, dass
	mit nē nōn / ut + Konj.	(be)fürchten, dass nicht
cavēre	mit ut + Konj.	dafür sorgen, dass
	mit nē + Konj.	dafür sorgen, **dass nicht** sich hüten, **dass** (oder Inf.)
dubitāre	mit dē + Abl.	an etw. zweifeln
	mit Ind. Fragesatz	zweifeln
nōn dubitāre	mit quīn + Konj.	nicht zweifeln, dass
dubitāre	mit Infinitiv	Bedenken haben, zögern
dūcere		führen
	mit Akk. + Prädikativum	für ... halten
	mit AcI	glauben, dass

5.3 Sonstiges

et	als Bindewort zwischen zwei Gliedern	und
et – et		sowohl – als auch
et	als steigernde Partikel bei einem Glied	auch, sogar
vel	als Bindewort zwischen zwei Gliedern	oder
vel – vel		entweder – oder
vel	als steigernde Partikel bei einem Glied	sogar, selbst

5.4 **Idiomatische Wendungen** müssen eigens gelernt werden, z.B.:

grātiam habēre	dankbar sein (in der Gesinnung)
grātiās agere	Dank sagen (mit Worten)
grātiam referre	Dank abstatten (durch die Tat)
castra pōnere	ein Lager errichten
castra movēre	(das Lager abbrechen:) aufbrechen, abziehen
animō dēficere	den Mut verlieren

LEKTION 27

1 Besonderheiten der Deklination

1.1 Neutra der o-Deklination auf -us

vīrus,-ī ‚Gift‘ (vgl. ‚das Virus‘); vulgus,-ī ‚Volksmenge, Volk‘

1.2 Verschiedene Pluralformen

locus,-ī *m* ‚Ort, Platz, Stelle‘:
locī,-ōrum *m* ‚Stellen‘ (in der Literatur)
loca,-ōrum *n* ‚Orte, Plätze (im Gelände), Gegend‘

1.3 Nebenformen

deus,-ī ‚Gott‘: Nom. Pl. deī > diī > dī; Dat./Abl. Pl. deīs > diīs > dīs;
Gen. Pl. deum = deōrum
Ebenso bei nummus ‚Münze‘: numm**um**; sēstertius ‚Sesterz‘: sēsterti**um**; dēnārius ‚Denar‘: dēnāri**um**

dīs deābusque ‚Göttern und Göttinnen‘
cum fīliīs et fīliābus ‚mit Söhnen und Töchtern‘

pater/māter familiās = pater/māter familiae

2 Besonderheiten der Konjugation

2.1 Nebenformen

-re = -ris (2.Sg. Passiv)[1]: laudābā**re** = laudābā**ris**
-ēre = -ērunt (3.Pl.Ind.Perf.Akt.): laudāv**ēre** = laudāv**ērunt**[2]

2.2 Kontraktion im v-Perfekt

Das Perfektzeichen -v- kann zwischen Vokalen ausfallen; der auslautende Stammvokal und der Endungsanlaut -i- oder -e- mehrsilbiger Endungen werden kontrahiert:

laudāvisse > laudāsse; laudāvistī/-vistis > laudāstī/-āstis;
laudāvissem usw. > laudāssem usw.; laudāvērunt > laudārunt;
laudāveram usw. > laudāram usw.
cōnsuēvisse > cōnsuēsse; cōnsuēvissem usw. > cōnsuēssem usw.;
cōnsuēveram usw. > cōnsuēram
audīvisse > audīsse; audīvistī/-vistis > audīstī/-īstis;
aber -e- bleibt nach -i- unkontrahiert:
audīvērunt > audiērunt; audī-veram usw. > audieram usw.[3]

---

1) Vgl. den Imperativ Sg. der Deponentien: hortāre! ‚ermahne!‘. – Zur Vermeidung von Formgleichheit mit dem Infinitiv Präs.Akt. wird -re im Indikativ Präsens nicht verwendet.
2) Altes Weihnachtslied: Quem pāstōrēs laudāvēre (‚Den die Hirten lobten‘), nach den Anfangssilben „Quempas“ genannt, davon „Quempas-Singen“ = Weihnachtssingen
3) -ī- > -i- vor Vokal gekürzt. – Die Formen des französischen Passé simple und des Subjonctif de l'Imparfait gehen auf solche Kontraktionen zurück: j'aimai, nous aimâmes, vous aimâtes, ils aimèrent < amāvī, amāvimus, amāvistis, amāvērunt; que j'aimasse, qu'ils aimassent < amāvissem, amāvissent.

2.3 Sonstiges

fore: unveränderlicher Infinitiv Futur von *esse* = futūrum,-am,-um/-ōs,-ās,-a esse.

-**u**-nd- statt -e-nd- in den -nd-Formen (Gerundium, Gerundīvum) der Konsonantischen, Gemischten und i-Konjugation: scrībundus, faciundus, audiundus.

-ier statt -ī als Endung des Inf.Präs.Pass. (sehr selten): laudārier = laudārī.

3 Verben mit besonderer Kasusrektion

3.1 mit Akkusativ

(ad-)aequāre	gleichkommen, einholen, erreichen
(ad-)iuvāre	unterstützen, helfen
Persönliches Passiv: adiuvor	ich werde unterstützt, mir wird geholfen
cavēre	sich hüten vor jem./etw.
fugere	fliehen (vor), meiden
effugere	entfliehen, entkommen
dēficere	schwinden, mangeln, ausgehen[4]
sequī	folgen[5]
ulcīscī aliquem	Rache nehmen: a) an jem. b) für jem.
aliquid	Rache nehmen für etw.[6]
Unpersönliche Verben:	
fugit mē, fallit mē, praeterit mē	es entgeht mir
iuvat mē	es freut mich
decet mē	es ziemt sich für mich
dēdecet mē	es ziemt sich für mich nicht

3.2 mit Dativ

persuādēre	überreden *(mit* ut/nē *und Konj.)* überzeugen *(mit AcI)*
Unpersönliches Passiv:	
Mihi persuādētur.	Ich werde überredet/überzeugt.
Mihi persuāsum est.	Ich bin überzeugt.
studēre	sich eifrig um etw. bemühen, etw. eifrig betreiben
aber: **Id** studeō.	Ich bemühe mich **um das/darum**.
favēre	günstig gesonnen sein, begünstigen, fördern
invidēre	beneiden
Pass.: Mihi invidētur.	Ich werde beneidet.
parcere, temperāre	schonen, sparen
Pass.: Hostibus parcitur.	Die Feinde werden geschont.
medērī	heilen
nūbere (virō)	(einen Mann) heiraten
Komposita von esse (*außer* abesse)	

4) dēficere ab aliquō ‚von jem. abfallen, abtrünnig werden', animō dēficere ‚den Mut verlieren'
5) Ebenso die Komposita von sequī, außer obsequī (m. Dativ) ‚gehorchen'
6) Kombination beider Akkusative (Rache nehmen an jem. für ...) ist nicht möglich.

3.3 mit Ablativ

a) in der Funktion eines Objekts

ūtī/abūtī	gebrauchen, benutzen/missbrauchen
fruī	genießen
fungī	(ein Amt) verwalten, ausüben
potīrī	sich bemächtigen[7]
Mihi opus est **aliquā rē**.	*Ich* benötige **etwas**.
aber: **Id** *mihi* opus est.	**Dies** benötige *ich*.

b) als Instrumentalis

afficere aliquem aliquā rē	jem. **mit etw.** versehen
und andere Ausdrücke des Ausstattens	
assuēfacere	jem. **an etw.** gewöhnen
assuēscere, assuēfierī	sich **an etw.** gewöhnen
cōnfīsus,-a,-um[8] / frētus,-a,-um	im Vertrauen auf
ebenso: (in-)dīgnus,-a,-um	(un-)würdig (einer Sache)

3.4 mit Genitiv

Bei Verben der Gerichtsverhandlung steht der Anklagegrund im Genitiv:

accūsāre, arguere, īnsimulāre	anklagen, beschuldigen
arcessere	vor Gericht fordern, belangen
convincere, coarguere	überführen
damnāre, condemnāre	verurteilen
ebenso: capitis damnāre	zum Tod verurteilen[9]

Ein Genitiv kann auch stehen bei

meminisse	sich erinnern *(auch m. Akk.)*
oblīvīscī	vergessen *(auch m. Akk.)*

Bei Partizipien Präsens Aktiv transitiver Verben steht der Genitiv (Gen. obiectīvus), wenn sie eine dauernde Eigenschaft bezeichnen:

amāns patriae	vaterlandsliebend, patriotisch
fugiēns labōris	arbeitsscheu

3.5 mit Akkusativ und Genitiv

Unpersönliche Ausdrücke der Empfindung:
Die **Person**, die etwas empfindet, steht im **Akkusativ**,
der **Gegenstand** der Empfindung (Person oder Sache) im **Genitiv**;
wenn es sich aber um ein **Pronomen im Neutrum** handelt, steht der **Nominativ**.

piget	sich ärgern
pudet	sich schämen (wegen *oder* vor)
paenitet	bereuen
taedet	sich ekeln
miseret	Mitleid haben
Miseret mē tuī.	Ich habe Mitleid mit dir.
aber: **Hoc** mē paenitet.	**Das** tut mir leid.

7) aber: rērum potīrī ‚sich der Herrschaft bemächtigen‘
8) cōnfīdere ‚vertrauen‘ meist mit Dativ, seltener mit Ablativ.
9) Sonst steht die Strafe im Ablativ (īnstrūmentālis): morte multāre ‚mit dem Tode bestrafen‘.

4 **Präpositionen** (Zusammenfassung)

Die meisten Präpositionen waren **ursprünglich Adverbien**; einige werden auch weiterhin so gebraucht. In Verbalkomposita bilden sie das Vorderglied (Präverb; esse: ad-esse), wobei ihr Auslautkonsonant an den Anlaut des Grundverbums angeglichen werden kann (facere: af-ficere).

Präpositionen werden **mit einem Nomen** in einem bestimmten Kasus verbunden; zusammen mit diesem bilden sie ein **adverbiales Satzglied**.

4.1 mit Akkusativ

ante	vor *(örtlich und zeitlich)*	adversus (adversum)	gegenüber, gegen
post	hinter, nach	contrā	gegenüber, gegen *(feindlich)*
ad	zu, an *(Frage: wohin?)*, bis zu; an, bei *(Frage: wo?)*	ergā	gegen *(freundlich)*
apud	bei	inter	zwischen, unter; während
prope	nahe bei	super	über ... hin, oberhalb, auf[11]
iūxtā	nahe bei, neben	intrā	innerhalb
propter	nahe bei; wegen	extrā	außerhalb
ob	wegen[10]	īnfrā	unterhalb
per	durch – hindurch; durch (Vermittlung), mithilfe von; wegen	suprā	oberhalb; über ... hinaus
praeter	an ... vorbei; außer; wider	citrā/cis	diesseits
secundum	entlang, gemäß	ultrā	jenseits; über ... hinaus
circum	um (... herum)	trāns	über (... hinüber), jenseits
		penes	bei (= in der Gewalt von)

4.2 mit Ablativ

ā/ab	von ... weg, von ... an; von *(handelnde Person beim Passiv)*	cum	(zusammen) mit
dē	von ... herab; von = über (betreffs)	sine	ohne
ē/ex	aus, von ... aus; seit; infolge	prō	vor (zum Schutz), für, anstatt, im Verhältnis zu
		prae	vor (... her); vor (= infolge)
		cōram	vor (= in Gegenwart von)[12]

4.3 mit Akkusativ oder Ablativ

in *mit Akk.*	in, an, auf, zu, nach, gegen *(Frage: wohin?)*	sub *mit Akk.*	unter *(Frage: wohin?)*; gegen *(zeitlich)*
mit Abl.	in, an, auf *(Frage: wo?)*	*mit Abl.*	unter *(Frage: wo?)*

10) Grundbedeutung (örtlich) ‚entgegen', vor allem in Verbalkomposita: ob-esse ‚entgegenstehen, schaden'; ob-īre ‚entgegengehen'
11) Selten mit Ablativ: ‚über, betreffs'
12) cōram pūblicō ‚vor der Öffentlichkeit'

27

4.4 mit Genitiv (nachgestellt)[13]

causā	wegen
grātiā	um ... willen, wegen

5 antequam, priusquam

Mit den Subjunktionen antequam und priusquam ‚bevor' werden adverbiale **Gliedsätze der Zeit (Temporalsätze)** eingeleitet. Sie stehen

a) im **Indikativ**, wenn sie rein zeitliche Bedeutung haben:

Caesar priusquam proelium commīsit, mīlitēs adhortātus est.	Bevor Caesar den Kampf begann, feuerte er seine Soldaten an.

b) im **Konjunktiv**, wenn die Nichtwirklichkeit des Gliedsatzinhalts hervorgehoben werden soll (‚bevor überhaupt'):

Germānī, priusquam Menapiī dē adventū eōrum certiōrēs fierent, Rhēnum transiērunt.	Die Germanen überschritten den Rhein, bevor die Menapier überhaupt von ihrer Ankunft informiert werden konnten.

c) im **Konjunktiv** bei finalem Nebensinn und bei innerer Abhängigkeit:

Caesar equitātum mīsit ad hostes persequendōs, priusquam illī sē ex terrōre reficerent.	Caesar schickte die Reiterei, um die Feinde zu verfolgen, bevor sie sich vom Schrecken erholen könnten (= damit sie sich erst gar nicht erholen könnten).
Dionȳsius alterī amīcō permīsit, ut, antequam suppliciō afficerētur, paucōs diēs ad suōs īret.	Dionysius erlaubte dem einen der beiden Freunde, bevor er hingerichtet werde, wenige Tage zu seinen Angehörigen zu gehen.

6 nōn quō, nōn quod, nōn quia, nōn quīn

Adverbialsätze, die einen angenommenen, aber **nicht zutreffenden Grund** bezeichnen, stehen im **Konjunktiv** und werden eingeleitet mit

nōn quō, nōn quod, nōn quia	‚nicht weil, nicht als ob'
nōn quō nōn, nōn quod nōn, nōn quia nōn, nōn quīn	‚nicht als ob nicht'

Pugilēs ingemēscunt, nōn quod doleant, sed quia prōfundendā vōce corpus intenditur.	Faustkämpfer stöhnen, nicht etwa weil sie Schmerzen hätten, sondern weil durch das Ausstoßen der Stimme der Körper gespannt wird.

Der angenommene und zurückgewiesene Grund kann auch in einen Vergleichssatz einbezogen sein:

... magis ut, quae bellō cēperint, quībus vēndant, habeant, **quam quō** ūllam rem ad sē importārī dēsīderent.	... mehr damit sie Käufer für ihre Kriegsbeute haben, **als etwa weil** sie wünschten, dass irgendeine Ware zu ihnen importiert werde.

13) Es handelt sich um die Ablative Sg. von causa ‚Grund', und grātia ‚Gunst, Gefallen'.

7 sī nach Verben des Erwartens und Versuchens

Nach Verben des Erwartens und Versuchens steht im Lateinischen **sī mit Konjunktiv** im Sinne des deutschen **‚ob'**.[14]

Hostēs expectābant, sī nostrī palūdem trānsīrent.	Die Feinde warteten ab, ob unsere Soldaten den Sumpf überschreiten würden.
Germānī cōnātī sunt, sī Rhēnum trānsīre possent.	Die Germanen versuchten, ob sie den Rhein überschreiten könnten.

Die Erwartung oder der Versuch muss nicht durch ein eigenes Verb ausgedrückt werden, sondern kann in der Situation enthalten sein:

Caesar equitātum praemīsit, sī quid celeritāte prōficere posset.	Caesar schickte die Reiterei voraus (in der Erwartung, dass =) ob er etwas durch Schnelligkeit erreichen könne.

8 Abgeleitete Verben

Durch Wortbildungselemente können von vorhandenen Wörtern neue Wörter abgeleitet werden. Nach der Einfügungsstelle dieser Elemente (Derivationsmorpheme) am Stamm des Grundwortes unterscheidet man:

Suffixe: Sie werden an den Stamm des Grundwortes angehängt, z.B. Suffixe zur Ableitung von Nomina: im Deutschen -heit, -keit, -ung; -bar, -lich; lateinische Suffixe: z.B. -ōsus, -tor, -tūdō, -bilis, -ātus.

Präfixe: an das Grundwort vorn angefügt, z.B. zur Ableitung von Verbalkomposita; im Deutschen ge-, be-, ver-; lateinische Präverbien: z.B. dis-, per-, sē-.

Infixe: in den Stamm des Grundwortes eingefügt; im Lateinischen der Nasal -m- oder -n-, z. B.: ru**m**p-ere, Perf. rup-ī, vi**n**c-ere, Perf. vīc-ī.

Ebenso wie bei den Nomina ist auch bei den Verben eine konsequente Systematisierung nach Suffixableitungen nicht immer möglich; doch ist auch hier die Kenntnis gebräuchlicher Ableitungen für die Erarbeitung des Wortschatzes und den Umgang mit dem Lexikon hilfreich.

8.1 **-āre, -īre:** von Nomina abgeleitete Verben (**Dēnōminātīva**)

a) von Substantiven:

cūrāre ‚besorgen' (cūra ‚Sorge'), cēnāre ‚speisen' (cēna ‚Mahlzeit'), nūntiāre ‚melden' (nūntius ‚Bote'), rēgnāre ‚(als König) herrschen' (rēgnum ‚Königsherrschaft'), bellāre ‚Krieg führen' (bellum ‚Krieg'), nōmināre ‚nennen' (nōmen, nōmin-is ‚Name'), laudāre ‚loben' (laus, laud-is ‚Lob'); fīnīre ‚beenden, begrenzen' (fīnis ‚Ende, Grenze'), mūnīre ‚befestigen' (moenia ‚Stadtmauern'); -īre ‚sich als ... verhalten': servīre ‚Sklave sein, dienen' (servus ‚Sklave').

14) Der naheliegende und im Latein schon früh belegte Übergang vom Konditionalsatz zum indirekten Fragesatz hat, verstärkt durch griechischen Einfluss, dazu geführt, dass in den romanischen Sprachen ‚si' die einzige Subjunktion zur Einleitung indirekter Satzfragen wurde (vgl. auch die entsprechende Verwendung von „if" im Englischen).

b) von Adjektiven:[15)]

-āre, -īre = ‚zu etw. machen': sānāre ‚heilen' (sānus ‚heil, gesund'), firmāre ‚festigen, sichern' (firmus ‚fest, sicher'), līberāre ‚befreien' (līber ‚frei'), levāre ‚erleichtern' (levis ‚leicht'); mollīre ‚weich machen, besänftigen' (mollis ‚weich, sanft').

-īre ‚sich ... verhalten' (s.o.): saevīre ‚wüten' (saevus ‚wütend, wild').

8.2 **-tāre/-sāre, -itāre:** von Verben abgeleitete Verben (Dēverbātīva) zur Bezeichnung wiederholter oder energisch durchgeführter Handlungen (**Iterātīva, Intēnsīva**)[16)]

a) vom PPP/Supinstamm:

habitāre ‚wohnen' (habēre domicilium ‚eine Wohnung haben'; habēre/habitum); captāre ‚nach etw. schnappen' (capere/captum ‚fassen, fangen'); dictāre ‚wiederholt sagen, diktieren' (dīcere/dictum ‚sagen'); ventitāre ‚häufig kommen' (venīre/ventum ‚kommen').

b) vom Präsensstamm:

agitāre ‚beunruhigen, hetzen' (agere ‚treiben'); vīsitāre ‚besuchen' (vīsere ‚betrachten, besuchen'); dictitāre ‚immer wieder sagen' (dictāre, s.o.!).

Solche Verben waren besonders in der Volkssprache wegen ihrer kräftigeren Bedeutung beliebt; im späteren Latein drangen sie – unter Bedeutungsabschwächung – weiter vor und ersetzten in den heutigen romanischen Sprachen und im Englischen viele lateinische unregelmäßige Verben; im Englischen entsprechen deshalb viele Verben der lateinischen PPP/Supinstammform.

8.3 **-scere:** Verben (häufig Komposita) zur Bezeichnung des Eintretens in einen Zustand (‚... werden') oder des Beginns einer Tätigkeit (**Incohātīva**)[17)]

ex-ardēscere ‚in Brand geraten' (ardēre ‚brennen'), ad-olēscere ‚erwachsen werden', as-, cōn-suēscere ‚sich gewöhnen', co-gnō-scere ‚kennenlernen, erkennen'; crēscere ‚wachsen', poscere ‚fordern', discere ‚lernen';
Deponentien: nāscī ‚entstehen, geboren werden', īrāscī ‚zürnen', pro-ficīscī ‚aufbrechen', nancīscī ‚erlangen, finden', ad-ipīscī ‚erreichen', re-minīscī ‚sich erinnern', ob-līvīscī ‚vergessen'.

8.4 -essere: Verben, die ein Begehren ausdrücken

capessere ‚ergreifen' (zu capere ‚nehmen'), lacessere ‚herausfordern, reizen' (‚verlocken wollen'), arcessere ‚herbeiholen'.

---

15) Umgekehrtes Verhältnis: Adjektive auf -idus neben Zustandsverben auf -ēre (timidus: timēre)

16) Es handelt sich eigentlich um ein Suffix -āre, das an den PPP/Supinstamm angehängt wird: -t-āre (bzw. -s-āre). Durch falsche Abtrennung (Fugenverschiebung) wird dann -tāre als Suffix empfunden; -itāre entstand durch erneute Fugenverschiebung bei Wörtern wie habit-āre (Supinstamm) > hab itāre (Präsensstamm)

17) Von incohāre ‚anfangen, beginnen'; Ausgangspunkt der Gruppe sind wohl ererbte Wörter wie cognōscere ‚kennenlernen, erkennen' (zu gnō- ‚kennen, wissen'; vgl. nōvī, nōtus).

9 **Wortfamilien/Etymologische Gruppen** 27

Wörter, die durch Ableitung zum gleichen Grundwort gehören (etymologische Verwandtschaft), bilden eine sog. Wortfamilie (Wortsippe).

Wortfamilie *equus:*
equus ‚Pferd'; eques ‚Reiter, Ritter'; equitātus ‚Reiterei'; equester, equestris ‚zum Reiter gehörig, Reiter-/Ritter-...'; equitāre ‚reiten'

Wortfamilie *facere:*
facere ‚tun, machen'; factum ‚Tat, Handlung, Ereignis'; profectō ‚in der Tat'; factiō ‚politische Betätigung, Partei'; facinus ‚(Un-)Tat, Verbrechen'; facilis ‚leicht (zu tun)'; facultās ‚Möglichkeit, Fähigkeit'; difficilis ‚schwierig'; difficultās ‚Schwierigkeit'; faciēs ‚Gestalt, Aussehen, Gesicht'; beneficium ‚Wohltat, Vergünstigung, Auszeichnung'; af-ficere (‚dran-tun') ‚mit etw. versehen'; *dazu Ableitungen wie* affectus, affectiō; prō-ficere ‚Fortschritte machen, nützlich sein'; prōfectus ‚Fortschritt, Erfolg'; pro-ficīscī ‚aufbrechen, (ab-)reisen, aus etw. hervorgehen'; profectiō ‚Aufbruch, Abreise'

An der – unvollständigen – Aufzählung der Wortfamilie *facere* lässt sich bereits erkennen, wie die Wörter sich durch Bedeutungsübertragung oder Spezialisierung weiterentwickeln und sich schließlich von der Bedeutung des Grundwortes so entfernen können, dass der Zusammenhang nicht mehr erkennbar ist (z.B. faciēs ‚Gesicht'). Trotzdem ist die Kenntnis der etymologischen Verwandtschaft, auf die in den Lexika oft hingewiesen wird, nützlich für die Beurteilung der Bedeutungsangaben.

Auch beim Erlernen und Wiederholen der Vokabeln sind die Wortfamilien hilfreich, da sich die Vokabeln gegenseitig stützen und erklären und die Ableitungsmethoden sichtbar werden; so lassen sich auch zunächst unbekannte Wörter leichter einordnen.

LEKTION 28

28

1 **Imperativ Futur (Imperativ II)**

Im Gegensatz zum Imperativ Präsens (Imperativ I), der stets an die 2. Person gerichtet ist und meist einen auf die Gegenwart bezogenen Befehl enthält, bezeichnet der seltenere Imperativ II einen in Zukunft auszuführenden Befehl (Imperativ Futur); er ist an die 2. oder 3. Person gerichtet und steht vor allem in allgemeinen Vorschriften und in Gesetzestexten. Deutsche Wiedergabe mit dem Hilfsverb ‚sollen'.

Personalendungen:	2. u. 3. Sg.	-tō	laudā- tō!	Du sollst/Er (sie) soll loben!
	2. Pl.	-tōte	laudā-tōte!	Ihr sollt loben!
	3. Pl.	-ntō	lauda-ntō!	Sie sollen loben!

28

Bei einigen Verben wird der Imperativ II anstelle des nicht vorhandenen oder seltenen Imperativ I verwendet:

meminisse:	mementō!	mementōte!	Gedenke! Gedenket!
scīre:	scītō!	scītōte!	Wisse! Wisset!
esse:	estō!	estōte![1]	Du sollst sein! Ihr sollt sein!
		suntō!	Sie sollen sein!

In Gesetzestexten kann der Imperativ II mit nē verneint werden:

Prīvilēgia nē suntō! — Es soll keine Ausnahmegesetze geben!

2 Skizzierender Infinitiv (Infīnītīvus adumbrātīvus oder historicus)

Bei lebhafter Beschreibung von Vorgängen oder Zuständen in der Vergangenheit kann das Prädikatsverb statt in einer finiten Form im Infinitiv Präsens stehen; durch den Verzicht auf die Personalform (meist 3. Person) wird die Aufmerksamkeit auf den Vorgang gelenkt. Skizzierende[2] Infinitive stehen häufig ohne Konjunktion in Reihen, die durch eine finite Verbform (Imperfekt, Perfekt) eingeleitet oder abgeschlossen werden.

In der deutschen Übersetzung werden die lateinischen skizzierenden Infinitive durch eine finite Vergangenheitsform (Präteritum) wiedergegeben.

Repente omnēs timor invāsit: festīnāre, trepidāre, neque locō neque hominī cuiquam satis crēdere, neque bellum gerere neque pācem habēre, suō quisque metū perīcula mētīrī.

Plötzlich überkam alle Angst: sie liefen hastig und ängstlich umher, hatten weder zu einem Ort noch zu einem Menschen genügend Vertrauen, führten weder Krieg noch hatten sie Frieden, jeder beurteilte die Gefahren nach seiner eigenen Furcht.

3 Konditionale Vergleichssätze

Nebensätze, die einen nur angenommenen Vergleich enthalten, werden mit **quasi, tamquam sī, velut sī, ac sī ‚wie wenn, als ob‘** eingeleitet und stehen im **Konjunktiv**. Während im Lateinischen in der Regel die übliche Zeitenfolge eingehalten wird, steht im Deutschen meist der irreale Konjunktiv.

Quī aliīs nocent, ut in aliōs līberālēs sint, in eādem iniūstitiā sunt, **ut sī** in suam rem aliēna **convertant**. *(Zeitenfolge: Gleichzeitigkeit nach Haupttempus)*

Diejenigen, die den einen schaden, um gegen andere freigebig zu sein, begehen die gleiche Ungerechtigkeit, **wie wenn** sie fremdes Gut ihrem eigenen Vermögen **einverleiben würden**.

Doch kann auch im Lateinischen der Irrealis stehen.

1) Schiller, Wallensteins Lager (Kapuzinerpredigt): „Contentī estōte! Begnügt euch mit eurem Kommissbrote!“
2) adumbrāre ‚im Umriss zeichnen, skizzieren‘

4 Wortfelder und Sachgruppen; Synonyma

Neben der Gliederung des Wortschatzes nach Wortfamilien, d.h. nach Wörtern, die direkt oder indirekt von einem Grundwort abgeleitet sind, gibt es eine Gliederung nach Wortfeldern und Sachgruppen. Sie lässt erkennen, wie eine Sprachgemeinschaft die Sachverhalte ihrer materiellen und geistigen Welt zu ordnen versucht, sie zeigt ihr Weltbild.

4.1 Wortfelder

Wörter **gleicher Wortart, die ein Sachgebiet abdecken**, bilden ein Wortfeld, z.B. die Farbadjektive, die Substantive zur Bezeichnung der Körperteile, die Zeitadverbien, die Verben der Bewegung. Die Wörter eines Wortfeldes begrenzen und erklären sich gegenseitig.

Manche Wörter eines Wortfeldes sind einander in der Bedeutung ähnlich, zuweilen fast gleich: dt. Kopf/Haupt, fröhlich/lustig (**Synonyma**). Andere stehen zueinander in einem Bedeutungsgegensatz: kalt/heiß, fröhlich/traurig (Opposition, **Antonymie**), oder sie bilden zueinander gegensätzliche Wortfelder, z.B. ‚Freude/Trauer'.

Durch Bedeutungsübertragung (**Metapher**) können Wörter in andere Wortfelder übergehen, zum Teil wird die ursprüngliche Übertragung nicht mehr empfunden: ‚Schloss' 1. Vorrichtung zum Verschließen; 2. Gebäude als Wohnsitz eines Adligen, ursprünglich aber Sperrbefestigung.

4.2 Sachgruppen

Wortfelder **verschiedener Wortarten, aber des gleichen Sachgebiets** bilden eine Sachgruppe, z.B. ‚Freude/Trauer', ‚Angst und Furcht', ‚Kampf und Krieg'. Einzelne Sachgruppen können zu größeren Sachgruppen zusammengefasst werden, z.B. ‚Freude/Trauer', ‚Angst und Furcht' und andere zur Sachgruppe ‚Empfindungen'.

Innerhalb der Sachgruppen spielen auch die Wortfamilien eine Rolle: sie verbinden die verschiedenen Wortarten der Wortfelder miteinander (tun, Tat, Täter). Jedoch wird diese Verbindung nicht nur durch Wortfamilien hergestellt; z.B. sind lat. morī, mors, mortuus, frz. *mourir, la mort, mort,* engl. *to die, death, dead* Wortfamilien, nicht jedoch deutsch *sterben, Tod, tot,* da *sterben* nicht von *Tod/tot* abgeleitet ist.

4.3 Ein Wortfeld im weiteren Sinn bilden auch die Wörter, die sich mit einem bestimmten Wort sinnvoll verbinden lassen (syntaktisches Wortfeld; z.B. *lesen:* mögliches Objekt *Buch*; nicht möglich *Auto*).

Die Erarbeitung des Wortschatzes einer Sprache nach Wortfeldern und Sachgruppen ist wichtig für die aktive Sprachbeherrschung. Aber auch für die Erschließung eines fremdsprachlichen Textes und die Übersetzung ist deren Kenntnis nützlich, da das Auftreten mehrerer Wörter gleicher Sachgruppen oder Felder auf den Inhalt des Textes hinweist und die Auswahl unter den lexikalischen Wortbedeutungen erleichtert. In den Lexika wird häufig auf Synonyme oder Antonyme, auf übertragenen (metaphorischen) oder speziellen Gebrauch und auf das syntaktische Wortfeld hingewiesen.

28 **4.4 Synonyma**

Synonyma sind Wörter mit ähnlicher oder gleicher Bedeutung. Ihre Entstehung hat verschiedene Ursachen:

1. Aus religiösen oder anderen Gründen (z.B. Scham) werden Wörter gemieden (Tabu) und durch andere ersetzt; die neuen Wörter können aber die alten nicht immer völlig verdrängen.
2. Durch politische und soziale Entwicklungen werden in verschiedenen sozialen Schichten verschiedene Wörter gebraucht, z.B. im Englischen nebeneinander germanische und romanische Wörter als Folge der normannischen Eroberung Englands im 11. Jh.
3. Fachausdrücke bestimmter Berufsgruppen oder Wörter eines Dialektgebietes werden in den allgemeinen Wortschatz übernommen.
4. Mit zunehmender Differenzierung der Sprache entstehen konkurrierende Neubildungen.
5. Affektbetonte Wörter (Kraftausdrücke), besonders aus der Volks- und Umgangssprache, konkurrieren mit Wörtern der Hochsprache: *Kopf* für das vornehmere *Haupt*.

In feierlicher Sprache (Gebet, Vertrag) und in der Literatur kann das Vorhandensein synonymer Wörter zu stilistischen Effekten genutzt werden. In der lateinischen Literatur sind dies u.a.:

- Synonymenhäufung, oft mit Alliteration (Stabreim), in Gebets- und Wunschformeln:

Quod bonum **f**austum **f**ēlīx **f**ortūnātumque sit!	Dies möge gut, günstig, glücklich und erfolgreich sein!

- Reihung synonymer Wörter zur Ausdrucksverstärkung (Klimax):[3)]

Nōn feram, nōn patiar, nōn sinam.	Ich werde es nicht ertragen, nicht dulden, nicht zulassen.
Quā laetitiā perfruēre, quibus gaudiīs exsultābis, quantā in voluptāte bacchābere!	Welche Freude wirst du genießen, in welchem Jubel wirst du frohlocken, in welcher Lust wirst du schwelgen!

- Erfassung eines komplexen Begriffs durch zwei synonyme Wörter (sog. Hendiadyoin);[4)] diese werden im Deutschen entweder ebenfalls mit zwei Synonyma oder durch Adjektiv + Substantiv bzw. Adverb + Verb wiedergegeben:

Ratiō ōrdōque āgminis ita sē habēbat. *(Prädikat im Singular!)*	Marschtaktik und Ordnung des Heereszuges war(en) folgendermaßen.
Ariovistus in obsidēs omnia exempla cruciātūsque ēdēbat.	Ariovist vollzog an den Geiseln alle möglichen Beispiele und Martern / zur Abschreckung dienenden grausamen Strafen.
metus ac timor	Angst und Furcht
Tē ōrō atque obsecrō.	Ich bitte und beschwöre dich. Ich bitte dich eindringlich.
festīnāre (et) trepidāre	hastig und ängstlich / in ängstlicher Hast hin- und herlaufen

---

3) griech. ‚Leiter'; Gegenbegriff: Antiklimax (Reihung vom stärkeren zum schwächeren Wort)
4) griech. ‚eins durch zwei'

LEKTION 29

1 Besonderheiten der Dichtersprache

Die Dichter müssen ihre Sprache in ein Versmaß einpassen. Sie nutzen dazu vorhandene Freiheiten der Formenbildung, des Satzbaus und der Wortwahl in höherem Maße aus als die Prosaschriftsteller. Die römischen Dichter versuchen auch, Eigentümlichkeiten der griechischen Sprache ins Lateinische zu übertragen. Gute Dichter erzielen mit den sprachlichen Freiheiten zugleich stilistische Effekte. Übertriebene Anwendung poetischer Freiheiten oder ihre gewollte Übertragung in die Prosa führt zu Manierismus.

1.1 Formenlehre

Endungen:	2. Sg. Pass. u. Deponens:	-re statt -ris
	3. Pl. Ind. Perf. Akt.:	-ēre statt -ērunt
	Inf. Präs. Pass. u. Dep.:	-ier statt -ī

Nebenformen: Kontrahierte Formen des v-Perfekts (27 G 2.2)

Verwendung älterer Formen (Archaismus): nāvita statt nauta

1.2 Syntax (Auswahl)

a) Plural statt Singular (Poetischer Plural), z.B.: ōra, fāta, vīna

b) Freierer Gebrauch der Kasus, z.B.:

– Dativ statt Präpositionalausdruck bei Verben (vor allem der Bewegung):

Stygiīs umbrīs admovēre	in die Nähe der Unterweltsschatten bringen
campīs atque Neptūnō (= marī) superfundere	über Land und Neptun (= Meer) vergießen

– poscere mit doppeltem Objektsakkusativ:

poscere aliquem aliquid (statt: aliquid ab aliquō)	von jem. etw. fordern

Bei passivischer Konstruktion wird die ‚Person' Subjekt:

Segetēs alimentaque poscēbātur humus.	Dem Erdboden wurden Saaten und Nahrungsmittel abverlangt.

c) Akk. Sg. *n* von Adjektiven statt Adverb (z.T. griechischer Einfluss):

dulce ridēre	süß lachen

d) Adverbialer Gebrauch des Akkusativs nach griechischem Vorbild statt des Ablativs der Beziehung:

saucius pectus (statt: pectore)	an der Brust verwundet

e) Attributives Adjektiv statt Genitivattribut:

patriī annī = annī patris (Gen. poss.)	Lebensjahre des Vaters
nex frāterna = nex frātris (Gen. obiect.)	Mord am Bruder / Brudermord

f) Beziehung eines attributiven Adjektivs auf ein anderes Substantiv des gleichen Satzes (‚Enallagé'):

Geminā teguntur lūmina **nocte**.	Die Augen werden von **zweifacher Nacht** bedeckt; *im Sinne von* **Beide** Augen werden von **Nacht** bedeckt.

g) Ausgedehnte Anwendung der Sperrung von Wortgruppen (Hyperbaton), oft zugleich mit stilistischem Effekt; z.B.

Rahmung des Verses, Hervorhebung der gesperrten Wörter:

Ingeniō periī Nāso poēta **meō**.	An meiner Begabung bin ich, der Dichter Naso, zugrunde gegangen.

Verteilung der Wortgruppe auf Mittelzäsur und Versende, bei gleichem Wortausgang (Homoiotéleuton), Vorstufe des Reims:

Montibus in **liquidās** pīnus dēscenderat **undās**.

Gruppierung gleichartiger, gleichbedeutender oder kontrastierender Wörter:

Mollia **sēcūrae** peragēbant ***ōtia*** **gentēs**.

Nōndum caesa ***suīs***, **peregrīnum** ut vīseret **orbem**,
montibus in *liquidās* pīnus dēscenderat *undās*.

Nunc et *latentis* **prōditor** intimō
grātus *puellae* **rīsus** ab angulō.

1.3 Wortbildung; Wortbedeutung

a) Abtrennung des Präverbs vom Grundwort (Tmēsis), z.T. mit Umstellung: Nihil est super mī = Nihil mihi superest.

b) Abgeleitete Verben statt der Primärverben, z. B. agitāre statt agere.

c) Gebrauch eines Wortes engerer Bedeutung in der weiteren Bedeutung, besonders des Teils für das Ganze (pars prō tōtō): tectum ‚Dach' = ‚Haus'; carīna ‚Kiel', puppis ‚Heck' = ‚Schiff'

Substantiviertes Adjektiv statt Substantiv: dīvus = deus

Wortvertauschung (Metonymie), z.B.:
- Person/Gott statt ihres Bereichs: Neptūnus = ‚Meer'
- Bewohner statt Land: per Sēquanōs ‚durch das Gebiet der Sequaner'
- Autor statt Werk: apud Platōnem ‚bei Platon' = ‚in Platons Werken'
- Eigenschaft statt Sache oder Person: lūmina ‚Augenlicht(er)' = ‚Augen'; mortālis ‚Sterblicher' = ‚Mensch'; lāniger ‚Wollträger' = ‚Lamm'[1)]

2 Metrik

2.1 Die Metrik der griechischen und römischen Dichtung beruht nicht wie in der deutschen Dichtung auf dem Wechsel betonter und unbetonter Silben *(akzentuierende Metrik)*, sondern auf dem geregelten Wechsel langer und kurzer Silben *(quantitierende Metrik)*.

Da der Zeitwert der Silben für uns beim Sprechen des Lateinischen nicht oder nur schwer realisierbar ist, wird die lange Silbe (*Longum;* Zeichen: –) gegenüber der kurzen Silbe (*Breve;* Zeichen: ◡) durch eine leichte Tonverstärkung (Iktus) hervorgehoben. Der Wortakzent wird vernachlässigt, wenn er nicht mit dem Iktus identisch ist.

1) Dieses Verfahren wendet z.B. die ‚Kenning' in der altnordischen Dichtung an; bekannt ist es auch in der Rätselsprache und beim Ersatz tabuisierter Wörter (der Allmächtige = Gott).

Eine Silbe, die sowohl durch eine Länge als auch durch eine Kürze ausgefüllt werden kann, heißt *Syllaba anceps* (Zeichen: x).[2]

Ab dem 4.Jh.n.Chr. entwickelte sich, wohl infolge einer Änderung in der Art des Wortakzents, allmählich eine akzentuierende Metrik, bei der das Longum mit der Tonsilbe eines Wortes zusammenfallen muss, während umgekehrt unbetonte lange Silben an der Stelle metrischer Kürzen stehen können.

Auslautende Vokale werden vor vokalischem Anlaut des folgenden Wortes unterdrückt (elidiert): Tū quoqu[e] impotēns nōlī!

Das gilt auch für auslautendes -am, -em, -im, -um: Nunc i[am] illa nōn vult.

Die Verbformen *es* und *est* werden unter Verlust des anlautenden *e*- mit dem vokalischen Auslaut des vorangehenden Wortes vereinigt:

sata [e]st; omnium [e]s patrōnus.

Versfuß und Metrum

Lange und kurze Silben werden zu metrischen Einheiten verbunden. Die kleinste Einheit ist der **Versfuß**. Folgende Kombinationen haben sich herausgebildet:

Iambus	◡ –	Daktylus	– ◡ ◡
Trochäus	– ◡	Anapäst	◡ ◡ –

Beim Iambus, Trochäus und Anapäst kann ein Longum durch zwei Kürzen (Brevia) ersetzt werden. In diesem Fall wird der Iktus auf die erste Silbe des aufgelösten Longum gelegt.

Iambus ◡ – → ◡ ◡́ ◡
Trochäus – ◡ → ◡́ ◡ ◡
Anapäst ◡ ◡ – → ◡ ◡ ◡́ ◡

Beim Daktylus und Anapäst kann eine Doppelkürze durch eine Länge ersetzt werden:

Daktylus – ◡ ◡ }
Anapäst ◡ ◡ – } → – – Spondēus

Beim Iambus, Trochäus und Anapäst bilden zwei Füße ein **Metrum**. Beim Daktylus ist Fuß und Metrum gleich.

Zäsur und Dihärese

Die Verse werden durch Einschnitte gegliedert, um Eintönigkeit zu vermeiden.

1. **Zäsur:**[3] Einschnitt durch Wortende innerhalb eines Metrums
2. **Dihärese:**[4] Wortende und Metrumende fallen zusammen.

Verse, die am Ende um die letzte Silbe des Metrums verkürzt sind, heißen katalektisch (Gegensatz: a-katalektisch).[5]

---

2) anceps ‚doppeldeutig, unentschieden'
3) caesūra (Übersetzung von griech. tomé) ‚Einschnitt'
4) Griech. dihaíresis ‚Trennung, Teilung'
5) Griech. katalēktikós ‚aufhörend, innehaltend'

29

2.2 Iambus

Das iambische Metrum besteht aus zwei Iamben, wobei die erste kurze Silbe des Metrums auch lang sein kann (anceps): x – ◡ –

a) Iambischer Trimeter

Drei iambische Metren bilden einen iambischen Trimeter; die letzte Silbe des Verses ist anceps:

x – ◡ – x | – ◡ : – x – ◡ x   Quō, quō, scelestī, | ruitis: aut cūr dexterīs
(| oder : = Mittelzäsur)   x – ◡ – x | ◡́◡ ◡: – x – ◡x

Der iambische Trimeter ist der Sprechvers des griechischen Dramas. Er wird seit Catull und den augusteischen Dichtern (Horaz, Vergil) auch in der römischen Dichtung häufig verwendet, in Senecas Dramen als Dialogvers.

b) Hinkiambus

Eine Sonderform des iambischen Trimeters ist der Hinkiambus, bei dem die letzte Kürze des Verses durch eine Länge ersetzt ist:

x – ◡ – x | – ◡ : – x – – x   Valē, puella, | iam Catullus obdūrat!
(| oder : = Mittelzäsur)   x – ◡ – x | – ◡ – x – – x

Dadurch erhält der Vers etwas Schleppendes (Name!), Groteskes. Er wird gern in Spott- und Schmähgedichten verwendet, so von seinem Erfinder, dem griechischen Dichter Hippōnax (6. Jh. v. Chr.), und auch von Catull, der ihn in die römische Literatur eingeführt hat.

c) Iambischer Senar

Während die iambischen Verse im Griechischen nach Metren abgeteilt wurden (x – ◡ –), zählt man in der **altlateinischen** szenischen Dichtung jeden einzelnen Fuß (◡ –). Dem iambischen Trimeter entspricht also der iambische Senar (3 Metren = 6 Füße).

Im iambischen Senar können – außer im letzten Fuß – alle Kürzen durch Längen ersetzt und alle Längen (sowohl die originalen Longa als auch die statt Kürze eingetretenen) in Doppelkürzen aufgelöst werden. Dadurch ist dieser Vers, der Sprechvers des altrömischen Dramas, sehr variabel. In diesem Versmaß sind auch die Fabeln des Phaedrus (1.Jh.n.Chr.) gedichtet.

Schema:

1 2 3 4 5 6

◡◡/–/◡ ◡◡/– ◡◡/–/◡ ◡◡/– ◡◡/–/◡ | ◡◡/– ◡◡/–/◡ : ◡◡/– ◡◡/–/◡ ◡◡/– ◡ X

(| oder **:** = Mittelzäsur)

Quī possum, quaesō, facere, quod quereris, lupe?
–/◡ – –/◡ – –/◡ ◡́◡ ◡ – ◡◡ – ◡ x

d) Neben dem iambischen Trimeter bzw. Senar gibt es in der Lyrik (Horaz) und in der altlateinischen Bühnendichtung auch Dimeter und Tetrameter (Oktonar; katalektisch: Septenar).

2.3 Trochäus

Das trochäische Metrum besteht aus zwei Trochäen, wobei die letzte kurze Silbe des Metrums auch lang sein kann (anceps): – ◡ – x

Der trochäische Tetrameter hat 4 trochäische Metren und ist in seiner katalektischen Form (trochäischer Septenar) der zweithäufigste Sprechvers des altlateinischen Dramas.

2.4 Der daktylische Hexameter und Pentameter

Das daktylische Metrum besteht aus einem Daktylus: – ◡ ◡

a) Daktylischer Hexameter

Der daktylische Hexameter reiht sechs daktylische Metren aneinander, wobei die beiden Kürzen des Daktylus durch eine Länge ersetzt werden können: – ◡ ◡ > – – Spondēus; im 5. Daktylus selten. Das 6. Metrum ist stets zweisilbig (katalektisch), wobei die zweite Silbe anceps ist.

Der Hexameter wird durch Zäsuren und Dihäresen gegliedert:

```
  1            2             3              4           5          6
 ——   ◡◡  ‖  ——  |  ◡◡     ——   |  ◡ | ◡   ——   |  ◡◡  ‖  ——  (◡◡)   ——   x
          E      A                B1  B2         C      D
```

B1 B2 Mittelzäsuren = Zweiteilung des Verses

B1 Zäsur nach dem 3. Longum (Penthemimeres)[6]

B2 Zäsur nach der 1. Kürze des 3. Metrums (weibliche Zäsur; katà tríton trochaîon)[7]

A Zäsur nach dem 2. Longum (Trithemimeres),[6] meist gekoppelt mit

C Zäsur nach dem 4. Longum (Hephthemimeres)[6]
= Dreiteilung des Verses

D Dihärese nach dem 4. Metrum; sie wird Bukolische Dihärese genannt wegen ihrer Häufigkeit in der bukolischen Dichtung.

E Dihärese nach dem ersten Metrum

```
Nōn galeae, | nōn ēnsis erant, | sine mīlitis ūsū
 1      2       3     4              5     6
 –  ◡◡  –  |  –  –  ◡ ◡  –  |  ◡ ◡  –  ◡◡  –  x
           A                C

Vēla dabant ventīs, | nec adhūc bene nōverat illōs
 1       2     3          4       5     6
 – ◡ ◡   –   –  –  |  ◡  ◡  –  ◡◡  –  ◡◡  –  x
                   B1

navita; ‖ quaeque diū | steterant | in montibus altīs
 1         2        3          4           5        6
 – ◡ ◡ |   –   ◡  ◡ – |   ◡◡  –  |  –   –   ◡ ◡  –  x
       E              B1         C

Imminet exitiō | vir coniugis, ‖ illa marītī
 1       2   3          4         5      6
 –  ◡ ◡  – ◡◡ – |  –   –  ◡ ◡  ‖  –  ◡  ◡ –  x
                B1              D
```

6) Die griechischen Bezeichnungen gehen von einer Zerlegung des daktylischen Metrums in zwei Halbteile (Hēmi-merē) aus: Tomé trit-, pent-, hepht-hēmi-merés = ‚Zäsur nach dem dritten, fünften, siebten Halbteil'.

7) ‚nach dem dritten Trochäus'; hierbei wird rein äußerlich die Abfolge – ◡ im Grundschema durchgezählt.

29

Der daktylische Hexameter ist seit der altgriechischen Heldendichtung (Homerische Epen: Ilias und Odyssee) das für die Gattung Epos typische Metrum (in der römischen Dichtung z.B. Vergils Aeneis), ebenso für das Lehrgedicht (Hesiod; römisch z.B. Lukrez) und die bukolische Dichtung (Theokrit; römisch z.B. Vergils Būcolica). In der römischen Literatur sind auch die Gattungen Poetischer Brief (Horaz: Episteln) und Satire (Horaz, Juvenal) in Hexametern abgefasst.

b) Pentameter und Elegisches Distichon

Der sog. Pentameter besteht aus zwei halben daktylischen Hexametern:[8] Die erste Hexameterhälfte bis zur Mittelzäsur nach dem 3. Longum (Penthemimeres) wird zweimal gesetzt; an der Nahtstelle muss Wortende sein (Dihärese). Ersatz einer Doppelkürze durch Länge ist nur in der ersten Vershälfte gestattet, Versanfang mit Doppellänge – Spondēus – ist selten:

```
    (——)    ——
–   ∪ ∪  –  ∪ ∪  – | –  ∪ ∪  –  ∪ ∪ x
```

Tempora sī fuerint ‖ nūbila, sōlus eris.
— ∪ ∪ — ∪∪ — ‖ — ∪∪ — ∪ ∪x

Der Pentameter tritt nur in Verbindung mit einem daktylischen Hexameter als zweiter Vers eines Elegischen Distichons auf. Friedrich Schiller hat den Bau eines Distichons mit den Mitteln der deutschen Sprache, d.h. mit akzentuierendem Versbau, zu veranschaulichen versucht:

„Im Hexameter steigt | des Springquells flüssige Säule,
im Pentameter drauf || fällt sie melodisch herab.“

Das Elegische Distichon ist das Versmaß der Elegie (Catull, Tibull, Properz, Ovid)[9] und des Epigramms (Catull, Martial).[10]

c) In der Lyrik gibt es auch daktylische Trimeter und Tetrameter.

2.5 Die Epoden des Horaz

Nach dem Vorbild des griechischen Dichters Archilochos (7. Jh. v. Chr.) verband Horaz zwei verschiedenartige Verse zu Kurzstrophen, z.B. einen iambischen Trimeter mit einem iambischen Dimeter:

x – ∪ – x – ∪ – x – ∪ x	Quō, quō, scelestī, ruitis, aut cūr dexterī
x – ∪ – x – ∪ x	aptantur ēnsēs conditī?

Weitere Epodenformen sind Kombinationen daktylischer und iambischer Verse oder Versteile; im Grunde ist auch das Elegische Distichon eine Epode.

8) Griech. Pentámetros ‚aus 5 (= 2 x 2½) daktylischen Metren‘.

9) Die Einschränkung des Begriffs Elegie auf gefühlvolle oder klagende Dichtung gilt für die antike Literaturgattung Elegie nicht.

10) Griech. ‚Aufschrift, Inschrift‘. Wegen seiner ursprünglichen Verwendung als wirkliche Grab- oder Weiheinschrift ist das Epigramm als literarische Gattung auf pointierte Knappheit angelegt (epigrammatische Kürze). Bei längeren Epigrammen verwischt sich die Grenze zur Elegie.

2.6 Lyrische Versmaße

29

Neben den nach Metren bzw. Füßen gebauten Versen gibt es in der antiken Lyrik Verse mit feststehender Silbenzahl, die sich nicht in Metren untergliedern lassen, die sog. Äolischen Verse, benannt nach ihrer Verwendung durch die griechischen äolischen Dichter, z.B. Sappho und Alkaios (um 600 v. Chr.).[11]

a) Glykoneus

Als Grundtypus der Äolischen Verse kann man den Glycōnēus ansehen:

x x – ∪ ∪ – ∪ x   Dōnec grātus eram tibi

Die beiden ersten Silben (Basis) können lang oder kurz sein (jedoch nie Doppelkürze); Horaz beginnt immer mit zwei Längen (Spondēus).

Die katalektische Form des Glykoneus ist der Pherekratēus:

x x – ∪ ∪ – x   Persās atque Britannōs

b) Catullischer Elfsilbler

Den Catullischen Elfsilbler (Catullī hendecasyllabus oder Phalaecēus) kann man sich als Enderweiterung eines Glykoneus um das Element ∪ – x (Bacchēus) vorstellen:

x x – ∪ ∪ – ∪ – ∪ – x   Salvē, nec minimō puella nāsō

c) Asklepiadeus

Die Asklepiadeen können durch ein- oder zweimalige Wiederholung der Silbenfolge – ∪ ∪ – (Choriambus) aus dem Glykoneus abgeleitet werden:

Asclēpiadēus minor:

– – – ∪ ∪ – | – ∪ ∪ – ∪ x   Exēgī monument[um] aere perennius

Asclēpiadēus māior:

– – – ∪∪ – | – ∪ ∪ – | – ∪ ∪ – ∪x
Tū nē quaesieris, scīre nefās, quem mihi, quem tibi
(| = Zäsuren)

d) Sapphische Strophe

Die Sapphische Strophe besteht aus drei Sapphischen Elfsilblern, deren letzter mit dem Element – ∪ ∪ – x (Adōnēus) verbunden ist.

– ∪ – – – ∪ ∪ – ∪ – x   Ille mī pār esse deō vidētur,
– ∪ – – – ∪ ∪ – ∪ – x   ille, sī fās est, superāre dīvōs,
– ∪ – – – ∪ ∪ – ∪ – x   quī sedēns adversus identidem tē
– ∪ ∪ – x   spectat et audit

e) Alkäische Strophe

Die Alkäische Strophe besteht aus zwei Alkäischen Elfsilblern, einem Alkäischen Neunsilbler und einem Alkäischen Zehnsilbler.

x – ∪ – – – ∪ ∪ – ∪ x   Vidēs, ut altā stet nive candidum
x – ∪ – – – ∪ ∪ – ∪ x   Sōracte, nec iam sustineant onus
x – ∪ – – – ∪ – x   silvae labōrantēs gelūque
– ∪ ∪ – ∪ ∪ – ∪ – x   flūmina cōnstiterint acūtō?

11) Die Verstypen und Strophenformen werden oft nach Dichtern benannt: Sappho, Alkaios, Pherekrates (5.Jh.v.Chr.); hellenistische Dichter (4./3.Jh.): Glykon (?), Phalaikos, Asklepiades.

Übersetzungshilfen

1

	amīcus,-ī	*Subst.:* Freund *Adj.:* befreundet, freundlich gesinnt	F. *ami*
	vīsitāre	besuchen	Visite E. *to visit* F. *visiter*
1	prope *Präposition m. Akk.*	nahe bei	
	mūnicipium,-ī	Landstadt	
	Arpīnum,-ī	Arpinum, *Landstadt ca.100 km südöstlich von Rom, Heimatstadt von M. und Q. Tullius Cicero*	
	nātus,-a,-um	geboren	
	esse (est, sunt)	sein (er/sie/es ist, sie sind)	
2	patria,-ae	Vaterstadt, Vaterland, Heimat	Patriot F. *la patrie*
5	frāter *(Nom.Sg.)*	Bruder	F. *le frère*
	ad-esse (-est, -sunt)	da sein, anwesend sein	
6	et	und; auch	
	vīlla,-ae	Landhaus, Villa	Villa; F. *la ville*
	ubi *Adverb*	wo	
7	hortus,-ī	Garten, Park	
	-que *(an ein Wort angehängt)*	und	
	apud *m. Akk.*	(nahe) bei	
	situs,-a,-um	gelegen, befindlich	
	mōnstrāre	zeigen	F. *montrer*
8	māgnus,-a,-um	groß	
	grātia,-ae	Anmut; Gunst = Beliebtheit; Gunst = Gefälligkeit, Gnade; Dank, Dankbarkeit	Grazie E. *grace* F. *la grâce*
	habēre	haben, halten	E. *to have;* F. *avoir*
	grātiam habēre	Dankbarkeit haben, dankbar sein	
9	verbum,-ī	Wort	Verb
	dēlectāre	erfreuen	
	movēre	bewegen, veranlassen, beeindrucken	E. *to move* F. *mouvoir*
11	libenter *Adv.*	gern	
	audīre	hören	Audienz, Auditorium
12	cum *m. Abl.*	(zusammen) mit	
	ambulāre	umhergehen, spazieren gehen	ambulant, Ambulanz
15	iūxtā *m. Akk.*	neben, nahe bei	
	Fībrenus,-ī	Fibrenus, *kleiner Fluss bei Arpinum*	
	fluvius,-ī	Fluss	F. *le fleuve*

1

16	in *m. Akk.*	in, an, auf, zu, nach, gegen *(Frage: wohin?)*	
	m. Abl.	in, an, auf *(Frage: wo?)*	
	īnsula,-ae	Insel	E. *Isle, is-land* F. *l'île*
	amoenus,-a,-um	(landschaftlich) schön, lieblich	
17	nātūra,-ae	Beschaffenheit, Wesen, Natur	E/F. *nature*
	locus,-ī, *m*	Ort, Platz, Rang, Stand	Lokal F. *le lieu*
	Plur.: loca,-ōrum, *n*	Orte, Plätze; Gegend	
19	ē/ex *m. Abl.*	aus	
	epistula,-ae	Brief	Epistel
	nōtus,-a,-um	bekannt	
20	laudāre	loben	F. *louer*
21	hic	dieser	
	dēbēre	schulden, **müssen**	F. *devoir*
	vērē *Adv.*	wahrhaftig, wirklich	E. *very*
22	rīpa,-ae	Ufer	
	ap-propinquāre	nahekommen, sich nähern	*ad-, prope*
23	ponticulus,-ī	kleine Brücke, Brückchen	
	līgneus,-a,-um	hölzern	
	ad *m. Akk.*	zu, nach ... hin; an, bei	F. *à*
	per-tinēre	sich erstrecken	E. *to pertain*
24	mūtāre	(ver-)ändern, wechseln	mutieren, Mutation
	trāns-īre (-it, -eunt)	hinübergehen; überschreiten	Transit
	velle (vult, volunt)	wollen (er/sie/es will, sie wollen)	E. *to will* F. *vouloir*
25	venīre	kommen	F. *venir*
26	ibi *Adv.*	dort	
	umbra,-ae	Schatten	F. *l'ombre*
	dē *m. Abl.*	von ... herunter; von ... her (= wegen); über	F. *de*
	philosophia,-ae	Philosophie	
	dis-putāre	erörtern, diskutieren	Disput, Disputation E. *to dispute* F. *disputer*
27	multī,-ae,-a	viele	
	hōra,-ae	Stunde	E. *hour;* F. *l'heure*
	manēre	bleiben, warten	E. *to re-main*
28	diūtius *Adv.*	länger	
	nōn	nicht *(Verneinung der Aussage)*	
	posse (potest, possunt)	können (er/sie/es kann, sie können)	F. *pouvoir*
29	re-tinēre	zurückhalten, festhalten, behalten	E. *to retain* F. *retenir*

1

31	red-īre (-it,-eunt)	zurückgehen, zurückkehren	
32	suus,-a,-um	sein, ihr	
	amāre	lieben	F. *aimer*
33	saepe *Adv.*	oft	
	īre (it, eunt)	gehen (er/sie/es geht, sie gehen), reisen	
	per-lūstrāre	durchwandern	
34	autem *(nachgestellt)*	aber	
	Graecia,-ae	Griechenland	E. *Greece;* F. *la Grèce*
35	Corinthus,-ī, *f*	Korinth	
	clārus,-a,-um	hell, klar, berühmt	E. *clear;* F. *clair*
	oppidum,-ī	Stadt	
	nāvigāre	zu Schiff fahren	Navigation
36	ōra,-ae	Küste	
	maritimus,-a,-um	zum Meer gehörig, Meeres-	maritim
37	inde *Adv.*	von da	
	Athēnae,-ārum *(Pluralwort)*	Athen	E. *Athens;* F. *Athènes*
38	Rōmānus,-a,-um	Römer; römisch	E. *Roman;* F. *romain*
39	ob-īre (-it,-eunt)	entgegengehen, zu – hingehen, (einer Beschäftigung) nachgehen	
40	philosophus,-ī	Philosoph	
	Graecus,-a,-um	Grieche; griechisch	E. *Greek;* F. *grec*
41	ē-rudīre	erziehen, bilden	
43	incola,-ae, *m*	Einwohner	
44	nam	denn	
	pecūnia,-ae	Geld	
	ad-iuvāre *(m. Akk.)*	unterstützen, helfen	E. *aid;* F. *aider*
45	praebēre (< prae-hibēre)	darreichen, darbieten, gewähren	
46	itaque *Adv.*	und so, daher	
	grātus,-a,-um	willkommen, angenehm; dankbar	*grātia*

2

	prope *m. Akk.*	nahe bei	
1	frāter, *Abl.Sg.* frātre	Bruder	
2	via,-ae	Weg	F. *la voie*
	verba habēre	Worte wechseln	
3	hic, haec, hoc	dieser, diese, dieses	
4	epistula,-ae	Brief	
	tuus,-a,-um	dein	
	mihi	mir	
	nōtus,-a,-um	bekannt	

2

5	ille, illa, illud	jener, jene, jenes	
	īnsula,-ae	Insel	
	fluvius,-ī	Fluss	
	vērē *Adv.*	wahrhaftig, wirklich	
	amoenus,-a,-um	(landschaftlich) schön, lieblich	
6	quis?	wer?	
	quid?	was? warum?	
	urbānus,-a,-um	städtisch	urban
7	cum *Subjunktion*	*(dann/immer,)* wenn *(entspr. engl. when)*	
	hunc	*Akk.Sg.m. von* hic *(Z.3)*	
	vidēre, videō	sehen	
8	ibi *Adv.*	dort	
	libenter *Adv.*	gern	
	sedēre, sedeō	sitzen	
9	-ne	*an das erste Wort eines Fragesatzes angehängt: Einleitung einer Satzfrage; s. G 6.2)*	
	ponticulus,-ī	kleine Brücke, Brückchen	
	līgneus,-a,-um	hölzern	
10	cūr? *Adv.*	warum?	
	īnsula,-ae	Insel	
11	tū	du	
	cessāre, cessō	zögern	
12	properāre, properō	eilen, sich beeilen	
13	num	*am Anfang eines Fragesatzes:* doch wohl nicht? etwa? *(negative Antwort erwartet; s.G 6.2)*	
	timēre, timeō	(sich) fürchten	
14	minimē *Adv.*	keineswegs	
16	rīpa,-ae	Ufer	
17	sed	aber, sondern	
	iam *Adv.*	nunmehr; schon	
18	mē	mich	
	valdē *Adv.*	sehr	
20	gaudēre, gaudeō	sich freuen	
	quod *Subjunktion*	dass; weil	
21	nōnne	*am Anfang eines Fragesatzes:* nicht wahr, ... doch?/... nicht?/ etwa nicht? *(positive Antwort erwartet; s. G 6.2)*	
	vōs	ihr	F. *vous*
	quoque *(nachgestellt)*	auch	

22	ita *Adv.*	so	*ita-que*
	nōs	wir	F. *nous*
23	licēre	erlaubt sein, möglich sein	Lizenz
	licet	es ist erlaubt, möglich	
	aliquamdiū *Adv.*	eine Zeit lang	
	Rōma,-ae	Rom	
	ab-esse, ab-sum *(m.Abl.)*	abwesend sein (von)	
24	hunc	*Akk.Sg.m. von* hic *(Z.3)*	
	per-lūstrāre, per-lūstrō	durchwandern	
25	rārō *Adv.*	selten	
	ab-īre, ab-eō	weggehen	
26	nam	denn	
	negōtium,-ī	Beschäftigung, Geschäft, Aufgabe	
	atque	und	
	im-pedīre, im-pediō	hindern	
27	numquam *Adv.*	niemals	
	vacāre, vacō *(m. Abl.)*	frei sein (von ...)	Vakuum, Vakanz
31	utrum – an -ne – an ... – an	*Einleitung einer Doppelfrage:* ... – oder ...? *(G 6.3)*	
	pūblicus,-a,-um	öffentlich, staatlich	Publikum, publik
	prīvātus,-a,-um	(ohne öffentliches Amt:) privat	
33	et – et	sowohl – als auch	
35	egō	ich	Egoismus
	neque	und nicht	
	neque – neque	weder – noch	
36	aut	oder	
	aut – aut	entweder – oder	
37	studium,-ī	Eifer, Interesse, Studium, Übung	E. *study;* F. *l'étude*
	causa,-ae	Sache, Ursache, Grund; Gerichtsprozess, Prozessrede	Kausalität F. *la chose, la cause*
	causā *m. Genitiv (nachgestellt)*	wegen, um ... willen	E. *because*
	grātiā *m. Gen. (nachgestellt)*	zuliebe, um ... willen, wegen	F. *grâce à*
	Graecia,-ae	Griechenland	
	volō (velle *1 LV*)	ich will	
38	mēcum	mit mir	

3

1	hic, haec, hoc	dieser, diese, dieses (hier)	
	vērē Adv.	wahrhaftig, wirklich	
	amoenus,-a,-um	(landschaftlich) schön, lieblich	
2	nātūra,-ae	Beschaffenheit, Wesen, Natur	
	pulcher, pulchra, pulchrum	schön	
3	rēctē *Adv.*	richtigerweise, mit Recht	
4	mē	mich	
	nōn modo – sed etiam (7)	nicht nur – sondern auch	
	amoenitās *(Nom.Sg.)*	die schöne Lage	
5	īnsula,-ae	Insel	
	ille, illa, illud	jener, jene, jenes	
6	hortus,-ī	Garten, Park	
7	etiam	auch, sogar	
	alius, alia, aliud	ein anderer, eine andere, ein anderes	
8	quī, quae, quod?	*adjektivisches Fragepronomen:* welcher, welche, welches?	
	iste, ista, istud	dieser, diese, dieses (da)	
9	meus,-a,-um	mein	
	frāter, *Gen.Sg.* frātris	Bruder	
	germānus,-a,-um	echt, wahr	
10	nātus,-a,-um	geboren	F. *né*
	familia,-ae	Familie	E. *family;* F. *la famille*
	antīquissimus,-a,-um	sehr alt, uralt	
12	ipse, ipsa, ipsum	selbst	
	nunc *Adv.*	nun, jetzt	
13	ubi *Adv.*	wo	
14	movēre, moveō	bewegen, veranlassen, beeindrucken	
	enim *(nachgestellt)*	nämlich *(G 13)*	
15	ad-esse, ad-sum	da sein, vorhanden sein	
	vestīgium,-ī	Spur	
17	aedificium,-ī	Gebäude	
18	liber, librī	Buch	E. *libr-ary;* F. *le livre*
	philosophus,-ī	Philosoph	
19	memoria,-ae	Erinnerung, Gedächtnis	E. *memory;* F. *la mémoire*
	clārus,-a,-um	hell, klar, berühmt	
	vir, virī	Mann	
20	vester, vestra, vestrum	euer	
	appellāre, appellō	anreden, **nennen**	E. *to appeal;* F. *appeler*

3

21	duō, duae, duō	zwei	Dual
	frāter *(Nom.Sg.)*	Bruder	
	tuus,-a,-um	dein	
22	scīre, sciō	wissen	
	ex-plicāre, ex-plicō	erklären	E. *to explicate;* F. *expliquer*
	quaesō	(ich bitte:) bitte!	
25	puer, puerī	Knabe, Junge	
26	quamquam *Subjunktion*	obwohl	
	mūnicipium,-ī	Landstadt	
	ortus,-a,-um (ex)	(ab-)stammend (aus)	
27	tamen *Adv.*	dennoch, trotzdem	
28	alter, altera, alterum	einer von beiden	
	alter – alter	der eine – der andere	
	cīvis, *Nom.Pl.* cīvēs	Bürger	
30	id est	das heißt	E. *i.e.*
	Tusculum,-ī	Tusculum, *Landstadt südöstlich von Rom, beim heutigen Frascati*	
33	uter, utra, utrum	welcher (von beiden)	
	magis *Adv.*	mehr	
	amāre, amō	lieben	F. *aimer*
35	nam *(an 1.Stelle)*	denn *(G 13)*	
36	con-tinēre, con-tineō	zusammenhalten, zurückhalten, beschränken; (als Inhalt) enthalten (*Passiv:* enthalten sein)	E. *to contain* F. *contenir* E. *to content*
37	sī *Subjunktion*	wenn	F. *si*
	līber, lībera, līberum	frei	F. *libre*
	integer, integra, integrum	unversehrt, unbescholten, uneigennützig	integer
38	līberī,-ōrum, *m*	Kinder	
	noster, nostra, nostrum	unser	F. *notre*
40	aequāre, aequō *(m. Akk.)*	gleichkommen, erreichen	
41	mē	mich	
	ir-rīdēre, ir-rīdeō	auslachen, verspotten	
42	ūnus, ūna, ūnum *(Zahlwort)*	ein(er), eine, ein(es)	E. *one;* F. *un, une*
	tantum *Adv.*	nur	
45	tē	dich	
46	plērumque *Adv.*	meistens	
	habitāre, habitō	wohnen, bewohnen	E. *to in-habit;* F. *habiter*
48	immō (vērō) *Adv.*	ja sogar	
	tōtus,-a,-um	ganz	total; F. *tout*
	mundus,-ī	Welt	F. *le monde*
49	mundānus,-ī	Weltbürger	mondän
50	cīvis *(Nom.Sg.)*	Bürger	

4

	vīta,-ae	Leben	F. *la vie*
1	semper *Adv.*	immer	
2	ā/ab *m. Abl.*	von ... her, von ... weg, von *(beim Passiv)*	
	longē *Adv.*	weit	
	ab-esse, ab-sum	abwesend sein; entfernt sein	
3	discordia,-ae	Streit, Streitigkeit	
4	iniūria,-ae	Ungerechtigkeit	
	inimīcus,-ī	feindlich	E. *enemy*
		Subst. (m): Feind	F. *ennemi*
5	improbus,-a,-um	verbrecherisch, ruchlos	
	abs-tinēre, abs-tineō *(m. Abl. oder* ab + *Abl.)*	sich fernhalten von ..., sich enthalten	Abstinenz; F. *s'abstenir*
6	praecipuē *Adv.*	besonders	
	proximus,-a,-um	der nächste, letzte	
	annus,-ī	Jahr	F. *l'an, l'année*
7	nūllus,-a,-um *(Pronominaladjektiv; 3 G 3)*	keiner	Null; F. *nul(le)*
9	in-opia,-ae	Mangel, Not	
	sub-levāre, sub-levō	erleichtern	F. *soulever*
10	cōpia,-ae (< co-opia)	Vorrat, Menge	Kopie
	cōpiae,-ārum	Vorräte; Truppen	E. *copy;* F. *la copie*
	frūmentum,-ī	Getreide	
	dōnāre, dōnō	schenken, geben	F. *donner*
11	vexāre, vexō	quälen, heimsuchen	
12	ad-esse, ad-sum	da sein, anwesend sein	
	m. Dat.	an etw. teilnehmen	
	m. Dat. einer Person	jem. beistehen	
	prōd-esse, prō-sum (prōd- *vor Vokal,* prō- *vor Konsonant*)	nützlich sein, nützen	
13	officium,-ī	Dienstleistung, Dienst, Pflicht; Pflichtgefühl	Offizier; E/F. *office*
	bonus,-a,-um	gut	Bonus; F. *bon*
14	interdum *Adv.*	manchmal	
16	rēctē *Adv.*	richtigerweise, mit Recht	
	igitur *Adv.*	also	
18	vērē *Adv.*	wahrhaftig, wahrlich	
	fortūnātus,-a,-um	vom Glück begünstigt	E. *fortunate*
19	dōnum,-ī	Gabe, Geschenk	F. *le don*
	fortūna,-ae	Schicksal: Glück, Unglück	E/F. *fortune*

20	domicilium,-ī	Wohnsitz	Domizil
	imperium,-ī	Befehl: Befehlsgewalt, Herrschaft, Macht; Befehlsbereich, Reich	Imperialismus E/F. *Empire*
21	sapientia,-ae	Weisheit	
	prūdentia,-ae	Voraussicht, Klugheit	F. *la prudence*
23	philosophia,-ae	Philosophie	
	doctrīna,-ae	Lehre, Gelehrsamkeit, Bildung	Doktrin
25	littera,-ae	Buchstabe	Letter
	litterae,-ārum	Buchstaben; Brief, Literatur, Wissenschaft	E. *letter* F. *la lettre, les lettres*
	cupidus,-a,-um *(m. Gen.)*	begierig (nach)	
26	studiōsus,-a,-um *(m. Gen.)*	eifrig bemüht (um), sehr interessiert (an)	
30	miseret mē *(m. Gen.)*	es tut mir leid (um ...)	
31	quidem *Adv. (nachgestellt)*	wenigstens, jedenfalls, zwar	
34	hodiē *Adv.*	heute	
	ōtium,-ī	Muße, Freizeit, Ruhe	
	vacuus,-a,-um *(m. Abl.)*	frei (von)	*vacāre*
36	placēre, placeō	gefallen	E. *please*
	placet	es gefällt, ist willkommen	F. *s'il vous plaît*
	amīcitia,-ae	Freundschaft	F. *l'amitié*
	dis-putāre, dis-putō	diskutieren, erörtern	
37	grātus,-a,-um	willkommen, angenehm; dankbar	
38	bona,-ōrum, *n*	gute Dinge, Güter	F. *les biens*
39	īgnōrāre, īgnōrō	nicht wissen	ignorieren; Ignoranz
40	nēmō	niemand	
	sē (suī, sibi)	sich *(Reflexivpronomen: G 2)*	
	beneficium,-ī	Wohltat, Auszeichnung	F. *le bénéfice*
	ex-spectāre, ex-spectō	Ausschau halten, erwarten	E. *to expect*
41	per *m. Akk.*	durch ... hindurch; durch Vermittlung von ...; um ... willen	F. *par*
	cārus,-a,-um	lieb, teuer	F. *cher*
42	propter *m. Akk.*	nahe bei; wegen	
44	quī	*Relativpronomen:* welcher; wer	
	vērus,-a,-um	wahr, echt	F. *vrai; la vérité*
	in-venīre, in-veniō	finden, erfinden	E. *to invent*
45	prīmum *Adv.*	als Erstes, zuerst	

4

46	tum *Adv.*	dann, darauf; damals	
	similis, *Akk.Sg.m* similem	ähnlich	E. *simil-ar*
	similem suī	seinesgleichen	
	quaerere *(Inf.Präs.Akt.)*	suchen	
47	rārus,-a,-um	rar, selten	E/F. *rare*
48	quasi *Adv.*	gleichsam	

5

	prō *m. Abl.*	vor *(zum Schutz),* für, zugunsten; anstatt	
	poēta,-ae, *m*	Dichter	Poet
2	quī, quae, quod	*Relativpronomen:* der, die, das; welcher, welche, welches	F. *qui, que*
	ac-cūsāre, ac-cūsō	anklagen	E. *to accuse* F. *accuser*
	dē-fendere, dē-fendō	verteidigen	Defensive; E. *to defend* F. *défendre*
3	fortāsse *Adv.*	vielleicht	
	quaerere, quaerō	suchen, (nach jem./etw.) fragen	
	quaerere ab/ex *m. Abl.*	jem. fragen	
	iūdex, *Nom./Vok. Pl.* iūdicēs	Richter	
5	is, ea, id *(s. G 2.5)*	*anaphorisch:* dieser, diese, dieses; der, die, das; *(oblique Kasus:)* er, sie, es	
	eius/eōrum, eārum *(Gen.poss.)*	sein, ihr, sein; *Pl.:* ihr	
	is (, quī ...)	*korrelativ:* der (, welcher ...)	
	pueritia,-ae	Kindheit	
6	gaudium,-ī	Freude	„Gaudi“
	af-ficere, af-ficiō *(m. Abl.)*	ausstatten, versehen (mit etw.)	
7	exemplum,-ī	Beispiel, Vorbild	Exempel
8	im-pellere, im-pellō	antreiben, anspornen	E. *to impel*
9	facere, faciō	machen, tun	F. *faire*
	male *Adv.*	schlecht	
	male facere	schlecht handeln, übel daran tun	
10	vīvere, vīvō	leben	
11	ex-pellere, ex-pellō	hinaustreiben, vertreiben	E. *to expel*
	miser, misera, miserum	unglücklich, elend, arm	Misere
	beātus,-a,-um	glücklich	Beate
12	invidia,-ae	Missgunst, Neid	
	dūcere, dūcō	führen	
	īra,-ae	Zorn	
	rapere, rapiō	fortreißen, rauben	
13	argūmentum,-ī	Beweis, Argument	

5

14	re-spicere, re-spiciō	betrachten, berücksichtigen	
15	cīvis *(Nom.Sg.)*	Bürger	
16	ē-icere, ē-iciō *(gesprochen: ē-jic...)*	hinauswerfen	
17	omnēs, *Dat./Abl.:* omnibus	alle	
20	animus, -ī	Herz, Seele, Geist, Gemüt, Mut, Sinn; Gesinnung	
	re-ficere, re-ficiō	wiederherstellen	
21	legere, legō	sammeln, **lesen**	
22	re-colere, re-colō	wiederherstellen, erneuern	
23	per-cipere, per-cipiō	erfassen, wahrnehmen, entnehmen	
24	praetereā *Adv.*	außerdem	
	glōria,-ae	Ruhm, Ehre	E. *glory;* F. *la gloire*
	petere, petō	erstreben, erbitten; angreifen	
	petere ab *m. Abl.*	von jem. erbitten, jem. bitten	
25	perīculum,-ī	Gefahr	F. *le péril*
	neg-legere, neg-legō	nicht beachten, missachten	
26	dē-spicere, dē-spiciō	herabsehen; verachten	
28	virtūs, *Akk.Sg.* virtūtem	Mannhaftigkeit, Tüchtigkeit, Tapferkeit, Tugend	E. *virtue* F. *la vertu*
30	capere, capiō	fassen, nehmen, fangen	kapieren
31	ob-lectāre, ob-lectō	erfreuen	
	ōrnāre, ōrnō	schmücken, ausstatten	Ornat, Ornament
32	docēre, doceō	belehren, informieren	dozieren
	adulēscentia,-ae	Jünglingsalter, Jugend	E. *adolescence*
	acuere, acuō	schärfen, anregen	
33	sōlācium,-ī	Trost	
	praebēre, praebeō (< prae-hibēre)	darreichen, gewähren, verschaffen	
	domī *Adv.*	zuhause	
35	ager, agrī	Ackerland, Feld; *Pl.:* Felder; Land	
	terra,-ae	Erde, Land	F. *la terre*
	longinquus,-a,-um	weit entfernt	
36	ubīque *Adv.*	überall	
37	fāma,-ae	Gerede: Gerücht, Sage; (guter/schlechter) Ruf	E. *fame*
	populus,-ī	Volk	Pöbel; Population E. *people;* F. *le peuple*
	celebrāre, celebrō	häufig besuchen; feiern, rühmen	zelebrieren E. *to celebrate* F. *célébrer*

5

38	caelum,-ī	Himmel; Wetter	F. *le ciel*
	tollere, tollō	hochheben, erheben; beseitigen	
39	cīvis, *Nom./Vok.Pl.* cīvēs	Bürger	
41	dīvidere,-ō	teilen, trennen	dividieren
	imperāre,-ō	befehlen, anordnen; herrschen	

6

1	quī, quae, quod *(G 4)*	*adjektivisches Fragepronomen:* welcher, welche, welches? *Relativpronomen:* der, die, das; welcher, welche, welches	
2	dīcere, dīcō	sagen	F. *dire*
4	nōnnūllī,-ae,-a	einige	
5	aliter *Adv.*	anders	
	sentīre, sentiō	fühlen, denken	F. *sentir, sentiment*
6	pergere, pergō	weitermachen, fortfahren	
8	carēre, careō *(m. Abl.)*	entbehren, nicht haben; frei sein (von)	Karenz
9	ef-ferre, ef-ferō	heraus-, hinaustragen, emporheben	
	laudibus *(Abl.Pl. von* laus *‚Lob')* efferre	mit Lobsprüchen emporheben, aufs höchste preisen	
10	con-cēdere, con-cēdō	nachgeben, zugeben, zugestehen	konzedieren
11	af-ferre, af-ferō	hinbringen, beitragen	
15	quam *Vergleichsadverb*	wie; als	
16	Themistoclēs Athēniēnsis *(Nom.Sg.)*	der Athener Themistokles, *athenischer Politiker (ca. 525–460), Sieger in der Seeschlacht bei Salamis (480 v.Chr.)*	
	inter-rogāre, inter-rogō	fragen	
	interrogātus est	er wurde gefragt	
17	maximē *Adv.*	am meisten, sehr	
	dī-ligere, dī-ligō	hochachten, schätzen, lieben	
18	inquit *(in die direkte Rede eingeschoben)*	... sagt(e) (er/sie) ...	
	factum,-ī	Tat, Tatsache, Ereignis	Fakt E. *fact;* F. *le fait*
	fierī, fīō *(G 3)*	werden, geschehen, gemacht werden	
19	parvus,-a,-um	klein, gering	
	tantum *Adv.*	nur	*Plūrāle tantum*
	ac-cipere, ac-cipiō	annehmen, empfangen	
20	cum *Subjunktion m. Ind. (G 7)*	*(dann,)* **wenn;** *(jedesmal,)* **wenn;** (wenn =) indem; dadurch, dass	

21	ex-īstimāre, ex-īstimō	schätzen, glauben, meinen	
	errāre, errō	irren	E. *to err;* F. *errer*
	hinc *Adv.*		
	proptereā *Adv.*	deswegen	
22	ferē *Adv.*	fast, beinahe	
23	Latīnus,-a,-um	lateinisch	
	terminus,-ī	Grenzstein, Grenze	Termin; E. *term* *Terminus technicus*
	exiguus,-a,-um	klein, eng	
24	quō *Adv.*	wohin	
	tēlum,-ī	Geschoss, (Angriffs-)Waffe	
	per-venīre, per-veniō	hinkommen, gelangen	F. *parvenir; le parvenu*
25	eō *Adv.*	dorthin	
	penetrāre, penetrō	durchdringen, hingelangen	penetrant
26	apertē *Adv.*	offen	
27	tegere, tegō	(be-, ver-)decken	
	ob-scūrāre, ob-scūrō	verdunkeln	obskur
28	trahere, trahō	ziehen, schleppen	sub-trahieren; F. *traire*
	ferre, ferō	tragen, bringen; berichten; antreiben	
29	libenter *Adv.*	gern	
30	quoniam *Subjunktion*	da ja, weil bekanntlich	
	carmen *(n)*	Lied, Gedicht	
	cōn-scrībere, cōn-scrībō	(zusammenschreiben:) verfassen	
	cōgitāre, cōgitō	denken, beabsichtigen	
33	īn-ferre, īn-ferō	hineintragen, zufügen	
	cupere, cupiō	begehren, verlangen, wünschen	
34	quia *Subjunktion*	weil	
	odium,-ī	Hass	
35	iūdex, *Nom./Vok.Pl.* iūdicēs	Richter	
	auxilium,-ī	Hilfe; *Pl.:* Hilfstruppen	
39	nisi *Subjunktion*	wenn nicht	
	cūra,-ae	Sorge	Kur, Prokura
	sē-cūrus,-a,-um	sorgenfrei, sicher	E. *secure, sure;* F. *sûr*
41	ergō *Adv.*	also, folglich	
42	cōn-sulere, cōn-sulō *m. Akk.*	um Rat fragen, konsultieren	
	m. Dat.	für jem./etw. sorgen	
43	per-ferre, per-ferō	ertragen, durchhalten	
	ob-dūrāre, ob-dūrō	ausdauern, ausharren	
46	dif-ferre,-ferō	aufschieben, verschieben; sich unterscheiden	differieren; E. *to differ*
	au-ferre,-ferō	wegtragen, aufheben	

7

	mōs, mōris, *m*	Sitte; *Pl.:* Sitten, Charakter	Moral F. *les moeurs*
	Gallus (-a,-um)	Gallier; gallisch	
	Germānus (-a,-um)	Germane; germanisch	
2	omnēs, *Abl.:* omnibus	alle	
	pāgus,-ī	Gau	F. *le pays*
	cīvitās,-tātis, *f*	Bürgerschaft, Gemeinde, Stadt, Stamm, Staat; Bürgerrecht	E. *city;* F. *la cité*
	factiō,-tiōnis, *f*	(politische Betätigung:) Partei	
3	prīnceps,-cipis	der erste; *Subst. (m):* der Erste, der führende Mann, Häuptling, Fürst	Prinz; Prinzipat E/F. *prince; principal*
4	summus,-a,-um	oberster, höchster	E. *summit*
	auctōritās,-tātis, *f*	Urheberschaft; Ansehen, Würde	Autorität; E. *authority*
5	īdem, eadem, idem	der-, die-, dasselbe	identisch
	ratiō,-tiōnis, *f*	Rechnung, Überlegung, Methode, Art und Weise; Vernunft	Ration; rational; Rationalismus E. *reason;* F. *la raison*
6	dīvīsus,-a,-um	geteilt	
	duō, duae, duō	zwei	Dual, Dualismus
7	Haeduī,-ōrum	Häduer, *gallischer Stamm zwischen Saône und Doubs, Hauptstadt Bibracte (bei Autun)*	
8	Sēquanī,-ōrum	Sequaner, *gallischer Stamm zwischen Jura, Saône u. Rhône, Hauptstadt Vesontiō (Besançon)*	
9	perpetuus,-a,-um	beständig, dauernd	*Perpetuum mōbile*
	contrōversia,-ae	Streitigkeit	Kontroverse
10	homō, hominis, *m*	Mensch	Hominiden; F. *l'homme*
	aliquī, aliqua, aliquod	irgendein, -eine, -ein	
	honor (honōs), honōris, *m*	Ehre	Honorar E. *honour;* F. *l'honneur*
11	genus, generis, *n*	Geschlecht, Art	Generation
13	druida,-ae, *m* *Pl.:* druidae/**druidēs**	Druide, *keltischer Priester*	
	eques, equitis, *m*	Reiter; *sozialer Stand:* Ritter	
14	plēbs, plēbis, *f*	Volk *(nichtadlige freie Bürger)*	Plebejer
	paene *Adv.*	fast, beinahe	
	servus,-ī	Sklave	„Servus“
	servōrum locō habēre	wie Sklaven behandeln	
15	aes, aeris, *n*	Bronze, Bronzegeld	
	aliēnus,-a,-um	fremd	E. *alien*
	aes aliēnum	(fremdes Geld =) Schulden	
16	māgnitūdō,-tūdinis, *f*	Größe	
	tribūtum,-ī	Abgabe, Steuer, Tribut	
	premere, premō	(be-)drücken	kom-, deprimieren

17	servitūs,-tūtis, *f*	Sklaverei, Knechtschaft	
	dicāre, dicō	weihen, übereignen	
	sē in servitūtem dicāre	sich in Leibeigenschaft geben	
18	iūs, iūris, *n*	Recht	Jura, Jurist
	dominus,-ī	Hausherr, Herr	dominieren, dominant
19	deus,-ī	Gott	F. *le dieu*
	Mercurius,-ī	Merkur *(s. Teil 1, S. 34)*	
	colere, colō	behandeln, pflegen; bebauen; **verehren**	*agri-cola (‚Bauer‘)*
20	inventor,-tōris, *m*	Erfinder	
	artificium,-ī	Kunstfertigkeit	F. *l'artifice*
21	iter, itineris, *n*	Weg, Marsch, Reise	Itinerar
	dux, ducis, *m/f*	Führer(in)	
	adiūtor,-tōris, *m*	Helfer	
	mercātor,-tōris, *m*	Kaufmann, Händler	E. *merchant* F. *le marchand*
22	post *Adv.*	danach, später	
	Präposition m. Akk.	hinter, nach	
	Apollō,-inis	Apollo *(s. Teil 1, S. 34)*	
	Mārs, Mārtis	Mars *(s. Teil 1, S. 33)*	
	Iuppiter, Iovis	Jupiter *(s. Teil 1, S. 33)*	
	Minerva,-ae	Minerva *(s. Teil 1, S. 33)*	
23	ferē *Adv.*	fast, beinahe	
	opīniō,-iōnis, *f*	Vermutung, Meinung	E. *opinion*
	reliquus,-a,-um	übrig	Reliquie
	atque *nach Ausdrücken der Gleichheit (G 3.3)*	wie	
	nātiō,-tiōnis, *f*	Herkunft; Volksstamm, Volk	Nation
24	multum *Adv.*	viel, sehr	
	cōnsuētūdō,-tūdinis, *f*	Gewohnheit, Verhaltensweise; Umgang (mit jem.)	
25	lac, lactis, *n*	Milch	F. *le lait*
	pecus, pecoris, *n*	Vieh; Fleisch	
26	vēnātiō,-tiōnis, *f*	Jagd	
27	ā parvīs	von klein auf	
	labor, labōris, *m*	Anstrengung, Mühe, Arbeit	Laboratorium; E. *labor*
	dūritia,-ae	Härte, Abhärtung	
	studēre, studeō *(m. Dat.)*	etw. eifrig, intensiv betreiben	studieren, Student E. *to study, student* F. *étudier, l'étudiant*
28	corpus, corporis, *n*	Körper, Gestalt	E. *corpse*, F. *le corps*
	rōbustus,-a,-um	fest, kräftig	robust
29	regiō,-iōnis, *f*	Richtung, Gegend	Region
	frīgidus,-a,-um	kalt	frigid; F. *froid*

7

30	hiems, hiemis, *f*	Winter	
	pellis, *Dat./Abl.Pl.:* pellibus	Fell	Pelle; E. *peel;* F. *la peau*
31	exiguitās,-tātis, *f*	Kleinheit	
	pars, partis, *f*	Teil	Part, Partie, Partei E. *party*
	nūdus,-a,-um	nackt	Nudismus; E. *nude;* F. *nu*
32	lavārī, lavor	sich waschen, baden	
	flūmen,-minis, *n*	Fluss	

8

1	druida,-ae, *m* *Pl.:* druidae/druidēs	Druide, *keltischer Priester*	
	apud *m.Akk.*	bei	
2	adulēscēns,-centis, *m*	Jüngling, junger Mann	E. *adolescent*
	disciplīna,-ae	Lehre, Fach, Erziehung	Disziplin
	con-venīre, con-veniō	zusammenkommen	
3	numerus,-ī	Zahl	Nummer; E. *number* F. *le nombre*
	carmen,-minis, *n*	Lied, Gedicht, Epos	
	ē-discere, ē-discō	auswendig lernen	
	iubēre, iubeō	auffordern, befehlen	
7	Apollō, Minerva, Iuppiter, Mārs: *s. Teil 1, S. 33f.*		
	morbus,-ī	Krankheit	morbid
	dē-pellere, dē-pellō	wegstoßen, vertreiben, abwehren	
	artificium,-ī	Kunstfertigkeit, Kunstwerk	
	trā-dere, trā-dō	übergeben, überliefern	tradieren, Tradition E. *trade*
8	bellum,-ī	Krieg	
	regere, regō	lenken, regieren	
9	imprīmīs *Adv.*	vor allem, besonders	
	iuventūs,-tūtis, *f*	Jungmannschaft, Jugend	
10	anima,-ae	Lebenshauch, Seele	animieren; Animismus F. *l'âme*
	inter-īre, inter-eō	untergehen, zugrunde gehen	
11	mors, *Akk.Sg.* mortem, *f*	Tod	E. *mort-al;* F. *la mort*
12	virtūs,-tūtis, *f*	Tüchtigkeit, Tapferkeit, Tugend	
	putāre, putō	(rechnen,) meinen, für etw. halten	Com-puter; Re-putation
13	mandāre, mandō	übergeben, anvertrauen	Mandat, Mandant
14	in vulgus	in die große Masse, in die Öffentlichkeit	vulgär

8

15	discipulus,-ī	Schüler	E. *disciple*
	minus *Adv.*	weniger	
16	praesidium,-ī	**Schutz,** Schutztruppe; befestigter Posten	Präsidium *(Bedeutung!)*
17	vidērī (videor) *mit NcI (G 2)*	den Anschein haben, scheinen	
18	cēterī,-ae,-a	die übrigen	
	īnstitūtum,-ī	Einrichtung, Anordnung	Institut(ion)
19	palam *Adv.*	öffentlich, offenkundig	
	ad-īre, ad-eō	**zu jem. hingehen,** besuchen; bitten; angreifen	
	sinere, sinō	zulassen, lassen	
20	pater, patris, *m*	Vater	F. *le père*
	in pūblicō	in der Öffentlichkeit	
	ad-sistere, ad-sistō *(m. Dat.)*	herantreten (an jem.)	Assistent E. *to assist;* F. *assister*
	vetāre, vetō	verbieten	Veto
21	cōnstat *(m. AcI)*	es steht fest, es ist bekannt	
22	sacrificium,-ī	Opfer	E/F. *sacrifice*
23	ā parvīs	von klein auf, von Kindheit an	
	dūritia,-ae	Härte, Abhärtung	
24	rōbustus,-a,-um	fest, kräftig	
25	cultūra,-ae	Bebauung, Pflege	Kultur; E/F. *culture*
26	sē-parātus,-a,-um	getrennt, abgesondert	E. *separate;* F. *séparé*
	nihil, *n*	nichts	Nihilist, Nihilismus
27	quotannīs *Adv.*	alljährlich	
	certus,-a,-um	festgelegt, bestimmt; sicher	E. *certain* F. *certe, certain*
	modus,-ī	Maß, Art und Weise	Modus, modal; Mode
	at-tribuere, at-tribuō	zuteilen	F. *attribuer*
28	posterus,-a,-um	nachfolgend, später	E. *posterity* F. *la postérité*
	aliō *Adv.*	anderswohin	
	cōgere (< co-agere), cōgō	zusammenführen, **zwingen**	
29	cupiditās,-tātis, *f*	Begehrlichkeit, Begierde, Gier	
	pro-hibēre, pro-hibeō	fernhalten, hindern	Prohibition
30	laus, laudis, *f*	Lob, Ehre, Ruhm	
	circum *m. Akk.*	um ... herum	
	sōlitūdō,-tūdinis, *f*	Einsamkeit, Einöde	Solitude

8 31	sīgnificāre, sīgnificō	kennzeichnen, kenntlich machen	signifikant E. *significant*
	nēmō (*Dat.:* nēminī, *Akk.:* nēminem), *m*	niemand	
	cōn-sistere, cōn-sistō	stehen bleiben, sich hinstellen, Halt machen, sich niederlassen; in/aus etw. bestehen	Konsistenz E. *to consist*
32	simul *Adv.*	zugleich	simultan E. *simultaneous*
	incursiō,-iōnis, *f*	Angriff, Einfall	E. *incursion*
9 (1)	antīquus,-a,-um	(historisch) alt	antik, Antike, Antiquität
1	initium,-ī	Anfang	Initiale; Initiative, Initiation
	rēx, rēgis, *m*	König	F. *le roi;* E. *roy-al*
2	lēx, lēgis, *f*	Gesetz	legal; F. *la loi*
3	arbitrium,-ī	Gutdünken, Entscheidung	
4	fīnis, *Nom./Akk.Pl.:* fīnēs, *m*	Ende, Grenze	
	prō-ferre, prō-ferō	vortragen, hinausschieben, ausdehnen	
5	sine *m. Abl.*	ohne	
	agere, agō	treiben, tun, handeln	agieren, Agent
	vītam agere	das Leben führen, verbringen	
6	imperātor,-tōris, *m*	Befehlshaber, Feldherr, (*seit Augustus* = Kaiser)	E. *emperor* F. *empereur*
7	pāx, pācis, *f*	Friede	Pazifist; F. *la paix*
	ut *Vergleichsadverb der Art und Weise*	wie	
	valēre, valeō	stark, gesund sein; gelten, Einfluss haben	Valenz; Valuta F. *valoir*
9	fīnitimus,-a,-um	benachbart	
	temptāre, temptō	betasten, versuchen; angreifen	E. *to attempt, temptation* F. *la tentation*
10	paucī,-ae,-a	wenige	
	auxiliō venīre	zu Hilfe kommen	
12	hostis, *Dat.Pl.:* hostibus, *m*	Feind	
	obviam *Adv.*	entgegen	
	obviam īre	entgegengehen, -treten, -ziehen	
13	lībertās,-tātis, *f*	Freiheit	E. *liberty;* F. *la liberté*
	parentēs,-um, *m*	Eltern	E/F. *parents*
	arma,-ōrum, *n*	(die) Waffen	Armee; E. *army* F. *les armes*

14	prō-pellere, prō-pellō	vorantreiben; weg-, vertreiben	Propeller
15	deinde *Adv.*	dann, darauf	
16	rēgius,-a,-um	königlich	
17	dēlēctus,-a,-um	ausgewählt	
19	posteā *Adv.*	später	
	nōn iam	nicht mehr	
20	bīnī,-ae,-a	je zwei	binär, Binom
	cōnsul, cōnsulis, *m*	Konsul	
	annuus,-a,-um	jährlich, auf ein Jahr befristet	Annuität
21	prae-esse, prae-sum *m. Dat.*	vorstehen, leiten	
23	superbia,-ae	Hochmut, Übermut; Stolz	
24	castra,-ōrum, *n (Pluralwort)*	das Lager	
	ex-ercēre, ex-erceō	üben, ausüben; quälen	exerzieren E. *to exercize*
25	igitur *Adv.*	also, daher	
	īnsolitus,-a,-um	ungewohnt	
26	asper, aspera, asperum	rauh, streng	
	arduus,-a,-um	steil, schwierig	
27	maximus,-a,-um	größter, sehr groß	Maximum, Maxime
	certāmen,-minis, *n*	Wettstreit, Wettkampf	
	inter *m. Akk.*	unter, zwischen	
28	avidus,-a,-um *(m. Gen.)*	begierig (nach)	
29	dīvitiae,-ārum	Reichtümer, Reichtum	
	honestus,-a,-um	ehrenvoll, ehrenhaft; angesehen	E. *honest* F. *honnête*
30	mīlitia,-ae	Kriegsdienst	Miliz, Militär
	domī mīlitiaeque *(Lokativ)*	in Krieg und Frieden	
31	concordia,-ae	Eintracht	Konkordanz
	minimus,-a,-um	kleinster, sehr klein	Minimum, minimal
	avāritia,-ae	Habsucht	
32	bonum	das Gute *(Substantivierung)*	
34	ob-oedīre, ob-oediō	gehorchen	E. *to obey, obedient* F. *obéir*
35	sēdulō *Adv.*	eifrig, fleißig	

9 (2)

36	fulgēre, fulgeō	glänzen	
	3.Pl.Ind.Perfekt: fulsērunt,	(sie) glänzten	
	(poet. Form: fulsēre*)*	*[Subjekt:* candidī sōlēs*]*	
	quondam *Adv.*	einstmals	
	candidus,-a,-um	hell glänzend, strahlend	Kandidat
	tibi	*Selbstanrede des Dichters* *(ebenso* tū *Z. 39 u. 40)*	
	sōl, sōlis, *m*	Sonne	Solarium F. *le soleil*
37	cum *Subjunktion*	*(damals,)* als	
	ventitāre, ventitō	häufig kommen	
	puella,-ae	Mädchen	
38	iocōsus,-a,-um	scherzhaft, reich an Spaß	Jux; E. *joke, joker* F. *joyeux*
39	nec = neque	und nicht	
	nōlle, nōlō	nicht wollen	
40	nunc *Adv.*	nun, jetzt	
	iam nōn = nōn iam	*s. Z. 19*	
	impotēns *(Nom.Sg.m.)*	unfähig, machtlos	impotent
41	tangere, tangō	berühren	tangieren, Tangente; Tango

10 (1)

	M. Porcius Catō	*s. Teil 1, S. 43*	
	mūnicipium,-ī	Landstadt	
	Tusculum,-ī	Tusculum, *Landstadt südöstlich von Rom*	
2	dē-migrāre, dē-migrō	abwandern, wegziehen	
3	quaestor,-tōris, *m*	Quästor *(s. Teil 1, S. 42)*	
	esse, sum, fuī	sein	
	P. Scīpiō Africānus (Māior)	*s. Teil 1, S. 47*	
4	aedīlis, aedīlis, *m*	Ädil *(s. Teil 1, S. 42)*	
	fierī, fīō, factus sum	(gemacht) werden, geschehen	
5	praetor,-tōris, *m*	Prätor *(s. Teil 1, S. 42)*	
	prōvincia,-ae	Provinz	
	ad-ministrāre, ad-ministrō	verwalten	Administration
	Sardinia,-ae	Sardinien	
6	cōnsulātus, *Akk.Sg.:* -um, *m*	Konsulamt, Konsulat *(s. Teil 1, S. 42)*	
	gerere, gerō, gessī, gestum	ausführen, (ein Amt) ausüben	
	L. Valerius Flaccus	*Patrizier, Förderer des Plebejers Cato*	

7	sors, sortis, *f*	**Los,** Orakelspruch, Schicksal	
	ob-tinēre,-tineō, -tinuī, -tentum	innehaben, besitzen; erlangen	E. *to obtain* F. *obtenir*
	Hispānia citerior	das diesseitige *(d.h. nördliche)* Spanien	
9	velle, volō, voluī	wollen	
	dē-pellere,-pellō	wegstoßen, verdrängen	
	suc-cēdere,-cēdō,-cessī, -cessum	nachrücken, nachfolgen; gelingen	E. *to succeed* E. *success;* F. *le succès*
10	ef-ficere,-ficiō	bewirken, erreichen	
	posse, possum, potuī	können	
12	potentia,-ae	Macht	Potenz
	rēs pūblica	Staat, Republik	
13	cēnsor,-ōris, *m*	(Schätzer), Zensor *(s. Teil 1, S. 42)*	
	creāre, creō	(er-)schaffen, machen, wählen	kreieren; Kreatur E. *to create;* F. *créer*
14	cēnsūra,-ae	Zensoramt, Zensur	
	luxuria,-ae	Üppigkeit, Verschwendung	Luxus
	studēre,-eō, studuī *(m. Dat.)*	eifrig betreiben, sich (um etw.) bemühen, etw. erstreben	
	re-primere,-primō,-pressī, -pressum	zurückdrängen, unterdrücken	Repression, Repressalie
15	in-cipere,-cipiō	anfangen, beginnen	
	crēscere, crēscō, crēvī	wachsen	
16	nōlle, nōlō, nōluī	nicht wollen	
17	cultus, *Akk.Sg.:* cultum, *m*	Kultur, Zivilisation	Kultus
	hūmānitās,-tātis, *f*	Menschlichkeit, **Bildung**	Humanität
	im-portāre,-portō	einführen, importieren	E. *to import* F. *importer* E/F. *important*
18	reī pūblicae causā	um des Staates willen	
	inimīcitia,-ae	Feindschaft	
	sus-cipere,-cipiō	auf sich nehmen, übernehmen	
	horrēre, horreō, horruī	sich entsetzen, zurückschrecken	
19	quoad *Subjunktion*	solange	
	vīvere, vīvō, vīxī, (victum)	leben	F. *vivre*
(2)	Archimēdēs,-is	Archimedes	
	sepulcrum,-ī	Grab	F. *le sépulcre*
20	ante *Adv.*	früher, vorher	
	Präposition m. Akk.	vor	
	ante Christum nātum	vor Christi Geburt	
	septuagesimus quintus (-a,-um)	75. *(Bei Jahreszahlen wird im Lat. die Ordnungszahl benutzt)*	

10

21	Sicilia,-ae	Sizilien	
22	Syrācūsae,-ārum *(Pluralwort)*	Syrakus	
23	Syrācūsānus,-ī	Syrakusaner	
	īgnōtus,-a,-um	unbekannt	
	indāgāre, indāgō	aufspüren	
24	scrībere, scrībō, scrīpsī, scrīptum	schreiben	Skript, Skriptum F. *écrire*
25	īgnōrāre, īgnōrō	nicht kennen	Ignorant, Ignoranz; ignorieren E. *to ignore;* F. *ignorer*
26	scīre, sciō, scīvī, scītum	wissen, verstehen	E/F. *science*
	monumentum,-ī	Denkmal	Monument
	sphaera,-ae	Kugel	Sphäre
	cylindrus,-ī	Zylinder, Walze	
27	porta,-ae	Tor, Pforte	F. *la porte*
	portae Agrigentīnae	das Agrigenter Tor	
28	saepīre, saepiō, saepsī, saeptum	umzäunen, einschließen	
	undique *Adv.*	von allen Seiten	
	vestīre, vestiō, vestīvī, vestītum	bekleiden, bedecken	in-vestieren; In-vestitur F. *vêtir, le vêtement*
	veprēs, *Abl.Pl.:* -ibus, *m*	Dornbusch	
	dūmētum,-ī	Dickicht, Gestrüpp	
29	cōn-spicere,-spiciō,-spexī, -spectum	erblicken	
	columella,-ae	kleine Säule	
30	figūra,-ae	Form, Bild, Zeichnung	Figur; E/F. *figure*
31	statim *Adv.*	sofort	
	dīcere, dīcō, dīxī, dictum	sagen	diktieren, Diktion, Diktat; dichten, Dichter; F. *dire*
32	quaerere, quaerō, quaesīvī, quaesītum	suchen, (nach jem./etw.) fragen	E/F. *question*
	quaerere ex *(m. Abl.)*	jemanden fragen	
33	(im-)mittere, mittō, mīsī, missum	(hinein-)schicken	Mission, Immission F. *mettre*
	falx, falcis, *f*	Sichel	
34	pūrgāre, pūrgō	reinigen, säubern	purgieren; Purgatorium
	aperīre, aperiō, aperuī, apertum	öffnen, freilegen	F. *ouvrir*
35	ac-cēdere,-cēdō,-cessī, -cessum	herangehen, dazukommen	E. *to accede; access* F. *l'accès*

10

36	ap-pārēre,-pāreō,-pāruī	sich zeigen, sichtbar werden, erscheinen	E. *to appear* F. *apparaître*
	īn-scrīptiō,-tiōnis, *f*	Inschrift, Aufschrift	E/F. *inscription*
	dē-clārāre,-clārō	erklären	deklarieren E. *to declare* F. *déclarer*
38	co-gnōscere, co-gnōscō, co-gnōvī, cognitum	erkennen, bemerken, kennenlernen	In-kognito; F. *connaître*
(3)			
40	indāgātrīx,-trīcis, *f*	Erforscherin	
	expultrīx,-trīcis, *f*	Vertreiberin	
	vitium,-ī	Fehler, Laster	F. *le vice*
41	urbs, urbis, *f*	(Groß-)Stadt	urban
	fundāre, fundō	gründen	Fundament; E. *foundation* F. *la fondation*
42	dis-sipāre,-sipō	zerstreuen	E. *to dissipate* F. *dissiper*
	societās,-tātis, *f*	Gesellschaft, Gemeinschaft	Sozietät E. *society;* F. *la société*
	(con-)vocāre, vocō	(zusammen-)rufen	Vokativ; Vokal
43	iungere, iungō, iūnxī, iūnctum	verbinden	Junktur; E. *junction* F. *joindre*
44	inventrīx,-trīcis, *f*	Erfinderin	
	magister, magistrī	Lehrer, Meister	E. *master;* F. *le maître*
	magistra,-ae	Lehrerin, Meisterin	
46	praebēre, praebeō, praebuī, praebitum (< prae-hib-)	darreichen, gewähren, verschaffen	
47	neg-legere,-legō,-lēxī, -lēctum	nicht beachten, missachten, vernachlässigen	E. *to neglect* F. *négliger*
	vituperāre, vituperō	tadeln, kritisieren	

11

(1)	senectūs,-tūtis, *f*	Greisenalter	
1	quōcumque *Adv.*	wohin auch immer	
	venīre, veniō, vēnī, ventum	kommen	
	vidēre, videō, vīdī, vīsum	sehen	Visum, Vision
2	vituperāre, vituperō	tadeln, kritisieren	
	vīlicus,-ī	Verwalter	
3	aedificium,-ī	Gebäude	E. *edifice;* F. *l'édifice*
	in-cultus,-a,-um	ungepflegt, verkommen	
	sordidus,-a,-um	schmutzig	

5	bene *Adv.*	gut	F. *bien*
	cūrāre, cūrō	besorgen, sich um jem./etw. kümmern, pflegen	kurieren
6	vetus, *Gen. Sg.*: veter-is *(Konsonantische Deklination!)*	alt	Veteran
7	aedificāre, aedificō	bauen, erbauen	E. *to edify;* F. *édifier*
8	quīdam, quaedam, quiddam/quoddam	ein gewisser, ein bestimmter; *Pl. auch:* einige *(G 4)*	
	arbor, árboris, *f*	Baum	F. *l'arbre*
9	inquam *(in die direkte Rede eingeschoben)*	sagte ich	
10	folium,-ī	Blatt	Folie, Foliant F. *la feuille*
11	anteā *Adv.*	vorher	
12	pōnere, pōnō, posuī, positum	setzen, stellen, legen	Position; positiv
	ir-rigāre, ir-rigō	bewässern	E/F. *irrigation*
	colere, colō, coluī, cultum	behandeln, pflegen, bebauen; verehren	kultivieren; Kult; Kultur
13	prīmus,-a,-um	erster	Prim-Zahl; Primat
14	vertere, vertō, vertī, versum	wenden, drehen	Version
16	dare, dō, dedī, datum	geben	Datum; E/F. *date*
	cursus, *Akk.Sg.:* cursum, *m*	Lauf, Verlauf	Kurs, Kursus
	per-agere,-agō,-ēgī,-āctum	durchführen, vollenden, (Zeit) verbringen	
(2)	iocus,-ī	Scherz	Jux; Joker E. *joke;* F. *le jeu*
18	ancilla,-ae	Magd, Dienerin	
19	sentīre, sentiō, sēnsī, sēnsum	fühlen, denken, merken	E. *sense;* F. *sentir*
	iussū	auf Befehl	
	intus *Adv.*	innerhalb, drinnen	
20	paucīs diēbus post	wenige Tage danach	
21	iānua,-ae	Haustür	
22	ex-clāmāre, ex-clāmō	herausrufen, ausrufen	E. *to exclaim*
23	clāmāre, clāmō	rufen	E. *to claim*
24	vōx, vōcis, *f*	Stimme	E. *voice;* F. *la voix*
25	nūper *Adv.*	neulich	
	crē-dere, crē-dō, crē-didī, crē-ditum	vertrauen, glauben	Credo; Kredit F. *croire*
(3)	Iugurtha,-ae	Iugurtha, *König von Numidien; er hatte u.a. seine Brüder ermorden lassen, um allein regieren zu können.*	
	Numidia,-ae	Numidien, *Landschaft in Nordafrika, im heutigen Algerien*	

27	iubēre, iubeō, iussī, iussum	auffordern, befehlen	
28	scelus,-eris, *n*	Verbrechen	
	com-mittere,-mittō,-mīsī, -missum	zustande bringen; zusammenfügen, anvertrauen	Kommission; Kommiss
	scelus committere	ein Verbrechen begehen	
	arguere, arguō, arguī	beschuldigen, darlegen	Argument
29	nōbilis, *Nom.Pl.m.:* -ēs	bekannt, vornehm, adlig	
30	cor-rumpere,-rumpō,-rūpī, -ruptum	verderben, bestechen	korrumpieren, korrupt
31	pūnīre, pūniō, pūnīvī, pūnītum	bestrafen	E. *to punish;* F. *punir*
	sinere, sinō, sīvī, situm	zulassen, lassen	
32	paulō post	kurz darauf	
	Numida,-ae, *m*	Numider	
	inter-ficere,-ficiō,-fēcī, -fectum	töten	
33	auctor,-tōris, *m*	Veranlasser, Urheber, Gewährsmann	Autor
34	dē-cēdere,-cēdō,-cessī, -cessum	weggehen	F. *décéder*
(4)	coniūrātiō,-tiōnis, *f*	Verschwörung, Eidbündnis *(s. Teil 1, S. 79)*	
35	facere, faciō, fēcī, factum	machen	Fakt, Faktum; F. *faire*
36	cōnsilium,-ī	Plan, Rat, Beschluss, Entschluss; Ratsversammlung	E. *counsel* F. *le conseil*
	pate-facere,-faciō,-fēcī, -factum (*Pass.:* pate-fierī)	öffnen, aufdecken	
37	capere, capiō, cēpī, captum	fassen, nehmen, ergreifen, begreifen	kapieren E. *to capture*
	ab-īre,-eō,-iī,-itum	weggehen	Abitur
38	dē hāc rē	über diese Sache, darüber	
	docēre, doceō, docuī, doctum	belehren, informieren	dozieren, Dozent, Doktor
39	vel *Adv.*	oder; *steigernd:* sogar	
	ē-mittere,-mittō,-mīsī, -missum	(hin)aussenden,-schicken	Emission; Emissär
	ē-icere, ē-iciō *(gespr.: ējic-),* ē-iēcī, ē-iectum	hinauswerfen	E. *to eject*
	ex-pellere, ex-pellō, ex-pulī, ex-pulsum	hinaustreiben, vertreiben	

11

40	ex-cēdere,-cēdō,-cessī, -cessum	hinausgehen	Exzess; E. *to exceed*
	ē-vādere, ē-vādō, ē-vāsī, ē-vāsum	hinausgehen, entrinnen; sich entwickeln	E. *to evade*
	ē-rumpere, ē-rumpō, ē-rūpī, ē-ruptum	ausbrechen	E. *to erupt*

12

(1)	ēruptiō,-tiōnis, *f*	Ausbruch	Eruption
	mōns, montis, *m*	Berg	E. *Mount, mountain* F. *le mont*
	Vesuvius,-ī	der Vesuv	
1	longē *Adv.*	weit; bei weitem, weitaus	
	Neāpolis,-is, *f*	Neapel	
2	post Christum nātum	nach Christi Geburt	
	ūndēoctōgēsimus,-a,-um	79. *(lateinische Jahreszählung mit Ordnungszahl)*	
4	Mīsēnum,-ī	Misenum, *Kriegshafen am Golf von Neapel; vornehmes Villengebiet*	
6	sedēre, sedeō, sēdī, sessum	sitzen *(Subjekt: Plinius und seine Familie)*	Sessel E/F. *session*
	ārea,-ae	freier, ebener Platz, Terrasse	Areal; E. *area*
	mare,-is, *n*	Meer	F. *la mer*
	tēctum,-ī	Dach, Haus	F. *le toit*
	dīvidere, dīvidō, dīvīsī, dīvīsum	teilen, trennen	dividieren, Division
7	tremor,-ōris, *m*	Zittern, Beben	
	quasi *Adv.*	gleichsam	
	re-pellere, re-pellō, reppulī, re-pulsum	zurückstoßen,-schlagen, -treiben	E. *to repel, repulse*
8	animal,-ālis, *n*	Lebewesen, Tier	E/F. *animal*
	siccus,-a,-um	trocken	Sekt; F. *sec*
	(h)arēna,-ae	Sand; *Pl.:* Sandbänke	Arena
	dē-tinēre,-tineō,-tinuī, -tentum	festhalten	E. *to detain* F. *détenir*
9	latus,-eris, *n*	Seite	multi-lateral
	nūbēs,-is, *f*	Wolke	
	dē-scendere,-scendō, -scendī,-scēnsum	herab-, hinabsteigen	E. *to descend* F. *descendre*
10	operīre, operiō, operuī, opertum	zudecken, verbergen	E. *to cover;* F. *couvrir* (< co-operīre)
	abs-condere, -condō, -con(di)dī, -conditum	verbergen, verhüllen	E. *to abscond*
	Capreae,-ārum	die Insel Capri	

12

(2)	oppūgnātiō,-tiōnis, *f*	Bestürmung, Sturmangriff	
11	agger, aggeris, *m*	Aufschüttungsmaterial *(Erde, Steine, Holz),* Damm	
	ex-struere,-struō,-strūxī, -strūctum	errichten	
	turris,-is, *f*	Turm	F. *la tour*
	cōn-stituere,-stituō,-stituī, -stitūtum	hin-, feststellen, errichten	Konstitution E. *to constitute* F. *constituer*
13	prīmō *Adv.*	zuerst, zunächst	
	ir-rīdēre,-rīdeō,-rīsī,-rīsum	verlachen, verspotten	
14	procul *Adv.*	von fern, entfernt	
	moenia,-ium, *n*	Stadtmauer(n)	
15	vīs, vim, vī, *f* *Pl.:* vīrēs,-ium *(G 1.4)*	Kraft, Macht, Gewalt	
	statūra,-ae	Körpergröße, Gestalt	Statur; E/F. *stature*
16	tantus,-a,-um	so groß	
	prō-movēre,-moveō,-mōvī, -mōtum	vorwärts bewegen, voranbringen	promovieren E. *to promote*
17	ubi / ut / cum (prīmum) *m. Ind.* ***Perfekt***	sobald *(G 6.3)*	
	ad-movēre,-moveō,-mōvī, -mōtum	heranbewegen, nähern, vorschieben	
19	ops, opis, *f*	Kraft, Hilfe *Pl.:* Macht(-mittel), Reichtum	
20	celeritās,-tātis, *f*	Schnelligkeit	
21	trā-dere, trā-dō, trā-didī, trā-ditum	übergeben, überliefern	tradieren, Tradition E. *trade*
(3)	mōnstrum,-ī	Wunderzeichen, Ungeheuer; *hier:* Gespenst	Monstrum, Monster
	Athēniēnsis,-e	athenisch; *Subst. (m):* Athener	
22	spatiōsus,-a,-um	geräumig, weitläufig	
	capāx, *Gen.Sg.:* capāc-is	aufnahmefähig, fassungskräftig, geräumig	Kapazität
23	īn-fāmis,-e	verrufen	infam, Infamie E. *infamous, infamy* F. *infame*
	pestilēns, *Gen.Sg.:* -ent-is	verderbenbringend, ungesund	Pestilenz
24	noctū *Adv.*	nachts	
	imāgō, imāginis, *f*	Bild, Abbild, Erscheinung	E/F. *image*
	horribilis,-e	schauerlich, schrecklich	E/F. *horrible*

25	senex, senis, *m*	alter Mann, Greis	senil
	sordidus,-a,-um	schmutzig	
	atrōx, *Gen.Sg.:* atrōc-is	schrecklich, furchtbar, wild	E. *atrocious;* F. *atroce*
	prōmissus,-a,-um	lang herabhängend	
	barba,-ae	Bart	Barbier
	horrēns, *Gen.Sg.:* horrent-is	starrend, struppig	
	capillus,-ī	Haar	Kapillare; F. *les cheveux*
26	vinculum,-ī	Fessel	
	gravis,-e	schwer *(von Gewicht),* drückend; schwer *(von Bedeutung),* würdig	Gravität, Gravitation gravitätisch; E/F. *grave*
27	īn-fēlīx, *Gen.Sg.:* īn-fēlīc-is	unglücklich, unheilvoll	
	timidus,-a,-um	ängstlich	E/F. *timide*
	dormīre, dormiō	schlafen	F. *dormir*
28	tempus,-oris, *n*	Zeit	Tempo; F. *le temps*
	philosophus,-ī	Philosoph	
	nōbilis,-e	bekannt, berühmt, edel	nobel; E/F. *noble*
	celeber, celebris, celebre	berühmt, gefeiert	F. *célèbre*
29	postquam *m. Ind.* ***Perfekt***	nachdem *(G 6.4)*	
30	in-vestigāre, in-vestigō	aufspüren, erforschen	E. *to investigate*
31	sub *m. Akk.*	unter – hin *(Frage: wohin?);* unmittelbar vor/nach	F. *sous*
	m. Abl.	unter *(Frage: wo?),* unterhalb; während	
	vesper, vesperī, *m*	Abendstern, Abend	Vesper
	sub vesperum	gegen Abend	
	fortis,-e	tapfer	forsch; F. *fort*
	cōn-ferre,-ferō, con-tulī, col-lātum *(G 3.2)*	zusammentragen; vergleichen	Konferenz; kollationieren
	sē cōnferre	sich begeben	cf. = cōnfer ‚vgl.' E. *to confer/collate*
32	tabula,-ae	Tafel, Schreibtafel	E/F. *table*
	stilus,-ī	Schreibstift, Griffel	Stil
	lūmen,-minis, *n*	Licht, Leuchter	
	ferre, ferō, tulī, lātum *(G 3.2)*	tragen, bringen; berichten; antreiben	
33	ātrium,-ī	Atrium, Eingangshalle	
	cōn-sīdere,-sīdō,-sēdī	sich setzen, sich niederlassen	
	aliquis, aliquid *(subst.)*	(irgend-)jemand, etwas	
	in-cipere, in-cipiō, coepī, coeptum (in-ceptum) *(G 3.3)*	anfangen, beginnen	
34	silentium,-ī	Schweigen, Stille	E/F. *silence*
	sonus,-ī	Laut, Ton, Geräusch	sonor; Re-sonanz; Kon-sonant E. *sound;* F. *le son*
	catēna,-ae	Kette	E. *chain;* F. *la chaine*

35	dum *(Subjunktion; G 6.2)*		
	1. m. Ind. ***Präsens***	während	
	2. m. Ind. (Zeit wie im übergeordneten Satz)	solange (wie/als)	
	3. m. Ind. ***Perfekt***	(solange,) bis	
	pergere, pergō, per-rēxī, per-rēctum (*zu* regere)	fortfahren, weitermachen	
36	ap-propinquāre, -propinquō	sich nähern	
	intrāre, intrō	eintreten, betreten	E. *to enter;* F. *entrer*
38	stāre, stō, stetī, (stātum)	stehen	
	in-nuere, in-nuō	zunicken, zuwinken	
	digitus,-ī	Finger	digital; F. *le doigt*
39	rūrsus *Adv.*	wiederum	
	in-tendere,-tendō,-tendī, -tentum	anspannen, auf etw. richten	E. *to intend*
40	caput, capitis, *n*	Kopf, Haupt; Hauptstadt	Kapital; E. *capital* F. *la capitale*
	īn-sonāre,-sonō,-sonuī *(m. Dat.)*	Geräusch machen, rasseln (über)	
41	dōnec *(Subjunktion; G 6.2)*		
	1. m. Ind. (Zeit wie im übergeordneten Satz)	solange (wie/als)	
	2. m. Ind. ***Perf.***	(solange,) bis	
	dē-sistere,-sistō,-stitī	ablassen, aufhören	E. *to desist*
	tollere, tollō, sus-tulī, sub-lātum *(G 3.2)*	emporheben, aufheben; beseitigen	
42	ex-īre,-eō,-iī,-itum	hinaus-, herausgehen	E. *exit*
43	lentē *Adv.*	langsam	F. *lent*
	onustus,-a,-um	belastet, beladen	
44	vix *Adv.*	kaum	
	hortus,-ī	Garten, Park	Kinder-Hort
	subitō *Adv.*	plötzlich	
	ē-vānēscere, ēvānēscō, ēvānuī	verschwinden	F. *s'évanouir*
45	prūdēns, *Gen.Sg.:* prūdent-is	umsichtig, klug	F. *prudent*
	notāre, notō	kennzeichnen; notieren	NB = notā bene! E. *to note;* F. *noter*
46	postrīdiē *Adv.*	am folgenden Tag	
	ef-fodere,-fodiō,-fōdī, -fossum	aus-, aufgraben	Fossil
47	os, ossis, *n* (*Pl.:* ossa, ossium)	Knochen	F. *l'os (les os)*
	vincīre, vinciō, vinxī, vinctum	binden, fesseln	

12 48	col-ligere,-ligō,-lēgī,-lēctum	zusammenlesen, sammeln	Kollekte, Kollektion E. *to collect*
	rītē *Adv.*	nach Brauch, in gehöriger Weise	Ritus
	sepelīre, sepeliō, sepelīvī, sepultum	begraben, bestatten	F. *en-sevelir*
(4)			
50	salvē! salvēte!	sei/seid gegrüßt!	Salve
	minimus,-a,-um	kleinster, sehr klein	Minimum, minimal
	nāsus,-ī	Nase	E. *nose;* F. *le nez*
51	bellus,-a,-um	schön	F. *beau/bel(le)*
	pēs, pedis, *m*	Fuß	F. *le pied*
	niger, nigra, nigrum	schwarz	Neger; F. *noir*
	ocellus,-ī	Äuglein	F. *l'oeil*
52	longus,-a,-um	lang	E/F. *long*
	ōs, ōris, *n*	Mund, Gesicht	oral; E/F. *oral*
53	prōverbium,-ī	Sprichwort	E. *proverb;* F. *le proverbe*
13 (1)	urbs, urbis, *f*	(Groß-)Stadt; die Stadt Rom	
1	rīpa,-ae	Ufer	
	Tiberis,-is, *m*	der Tiber	
	Rōmulus,-ī	Romulus, *der Sage nach Gründer Roms (753 v.Chr.)*	
	con-dere, con-dō, con-didī, con-ditum	zusammentun, -legen; gründen; bergen; bestatten	
2	in-crēdibilis,-e	unglaublich	E. *incredible* F. *incroyable*
	opportūnitās,-tātis, *f*	günstige Lage	E. *opportunity*
	dē-ligere,-ligō,-lēgī,-lēctum	auslesen, auswählen	E. *to delect*
3	neque enim	denn nicht	
	ad-movēre,-moveō,-mōvī, -mōtum	heranbewegen, heranführen; *hier:* (heran-)legen	
4	maritimus,-a,-um	zum Meer gehörig, am Meer gelegen, See-; vom Meer kommend	maritim
	op-pōnere,-pōnō,-posuī, -positum	entgegenstellen, (einer Gefahr) aussetzen	opponieren; Opposition
5	terra continēns	Festland, Kontinent	
	ad-venīre,-veniō,-vēnī, -ventum	ankommen	Advent; E. *adventure* F. *l'aventure* (Abenteuer); *l'avenir*
	hostis,-is, *m*	Feind	E/F. *hostile*
	indicium,-ī	Anzeichen, Anzeige	Indiz
6	dē-nūntiāre,-nūntiō	ankündigen, verraten	denunzieren
7	nāvālis,-e	zum Schiff gehörig, zu Schiff (befindlich)	E/F. *naval*

13

8	nāvis,-is, *f*	Schiff	E. *navy;* F. *la nef*
	tūtus,-a,-um	geschützt, sicher	Tutor
9	ex-cellere,-cellō	hervorragen, sich auszeichnen	E. *to excel*
	excellēns, *Gen.Sg.:* -ent-is	hervorragend	exzellent; Exzellenz
	prōvidentia,-ae	Voraussicht	E/F. *providence*
	prō-vidēre,-videō,-vīdī, -vīsum *m. Akk.:*	vorhersehen, voraussehen; besorgen	provisorisch E. *to provide*
	m. Dat.:	Vorsorge treffen für	
11	corruptēla,-ae	Verderbnis	Korruptel
	mūtātiō,-tiōnis, *f*	Veränderung	Mutation
12	mōbilis,-e	beweglich, unbeständig, wankelmütig	mobil; Möbel; Im-mobilie
13	rēs, *Abl.Sg.:* rē, *f*	Sache, Sachverhalt	
	vetus, *Gen.Sg.:* veter-is	alt *(s. G 3)*	Veteran
	recēns, *Gen.Sg.:* recent-is	frisch, neu	rezent; E. *recent* F. *récent*
14	Carthāgō,-ginis, *f*	Karthago, *Stadt in Nordafrika, beim heutigen Tunis, von den Römern 146 v.Chr. zerstört*	
	quondam *Adv.*	einstmals	
	Corinthus,-ī, *f*	Korinth, *See- und Handelsstadt in Griechenland, ebenfalls 146 v.Chr. von den Römern zerstört (von Caesar neugegründet)*	
16	Carthāginiēnsis,-e	karthagisch; *Subst. (m):* Karthager	
	Corinthius,-a,-um	korinthisch; *Subst. (m):* Korinther	
	dīves, *Gen.Sg.:* dīvit-is	reich *(s. G 3)*	
18	ūtilitās,-tātis, *f*	Nutzen, Vorteil	E. *utility;* F. *utilité*
19	vītāre, vītō	(ver-)meiden	F. *é-viter*
20	rīpa,-ae	Ufer	
	perennis,-e	beständig, dauernd	
	amnis,-is, *m*	Fluss	
	aequābilis,-e	gleichmäßig (fließend)	
21	lātē *Adv.*	breit	
	īn-fluere,-fluō,-flūxī	hineinfließen	E/F. *influence*
22	nātūrālis,-e	natürlich, naturgegeben, wesenhaft	E. *natural;* F. *naturel*
	omnis,-e	jeder, ganz; *Pl.:* alle	Omnibus
23	plānē *(Adverb)*	vollständig, völlig	
	neglegēns, *Gen.Sg.:* -ent-is	nachlässig, unaufmerksam	
24	pars, partis, *f*	Teil, Seite, Rolle *(eines Schauspielers)*	Part, Partei; E. *party* F. *la part, la partie*
	praeruptus,-a,-um	abschüssig	
	mōns, montis, *m*	Berg	

13

	Scīpiō (Africānus Minor)	*s. Teil 1, S. 47*	
(2)	rēs pūblica, *Gen.Pl.:* rērum pūblicārum	Staat, Republik	
25	trēs, tria	drei	F. *trois*
26	rēgnum,-ī	Königsherrschaft, Monarchie, Königreich	E. *reign;* F. *le règne*
27	optimātēs,-ium, *m*	Aristokraten; *in der römischen Innenpolitik:* Optimaten *(Vertreter der Senatspartei)*	
	arbitrium,-ī	Entscheidung, Gutdünken	E. *to arbitrate* F. *l'arbitrage*
28	populāris,-e	zum Volk gehörig; volksfreundlich, demokratisch	populär; E. *popular* F. *populaire*
29	quī-, quae-, quidvīs *(subst.)*/ quodvīs *(adj.)*	jeder beliebige	
	per-ficere,-ficiō,-fēcī, -fectum	vollenden, herstellen	perfekt; Perfekt E. *perfect;* F. *parfait*
30	tolerābilis,-e	erträglich	tolerabel; E/F. *tolerable*
31	prae-stāre,-stō,-stitī,-stitum	voranstehen, der Beste sein, übertreffen; (einen Dienst) leisten, erweisen	
	sententia,-ae	Meinung, Sinn, Satz	Sentenz; E/F. *sentence*
(3)	rēs gesta, *Abl.Pl.:* rēbus gestis	(ausgeführte Sache:) Tat	Regesten
32	cīvīlis,-e	bürgerlich, Bürger-	Zivil; E/F. *civil*
	externus,-a,-um	auswärtig	extern
	orbis,-is, *m*	Kreis	E. *orbit*
	orbis terrārum	der Erdkreis	
33	sacrāmentum,-ī	Treueid, Fahneneid	Sakrament
34	circiter *Adv.*	ungefähr	
	quīngentī,-ae,-a	fünfhundert	
	mīlle *(undeklinierbar),* *Pl.:* mīlia,-ium, *n*	tausend Tausende	Meile; E. *mile*
	cīvis,-is, *m*	Bürger	
35	triumphus,-ī	Triumph, Triumphzug	F. *le triomphe*
	triumphum agere	einen Triumph(zug) feiern	
36	mī = mihi		
	bāsium,-ī	Kuss	F. *le baiser*
37	salūs, salūtis, *f*	Heil, Wohlergehen, Rettung; Gruß	Salut; F. *le salut*

14 (1)

1	incolumis,-e	unversehrt, wohlbehalten	
	flōrēre, flōreō, flōruī	blühen	florieren

14

(2)	amor,-ōris, *m*	Liebe, Lust	F. *l'amour*
3	pārēre, pāreō, pāruī	gehorchen, sich nach ... richten	parieren
4	praesēns, *Gen.Sg.:* praesentis	anwesend, gegenwärtig, augenblicklich	präsent; Präsens E. *present;* F. *présent*
	commodum,-ī	Vorteil, Bequemlichkeit	Kommode; F. *commode* E. *commodious*
	posteritās,-tātis, *f*	Nachwelt	E. *posterity* F. *la postérité*
	servīre, serviō	Sklave sein, dienen	servieren, Service
5	nē *m. Konjunktiv:*		
	in Hauptsätzen (G 2)	*Verneinung eines Wunsches, Befehls oder einer Aufforderung*	
	in finalen Gliedsätzen (G 3.3)	dass nicht, damit nicht	
	timidus,-a,-um	furchtsam	
6	sub-īre,-eō,-iī,-itum	unter etw. gehen, auf sich nehmen, erdulden	F. *subir*
(3)	hūmānus,-a,-um	menschlich	human
7	utinam	*Einleitung eines Wunsches (G 2.1)*	
	dōnum,-ī	Geschenk, Gabe	F. *le don*
	dīvīnus,-a,-um	göttlich	E. *divine;* F. *divin*
9	improbē *Adv.*	in verbrecherischer Weise	
	ad-hibēre,-hibeō,-hibuī, -hibitum	hinzunehmen, anwenden	
10	potius *Adv.*	eher, lieber	
11	nocēre, noceō, nocuī, (nocitum)	schaden	
(4)	fīlius,-ī	Sohn	F. *le fils*
15	māgnopere *Adv.*	sehr	
	monēre, moneō, monuī, monitum	erinnern, ermahnen	Monitor
	ut *1. m. Indikativ*	wie	
	m. Ind. ***Perfekt***	sobald	
	2. m. Konjunktiv	dass, damit *(final)* sodass *(konsekutiv)* wenn auch *(konzessiv)*	
	ōrātiō,-tiōnis, *f*	Rede	Oration
(5) 17	mors, mortis, *f*	Tod	F. *la mort*
18	hinc *Adv.*	von hier	
19	mortem obīre	den Tod erleiden, sterben	
20	melius *(Nom./Akk. Sg. n)*	besser	
(6) 21	nūntius,-ī	Bote; Nachricht	Nuntius
22	cūria,-ae	Rathaus, Kurie (Senatsgebäude); Ratsversammlung	
	ex-pōnere,-pōnō,-posuī, -positum	ausstellen, aussetzen; darlegen	E. *to expose* E/F. *exposition*

23	quantus,-a,-um	wie groß	Quantum, Quantität
24	quot *(undeklinierbar!)*	wie viele	Quot-ient
	caedere, caedō, cecīdī, caesum	niederhauen: fällen, töten	Zäsur
25	mīles, mīlitis, *m*	Soldat	Militär; Miliz
	cadere, cadō, cécidī, (cāsum)	fallen	Kadenz; Kasus E. *case;* F. *le cas*
26	fugere, fugiō, fūgī, fugitum	fliehen	F. *fuir*
(7)			
27	duōdēquadrāgintā	38	
	tyrannus,-ī	(Allein-)Herrscher, Tyrann	
28	cum *Subjunktion*		
	1. m. Indikativ	*relativisch:* damals, **als**; dann, **wenn**	
		iterativ: immer, **wenn**	
		modal: indem; dadurch, dass	
		inversiv: als (plötzlich)	
		m.Ind.Perf.: sobald	
	2. m. Konjunktiv (G 3.5)	*erzählend:* als, nachdem	
		kausal: weil, da	
		konzessiv: obwohl	
		adversativ: während	
	quīnque et vīgintī annōs nātus	25 Jahre alt, im Alter von 25 Jahren	
	dominātus, *Akk.Sg.:* -um, *m*	(Allein-)Herrschaft, Tyrannis	Dominat
	oc-cupāre, oc-cupō	besetzen, an sich reißen; beschäftigen	E. *to occupy* F. *occuper*
30	ab-undāre, ab-undō *(m. Abl.)*	überfließen, überreich ausgestattet sein (mit)	Abundanz E. *abundant;* F. *abonder*
	aequālis,-e	gleichartig, gleichaltrig; *Subst. (m.):* Altersgenosse	egal; E. *equal* F. *égal*
	propinquus,-a,-um	nahe, verwandt; Verwandte(r)	
32	quīn etiam	ja sogar	
	tōnsor,-sōris, *m*	Scherer, Barbier	
	collum,-ī	Hals	F. *le col;* E. *coll-ar*
33	tondēre, tondeō, totondī, tōnsum	scheren, rasieren	Tonsur
	fīlia,-ae	Tochter	Filiale; F. *la fille*
34	quantopere *Adv.*	wie sehr	
	dēsīderāre, dēsīderō	ersehnen, sehnlich wünschen	E. *to desire;* F. *désirer*
36	īnsidiae,-ārum *(Pluralwort)*	Hinterhalt, Anschlag	
	parāre, parō	bereiten, vorbereiten, planen	
36	damnāre, damnō	verurteilen	ver-dammen
	capitis damnāre	zum Tod verurteilen	E. *to damn, con-demn* F. *con-damner*

14 38	per-mittere,-mittō,-mīsī, -missum	überlassen, erlauben	E. *to permit* F. *permettre*
39	antequam *(m. Ind. od. Konj.)* supplicium,-ī suppliciō afficere diēs, *Akk.Pl.:* diēs, *m*	bevor demütiges Bitten; Todesstrafe hinrichten Tag	 F. *le supplice*
40	vas, vadis, *m*	Bürge	
41	līberāre, līberō	befreien, auslösen	E. *to liberate;* F. *libérer*
42	hōra,-ae dē-stināre, dē-stinō	Zeit, Stunde festsetzen, bestimmen	E. *hour;* F. *l'heure*
43	admīrātiō,-tiōnis, *f*	Bewunderung	E/F. *admiration*
44	ab-solvere,-solvō,-solvī, -solūtum	los-, freilassen, freisprechen	absolvieren, Absolution
45	tertius,-a,-um ad-scrībere,-scrībō,-scrīpsī, -scrīptum	dritter hinzuschreiben, *(in eine Liste)* aufnehmen	Terz E. *to ascribe*
46	dīgnus,-a,-um *(m. Abl.)*	würdig	Dignität E. *dignity;* F. *digne*
15 (1)	rēs, reī, *f* rēs pūblica	Sache, Angelegenheit Staat	re-al Republik
2	coetus,-ūs, *m* *(zu* co-īre) multitūdō,-tūdinis, *f*	Zusammengehen, Zusammen- kunft, Vereinigung Menge	
3	cōnsēnsus,-ūs, *m* ūtilitās,-tātis, *f* commūniō,-iōnis, *f* sociāre, sociō sociātus:	Übereinstimmung, ‚Konsens' Nutzen Gemeinsamkeit, Gemeinschaft verbünden, vereinigen *Attribut zu* coetus	 Kommunion E. *as-sociate* F. *as-socier*
5	con-gregātiō,-tiōnis, *f*	Vereinigung, Herdentrieb *(grex ‚Herde')*	Kongregation
6	sēdēs, sēdis (*Gen.Pl.:* sēd**um**), *f* prīmum *Adv.*	Sitz, Niederlassung zuerst, erstens	
7	domicilium,-ī	Wohnsitz, Wohnung	
8	manus,-ūs, *f* locīs manūque saepīre, saepiō, saepsī, saeptum	Hand; (Handvoll =) Schar (durch Gelände und Hand =) mithilfe der Geländebeschaf- fenheit und durch Baumaßnahmen einzäunen, abgrenzen, umgeben	F. *la main*

9	tālis,-e	so beschaffen	F. *tel*
	coniūnctiō,-tiōnis, *f*	Verbindung	Konjunktion
	domus,-ūs, *f (G 1.3)*	Haus	Dom
11	penes *m. Akk.*	bei	
	summa,-ae	Hauptsache, Gesamtheit; oberste Leitung	Summe; F. *la somme*
13	status,-ūs, *m*	Zustand, Verfassung	Status; Staat E. *state;* F. *l'état*
14	in-iūstus,-a,-um	ungerecht	
15	per-īre,-eō,-iī,-itum	verloren gehen, zu Grunde gehen	E. *to perish;* F. *périr*
16	tyrannus,-ī	Tyrann	
17	per sē	durch sich, von sich aus, aus eigener Kraft	
18	prīmō *Adv.*	zuerst, zunächst	
	moderāre, moderō	mäßigen, lenken	moderieren
	moderātus,-a,-um	gemäßigt, maßvoll	moderat
	rēs gesta	(ausgeführte Sache:) Tat	
	gaudēre, gaudeō *(m. Abl.)*	sich freuen (über ...)	
19	cōn-servāre,-servō	bewahren, beibehalten	konservieren; konservativ
	per sē	von ihm *(näml.: dem Volk)*	
20	sīn *Subjunktion*	wenn aber	
	iūstus,-a,-um	gerecht, rechtmäßig	E. *just;* F. *juste*
21	spoliāre, spoliō	berauben	
	ūsurpāre, ūsurpō	sich aneignen, gebrauchen	usurpieren; Usurpator
22	Platō,-ōnis	Plato, *griechischer Philosoph (427-347 v.Chr.), Schüler des Sokrates, Lehrer des Aristoteles*	
23	magistrātus,-ūs, *m*	Beamter; Amt, Behörde	Magistrat
26	agitāre, agitō	heftig bewegen, (be-)treiben; jagen, hetzen, heftig tadeln	agitieren
	voluntārius,-a,-um	freiwillig	Volontär; E. *voluntary* F. *volontaire,-tiers*
27	postrēmō *Adv.*	zuletzt, schließlich	
28	plēnus,-a,-um *(m. Gen.)*	voll (von ...)	E. *plenty;* F. *plein*
29	dominātiō,-tiōnis, *f*	Herrschaft	
30	metuere, metuō, metuī	fürchten	
31	inter-esse,-sum,-fuī *(m. Dat.)*	(dazwischen sein), dabei sein, teilnehmen (an etw.)	
	inter-est	es ist ein Unterschied; es ist wichtig, von *Interesse*	
	peregrīnus,-a,-um	ausländisch, fremd	Pilger (Pilgrim) F. *le pélerin*

15

33	ut *m. Konj.*	*hier final!*	
	plānē *Adv.*	vollständig	
	ūllus,-a,-um *(Pronominaladj.; 3 G 3)*	irgendein(-er,-e) *(nur in negativen Sätzen)*	
(2)	pūgna,-ae	Kampf, Schlacht	
	Cannēnsis,-e	zu Cannae gehörig: in/bei Cannae stattfindend	
34	Cannae,-ārum	Cannae, *Ort in Apulien (Schlacht: 216 v.Chr.)*	
	aciēs, aciēī, *f*	Schärfe; Schlachtreihe,-ordnung	F. *l'acier*
	īn-struere,-struō,-strūxī, -strūctum	einrichten, aufstellen; unterweisen	instruieren; Instruktion
35	dexter, dext(e)ra, dext(e)rum	rechts, rechte(r); günstig	
	cornū,-ūs, *n*	Horn; Heeresflügel	
	pedes, peditis, *m*	Fußsoldat	
36	laevus,-a,-um	links, linke(r); ungeschickt	
	equitātus,-ūs, *m*	Reiterei	
	socius,-ī	Gefährte, Bundesgenosse	Sozius; sozial
	peditātus,-ūs, *m*	Fußvolk	
37	medius,-a,-um	der/die/das mittlere	Medium
	media aciēs *(s. G 4)*	1. die mittlere Schlachtreihe 2. die Mitte der Schlachtreihe	
	legiō,-iōnis, *f*	Legion	
39	sinister, sinistra,-um	links, linke(r); ungeschickt	
41	Hasdrubal, Maharbal	*karthagische Feldherren*	
43	uterque, útraque, utrumque *(Pronominaladj.)* *Gen.Sg.:* utrīusque, *Dat.Sg.:* utrīque	jeder von beiden	
	exercitus,-ūs, *m*	Heer	
	oblīquus,-a,-um	schräg, von der Seite kommend	E/F. *oblique*
44	meri-diēs,-diēī, *m* (< medi-diēs)	Mittag, Süden	Meridian; F. *le midi* E. *a.m./p.m* = ante/post meridiem
45	Poenus,-ī	Punier, Karthager	
	septentriō,-iōnis, *m* *(meist Pl.:* septentriōnēs)	(Siebengestirn =) Norden	F. *septentrional*

46	diēs, diēī, *m*	Tag *(s. G 2.2)*	
	oc-cidere, -cidō, oc-cidī, (oc-cāsum)	unter-, zugrunde gehen, umkommen	Okzident
47	forīs *Adv.*	draußen	
48	iūstitia,-ae	Gerechtigkeit	Justiz; E./F. *justice*
	fundamentum,-ī	Grundlage, Fundament	

16

(1)	amōres = amor	Liebschaft, Liebesverhältnis	
	Catullus	*s. Teil 1, S. 68*	
	fīnīre, fīniō	beenden, begrenzen	E. *to finish;* F. *finir*
1	valē! valēte!	leb wohl! lebt wohl!	
	ob-dūrāre,-dūrō	ausdauern, ausharren	
2	re-quīrere,-quīrō,-quīsīvī, -quīsītum	aufsuchen, nach ... fragen, verlangen	requirieren; Requisiten E. *to require*
	in-vītus,-a,-um	nicht willig	
3	at	aber	
	dolēre, doleō, doluī	Schmerz empfinden, bedauern *(Subjekt: Person)* schmerzen *(Subjekt: Körper)*	F. *la douleur*
	nūlla: *hier wie* nōn		
4	scelestus,-a,-um	verbrecherisch	
	vae tē!	weh dir!	
5	bellus,-a,-um	schön	
6	Cuius esse dīcēris?	Wessen (Geliebte), wird man sagen, seist du? Wessen Geliebte wirst du genannt werden?	
7	bāsiāre, bāsiō	küssen	F. *baiser*
	labellum,-ī	Lippchen, Lippe	F. *la lèvre*
	mordēre, mordeō, momordī, morsum	beißen	E. *mordant* F. *mordre*
8	dē-stināre, dē-stinō	bestimmen	E. *to destine*
	dēstinātus,-a,-um	bestimmt, entschlossen	F. *destiner*
(2)	cēna,-ae	Mahlzeit	
	in-vītāre, in-vītō	einladen	E. *to invite;* F. *inviter*
9	cēnāre, cēnō	essen, speisen	
	mī: *Vokativ Sg. m von* meus		
10	dī = deī		
	favēre, faveō, fāvī, fautum *(m. Dat.)*	günstig sein, gewogen sein, jem. begünstigen	favorisieren; Favorit E. *to favor;* F. *favoriser*
12	candidus,-a,-um	strahlend weiß, strahlend schön	
13	vīnum,-ī	Wein	E. *wine;* F. *le vin*
	sāl, salis, *m*	Salz, Würze; geistreicher Witz	Salat; F. *le sel*
	cachinnus,-ī	(lautes) Lachen	
14	venustus,-a,-um	anmutig, liebenswürdig, lieb	
16	sacculus,-ī	Säckchen, Geldbeutel	Sack; F. *le sac*
	arānea,-ae	Spinne, Spinnwebe	

17	contrā *Adv.*	dagegen, als Entgelt	konträr; kontern
	Präposition m. Akk.	gegen	F. *contre*
	merus,-a,-um	rein, unverfälscht	E. *mere*
	amōrēs = amōrem *(poetischer Plural)*		
18	unguentum,-ī	Salböl, Parfum	E. *ointment*
19	dōnārunt = dōnāvērunt		
	Venus,-eris, *f*	Venus *(s. Teil 1, S. 34)*	
	cupīdō,-inis, *f*	Begehren, Verlangen, Begierde	
	Cupīdō,-inis, *m*	Cupīdo, *der Liebesgott, Sohn der Venus (= Amor, griech. Erōs)*	
	Venerēs Cupīdinēsque	alle Liebesgötter	
20	ol-facere,-faciō	riechen	
21	nāsus,-ī	Nase	
	prōverbium,-ī	Sprichwort	
22	sēmentis,-is, *f*	Aussaat	F. *la semence*
	metere, metō	mähen, ernten	
(3)			
23	numerāre, numerō	zählen	nummerieren
24	nūbilus,-a,um	bewölkt, trübe, dunkel	
	sōlus,-a,-um *(Pronominaladj.; 3 G 3)*	allein	Solo; Solist; F. *seul*
(4)	disputātiō,-tiōnis, *f*	Erörterung	Disputation, Disput
25	Scīpiō	*s. Teil 1, S. 47*	
	precēs,-um, *f*	Bitten	
	com-movēre,-moveō,-mōvī, -mōtum	bewegen, veranlassen	
	sīc *Adv.*	so	F. *si (‚ja')*
	dis-putāre,-putō	erörtern, disputieren	
28	nōmen,-minis, *n*	Name, Begriff	F. *le nom*
	ex-plicāre, ex-plicō	entfalten, erklären	explizit; E. *to explicate* F. *expliquer*
30	intel-legere,-legō,-lēxī, -lēctum	einsehen, verstehen	intelligent; Intellekt
	prius *Adv.*	früher, zuvor	
32	commūtātiō,-tiōnis, *f*	Veränderung, Wechsel	
(5)	M. Porcius Catō	*s. Teil 1, S. 43*	
	fēmina,-ae	Frau	Feminismus; feminin E. *female;* F. *la femme*
33	contentus,-a,-um	zufrieden	E/F. *content*
	ab-rogāre,-rogō (lēgem)	(ein Gesetz) durch Volksbeschluss aufheben, abschaffen	
34	dēsīderāre, dēsīderō	ersehnen, verlangen, vermissen	

16 35	ex-pūgnāre,-pūgnō	erkämpfen, erobern	
37	singulī,-ae,-a	einzeln(e), je ein (einer nach dem andern)	Singular; singulär E. *single*
	ē-ripere, ē-ripiō, ē-ripuī, ē-reptum	entreißen	
	aequāre, aequō *(m. Akk.)*	gleichmachen, gleichstellen; gleichkommen, erreichen	
38	tolerābilis,-e	erträglich	
	minimē *Adv.*	in keiner Weise, keineswegs	
39	simulatque *Subjunktion*	sobald *(vgl. 12 G 6.3)*	
	pār, *Gen.Sg.:* par-is	gleich, ebenbürtig; angemessen	Parität; Paar; F. *pair*
	superior, *Gen.Sg.:* -iōr-is	überlegen	
(6)			
41	Iugurtha,-ae	Iugurtha, *König von Numidien (im heutigen Algerien)*	
	Numida,-ae, *m*	Numider, Bewohner von Numidien	
(7)			
42	crās *Adv.*	morgen	
17 (1)	sermō,-ōnis, *m*	Gespräch, Rede, Sprache	Sermon
	ad-monēre,-moneō,-monuī, -monitum	erinnern; ermahnen, auffordern	
1	re-cumbere,-cumbō,-cubuī, -cubitum	sich niederlegen	
2	C. **Iūlius** Caesar Strabō	*einer der Gesprächsteilnehmer*	
3	flāgitāre, flāgitō	ungestüm drängen, fordern	
4	colloquium,-ī	Unterredung, Gespräch	Kolloquium
	in-īre,-eō,-iī,-itum	hineingehen, beginnen	
5	tam *bei Adjektiven und Adv.*	so	
	iūcundus,-a,-um	angenehm	
6	sapiēns, *Gen.Sg.:* sapient-is	weise, klug; *Subst.:* der Weise	F. *savant*
(2)	Ariovistus,-ī	Ariovist, *Heerkönig der germanischen Sueben; er hatte mit Teilen seines Stammes den Rhein überschritten und keltische Gebiete im heutigen Elsass besetzt*	
7	Helvētiī	Helvetier, *keltisches Volk zwischen Jura, Genfer See und Rhône; von Caesar 58 v.Chr. besiegt*	
	vincere, vincō, vīcī, victum	siegen, besiegen	F. *vaincre*
10	flēre, fleō, flēvī, flētum	weinen	
	prō-icere,-iciō *(gespr.: prōjic-)*, -iēcī, -iectum	hinwerfen, wegwerfen, preisgeben	projizieren; Projekt; Projektil
11	Diviciacus,-ī	*vornehmer Haeduer, Freund Caesars*	
	Haeduus,-ī	Haeduer, *gallischer Stamm im heutigen Burgund; Verbündete der Römer*	

17

12	factiō,-tiōnis, *f*	(politische Betätigung:) Partei	
13	prīncipātus,-ūs, *m*	Führung, Vorherrschaft	Prinzipat
14	Arvernī	Arverner, *gallischer Stamm in der nach ihnen benannten Auvergne*	
15	potentātus,-ūs, *m*	Macht, Vormacht	Potentat
	con-tendere,-tendō,-tendī, -tentum	(die Kräfte) anspannen: sich anstrengen; eilen; kämpfen; behaupten	E. *to contend*
16	Sēquanī	Sequaner, *gallischer Stamm im Schweizer Jura und südlichen Elsass (Hauptstadt Vesontiō = Besançon)*	
17	arcessere, arcessō, arcessīvī, arcessītum	herbeiholen	
18	quīndecim	fünfzehn	
19	trā-dūcere,-dūcō,-dūxī, -ductum	hinüberführen, übersetzen	F. *traduire*
	plūrēs,-ium	mehr, eine größere Anzahl	Plural
20	brevis,-e	kurz	Brief; F. *bref*
21	fīnis,-is, *m*	Ende, Grenze; *Pl.:* (das) Gebiet	F. *la fin*
22	cōgere, cōgō, co-ēgī, co-āctum (< co-agere)	zusammenführen, -bringen; zwingen	
	obses, obsidis, *m/f*	Geisel, Bürge	
23	iūrāre, iūrō	schwören	Jury; F. *jurer*
	iūs iūrandum, iūris iūrandī, *n*	Eid	
	ob-stringere,-stringō, -strīnxī,-strictum	verstricken, verpflichten	
24	re-petere,-petō,-petīvī, -petītum	zurückfordern; wiederholen	repetieren E. *to repeat;* F. *répéter*
26	perpetuō *Adv.*	dauernd, für immer	
27	pēius *Adv.*	schlechter, schlimmer	
	victor,-tōris, *m*	Sieger; *adjektivisch:* siegreich	Viktor
	ac-cidere, ac-cidit, ac-cidit *(nur 3. Person)*	sich ereignen, geschehen, ergehen	Akzidenz E./F. *accident*
30	Sēquanus,-a,-um	den Sequanern gehörig, sequanisch	
31	optimus,-a,-um	bester, sehr gut	Optimist, optimal
33	prō-mittere,-mittō,-mīsī, -missum	versprechen	E. *to promise* F. *promettre*
	haec rēs mihi cūrae est *(G 6.5)*	diese Sache ist mir Anlass zur Sorge = ich kümmere mich um diese Angelegenheit	

17

34	lēgātus,-ī	Gesandter; Legat *(stellvertretender Befehlshaber im römischen Heer)*	
	mandātum,-ī	Auftrag	Mandat
35	postulāre, postulō	fordern	postulieren
36	(ali-)quis, (ali-)quid	(irgend-)jemand, -etwas	
	(ali-)quī,-qua,-quod	(irgend-)ein(e)	
	amplius *Adv.*	mehr, zusätzlich	
38	red-dere, red-dō, red-didī, red-ditum	zurückgeben, übergeben; zu etw. machen	E. *to render;* F. *rendre*
40	re-spondēre,-spondeō, -spondī, -spōnsum	antworten	E. *to respond* F. *répondre*
41	mīrus,-a,-um	wunderbar, wunderlich, seltsam	Mirakel
	Quid Caesarī negōtiī est?	(Was ist dem Caesar an Beschäftigung? =) Was hat Caesar zu tun?	
43	possessiō,-iōnis, *f*	Besitz	E./F. *possession*
44	dē-cēdere,-cēdō,-cessī, -cessum	weggehen	F. *décéder*
	dē-dūcere,-dūcō,-dūxī, -ductum	wegführen, (ein Heer) abziehen	
45	prō ... habēre	als ... ansehen, behandeln	

18

(1)	nimius,-a,-um	zu groß, zu viel, übermäßig	
	lūdus,-ī	Spiel; (Elementar-)Schule	
	circēnsis,-e	zum Zirkus gehörig, Zirkus-	
1	re-linquere,-linquō,-līquī, -lictum	zurücklassen, hinterlassen, verlassen	
	via,-ae	Weg; *hier:* Laufbahn, Karriere	
2	discere, discō, didicī	lernen, kennenlernen, studieren	
3	gladiātōrius,-a,-um	zum Gladiator gehörig, Gladiatoren-	
	spectāculum,-ī	Schauspiel, Anblick	Spektakel
	spectāculum gladiātōrium	Gladiatorenspiel	E. *spectacles*
4	ab-ripere,-ripiō,-ripuī, -reptum	fortreißen, mitreißen	
5	discipulus,-ī	Schüler	
	con-discipulus	Mitschüler, Mitstudent	
6	forte *Adv.*	durch Zufall, zufällig	
	prandium,-ī	Mittagessen	
	obviam *Adv.*	entgegen	
	obviam īre	entgegengehen, begegnen	

18

7	re-cūsāre,-cūsō	ablehnen, sich weigern	
	re-sistere,-sistō,-stitī	stehen bleiben, innehalten; Widerstand leisten	resistent E. *to resist;* F. *résister*
8	familiāris,-e	(zur Familie gehörig:) vertraut, bekannt, freundschaftlich	familiär E. *familiar;* F. *familier*
	violentia,-ae	Gewalt	E/F. *violence*
	amphitheātrum,-ī	Amphitheater, *Austragungsort der blutigen Kampfspiele und Tierhetzen*	
9	crūdēlis,-e	grausam	E/F. *cruel*
11	trahere, trahō, trāxī, tractum	ziehen, schleppen	Traktor; F. *traire*
12	oculus,-ī	Auge	Okular; F. *l'oeil*
	in-tendere,-tendō,-tendī, -tentum	anspannen, anstrengen; auf etw. richten; beabsichtigen	Intendant; Intention; intensiv; E. *to intend*
14	ab-sēns, *Gen.Sg.:* absent-is *(zu* ab-esse *4 LV)*	abwesend	Absenz; E/F. *absent*
	superāre, superō	überragen, überwinden; überleben	
15	ef-ficere,-ficiō,-fēcī,-fectum	bewirken, durchsetzen, zustande bringen	effizient; Effekt
16	ad-dūcere,-dūcō,-dūxī, -ductum	hinführen, heranführen, veranlassen	
18	claudere, claudō, clausī, clausum	schließen, absperren	Klausur; Klause; Kloster; F. *clore/clos*
19	tangere, tangō, tetigī, tāctum	berühren	Tangente; Tango; Takt
20	auris, auris, *f*	Ohr	F. *l'oreille*
21	cāsus,-ūs, *m*	Fall, Vorfall, Zufall; Unfall	
22	clāmor,-ōris, *m*	Schrei, Geschrei	
	ingēns, *Gen.Sg.:* ingent-is	ungeheuer groß, gewaltig	
23	cūriōsitās,-tātis, *f*	Neugierde	Kuriosität E. *curiosity* F. *la curiosité*
24	gladiātor,-tōris, *m*	Fechter, Gladiator	
25	sanguis, sanguinis, *m*	Blut	Sanguiniker; F. *le sang*
	ef-fundere,-fundō,-fūdī, -fūsum	ausgießen, vergießen	
26	immānitās,-tātis, *f*	Wildheit, Rohheit, Unmenschlichkeit	
	haurīre, hauriō, hausī, haustum	schöpfen, leeren, einsaugen	E. *to ex-haust*
29	turba,-ae	Verwirrung, Menschenmenge	Turbine
33	prae *m. Abl.*	vor; infolge; im Vergleich zu	

18 (2)

34	Lacedaemonius,-a,-um	spartanisch; *Subst.(m)* Spartaner	
	fortiter *Adv.* (fortis *12 LV*)	tapfer	
35	epigramma *(griech.)*	Aufschrift, Inschrift, Epigramm	
	com-pōnere,-pōnō,-posuī, -positum	zusammenstellen, ordnen; verfassen; vergleichen; (einen Streit) beilegen	komponieren E. *to compose* F. *composer*
	Latīnē vertere	ins Lateinische übertragen	
37	hospes,-itis, *m*	Gast, Gastfreund, Fremder	Hospital, Hospiz
	Sparta,-ae	Sparta, *Hauptstadt der Landschaft Lakonien in der Südost-Peloponnes*	
	hīc *Adv.*	hier	
	iacēre, iaceō, iacuī	liegen	
38	sānctus,-a,-um	heilig, ehrwürdig	E/F. *saint*
	obsequimur (dum *m.Ind.Präs.: 12 G 6.2a*)	wir gehorch(t)en	

19 (1)

	commentārius,-ī	Tagebuchnotiz, Protokoll, amtlicher Tätigkeitsbericht *(s. Teil 1, S. 33)*	Kommentar
	Belgae,-ārum, *m*	die Belger, *Gruppe keltischer Volksstämme zwischen Seine, Marne, Rhein und Nordsee*	
1	citerior Gallia	Gallien diesseits der Alpen (= Oberitalien)	
2	crēber, crēbra, crēbrum	zahlreich, häufig	
	rūmor,-ōris, *m*	Gerücht	rumoren; E. *rumor* F. *rumeur*
3	con-iūrāre,-iūrō	ein Eidbündnis schließen, sich verschwören	
5	aestās,-tātis, *f*	Sommer	F. *l'été*
6	aliquem certiōrem facere	jemanden benachrichtigen	
	Pass.: certior fīō	benachrichtigt werden	
8	cis *m.Akk.*	diesseits	
	Rhēnus,-ī	der Rhein *(keltisch = ‚Fluss')*	
9	con-iungere,-iungō,-iūnxī, -iūnctum	verbinden, vereinigen	Konjunktion; Konjunktiv
10	rēs frūmentāria	Getreideversorgung, Verpflegung	
	castra movēre	(das Lager in Bewegung setzen:) (mit dem Heer) aufbrechen	
11	quīndecim	fünfzehn	
12	adventus,-ūs, *m*	Ankunft	

19

14	Axona,-ae	die Aisne	
15	vadum,-ī	seichte Stelle, Furt	
	re-perīre, re-periō, repperī, re-pertum	finden	Repertoire
16	cōn-firmāre,-firmō	stärken, bekräftigen, ermutigen	Konfirmation E. *to confirm*
	proelium,-ī	Kampf	
17	re-pellere,-pellō, reppulī, -pulsum	zurückstoßen, -schlagen, -treiben	E. *to repel* E. *to repulse*
18	circum-venīre,-veniō,-vēnī, -ventum	umgeben, umzingeln	
19	victōria,-ae	Sieg	E. *victory;* F. *la victoire*
	parere, pariō, peperī, partum	hervorbringen, gebären; erwerben, (einen Sieg) erringen	
	Suessiōnēs,-um, *m*	die Suessionen, *belgischer Stamm zwischen Marne u. Oise*	
20	Noviodūnum,-ī	*Stadt der Suessionen in der Nähe des heutigen Soissons*	
21	op-pūgnāre,-pūgnō	bestürmen, angreifen	
	īn-stituere,-stituō, -stituī, -stitūtum	einrichten, beginnen; unterrichten	Institut(ion) E. *to institute;* F. *instituer*
22	lātitūdō,-tūdinis, *f*	Breite	E/F. *latitude*
	fossa,-ae	Graben	F. *la fosse; le fossé*
	mūrus,-ī	Mauer	F. *le mur*
	altitūdō,-tūdinis, *f*	Höhe, Tiefe	E/F. *altitude*
24	mūnīre, mūniō, mūnīvī, mūnītum	befestigen, sichern, schützen	Munition
	castra mūnīre	ein befestigtes Lager anlegen	
	agger, aggeris, *m*	Auffüllmaterial, **Damm**	
25	opus,-eris, *n*	Arbeit, Werk; Belagerungswerk	Opus; F. *l'œuvre*
26	anteā *Adv.*	vorher, früher	
27	celeritās,-tātis, *f*	Schnelligkeit	
	per-movēre,-moveō,-mōvī, -mōtum	(heftig) bewegen, veranlassen	
28	dēditiō,-tiōnis, *f*	Übergabe, Kapitulation	
29	Rēmī,-ōrum	die Remer, *belgischer Stamm (Hauptstadt: das heutige Reims); sie standen auf Seiten Caesars*	
	Subjekt zu cōnservārentur:	*die Bewohner von Noviodunum*	
30	parcere, parcō, pepercī *(m. Dat.)*	Schonung gewähren, schonen, sparen	
33	aliquem in dēditiōnem accipere	jemandes Kapitulation annehmen	
(2)	Helvētiī,-orum	die Helvetier *(s. 17 H 7)*	

19

34	summō locō nātus	(aus höchstem Stand geboren =) von hochadliger Abstammung	
	Orgetorix,-rigis	Orgetorix, *helvetischer Adliger*	
35	ops, opis, *f*	Kraft, Stärke, Hilfe	
	Pl.: opēs, opum	(die Machtmittel:) Reichtum; Macht, Einfluss; Streitmacht	
	plūrimum	sehr viel, am meisten	
	plūrimum valēre/posse	sehr großen, am meisten Einfluss haben	
36	M. Messāla, M. Pīsō	*die römischen Konsuln des Jahres 61 v. Chr.*	
37	nōbilitās,-tātis, *f*	Adel, Berühmtheit	E. *nobility* F. *la nobilité*
38	ē-migrāre, ē-migrō	auswandern	emigrieren
39	omnīnō *Adv.*	im Ganzen, überhaupt	
	possent:	*Der Konjunktiv zeigt konsekutiven Nebensinn des Relativsatzes an; im Deutschen: Indikativ*	
40	Sēquanī,-ōrum	die Sequaner *(s. 17 H 16)*	
	angustus,-a,-um	eng	
	dif-ficilis,-e	schwer (zu tun), schwierig	diffizil E. *difficult;* F. *difficile*
41	quā *Adv. (<* quā viā)	wo, wie	
42	prōvincia Rōmāna: *die bereits im 2.Jh.v.Chr. von den Römern eroberte Provinz Gallia ulterior (Trānsalpīna); sie reichte über die heutige Provence hinaus bis zum Genfer See*		
	facilis,-e	leicht (zu tun)	F. *facile*
	expedītus,-a,-um	unbehindert, bequem	Expedition; Spedition
43	com-parāre,-parō	vor-, zubereiten, beschaffen; vergleichen	E. *to compare* F. *comparer*
	profectiō,-tiōnis, *f*	Aufbruch	
44	quīntus,-a,-um	der fünfte	
	ante diem quīntum ...	am 5. Tag vor ... *(G 3.1+2)*	
	Kalendae,-ārum	die Kalenden, *der erste Tag des Monats (G 3.1)*	Kalender
	Aprīlis	April; *als Monatsname Adjektiv*	
45	L. Pīsō, A. Gabīnius	*die römischen Konsuln des Jahres 58 v. Chr.*	

20

(1)	**C. Plīnius** Caecilius Secundus *s. S. 50*		
1	*Ein Brief beginnt mit der Formel „Absendername (Nom.) – Empfängername (Dativ)* salūtem dīcit *(abgekürzt:* s.d. *oder* s.)“; *er endet mit valē/valēte* ‚leb(t) wohl‘.		
	C. Valerius **Paulīnus**	*Freund des Jüngeren Plinius*	
2	īrāscī, īrāscor	zürnen	
	diū *Adv.*	lange	
3	ex-ōrāre,-ōrō	erbitten; durch Bitten erweichen, gnädig stimmen	

4	excūsātiō,-tiōnis, *f*	Entschuldigung	E/F. *excuse*
	falsus,-a,-um	falsch, irrig	E. *false;* F. *faux*
	vidērī, videor, vīsus sum	gesehen werden; (er-)scheinen	
5	partim *Adv.*	zum Teil, teils	
	dēsidia,-ae	Untätigkeit, Trägheit	
	fruī, fruor *m. Abl.*	genießen, sich erfreuen (an)	
6	nāscī, nāscor, nātus sum (*Part. Futur:* nāscitūrus)	entstehen, geboren werden	
(2)			
7	L. Sergius **Catilīna**	*s. Teil 1, S. 79*	
	quō ūsque	bis wohin? wie lange?	
	tandem *Adv.*	endlich, schließlich; *in Fragen:* ... denn eigentlich?	
	ab-ūtī,-ūtor,-ūsus sum *m. Abl.*	missbrauchen	E. *to abuse* F. *abuser*
	patientia,-ae	Geduld	E/F. *patience*
8	mēns, mentis, *f*	Sinn, Verstand, Gesinnung	mental
	oblīvīscī, oblīvīscor, oblītus sum *m.Gen.(oder Akk.)*	vergessen	
	caedēs,-is, *f*	Mord, Blutbad	
	incendium,-ī	Brand, Brandstiftung	F. *l'incendie*
9	frūstrā *Adv.*	vergeblich, umsonst	Frust(ration) E. *to frustrate*
	loquī, loquor, locūtus sum	sprechen	
	cor-rigere,-rigō,-rēxī, -rēctum	berichtigen, (ver-)bessern	korrigieren; korrekt
10	quotiēns *Adv.*	wievielmal, wie oft	Quotient
	cōnārī, cōnor, cōnātus sum	versuchen	
11	com-primere,-primō, -pressī,-pressum	zusammendrücken, unterdrücken	komprimieren; Kompressor
	cōnātus,-ūs, *m*	Versuch	
	nefārius,-a,-um	frevelhaft, gottlos	
12	tumultus,-ūs, *m*	Aufruhr, Unruhe, Tumult	
	con-citāre,-citō	antreiben, aufregen, erregen; aufwiegeln	
13	proximus,-a,-um	nächste(r); letztvergangene(r)	ap-proximativ
	nox, noctis, *f*	Nacht	F. *la nuit*
	audēre, audeō, ausus sum	wagen	
14	armāre, armō	bewaffnen	armieren; Armatur E. *to arm;* F. *armer*
15	pollicērī,-liceor,-licitus sum	versprechen	
	lectus,-ī	Liege, Bett	F. *le lit*
17	custōs, custōdis, *m/f*	Wächter(in)	Kustos; Küster
	iānua,-ae	Haustür	

18	as-sequī,-sequor, -secūtus sum	erreichen	
20	ē-gredī,-gredior,-gressus sum	hinaus-, herausgehen	
21	metus,-ūs, *m*	Furcht	
22	patēre, pateō, patuī	offen stehen; sich erstrecken	Patent
	pro-ficīscī, pro-ficīscor, pro-fectus sum	aufbrechen, (ab-)reisen; von etw. ausgehen	
23	versārī, versor, versātus sum	sich aufhalten, verweilen	versiert
24	patī, patior, passus sum	leiden, dulden, zulassen	Patient; Passion
25	nimis *Adv.*	allzu sehr, allzu	
26	quod: *Objekt zu* hortor	*Übersetzen Sie:* wozu ...	
	dūdum *Adv.*	seit langer Zeit	
	hortārī, hortor, hortātus sum	(er-)mahnen, auffordern	
28	dēlēre, dēleō, dēlēvī, dēlētum	vernichten, zerstören	E. *to delete*
	sēmen,-minis, *n*	Same	Seminar; F. *semer*
	malus,-a,-um	schlecht, böse	
	malum,-ī	Schlechtes, Böses, Übel	F. *le mal*
29	nancīscī, nancīscor, nactus/nānctus sum	(durch Zufall) erlangen, bekommen, finden	
	per-dere,-dō,-didī,-ditum	zugrunde richten, verderben, verlieren	F. *perdre*
	dē-spērāre,-spērō	die Hoffnung aufgeben, (an jem./etw.) verzweifeln	E. *to despair* F. *désespérer*
	dēspērātus,-a,-um	verzweifelt, hoffnungslos	Desperado
	cōn-flāre,-flō	blasen, zusammenbringen, anstiften	F. *gonfler*
30	aquila,-ae	Adler, **Legionsadler** *(Die Legionsadler galten, wie die anderen Feldzeichen, als heilig)*	E. *eagle;* F. *l'aigle*
	illam: *Cicero setzt die Tatsache, dass Catilina einen Legionsadler aus dem Krieg des Marius gegen die Kimbern (101 v.Chr.) besaß, als bekannt voraus.*		
	argenteus,-a,-um	silbern	F. *l'argent*
31	venerārī, veneror	verehren, anbeten	F. *vénérer*
	solēre, soleō, solitus sum	gewohnt sein, pflegen	
32	prae-mittere,-mittō,-mīsī, -missum	vorausschicken	Prämisse
33	quīn?	warum nicht?	
	sequī, sequor, secūtus sum *m. Akk.*	folgen	Sequenz; Suite F. *suivre*

20

34	quantopere *Adv.*	wie sehr	
	gaudēre, gaudeō, gāvīsus sum	sich freuen	
	laetārī, laetor, laetātus sum	sich freuen, fröhlich sein	
	voluptās,-tātis, *f*	Vergnügen, Lust	
	ex-sultāre, ex-sultō	hochspringen, jubilieren	E. *to exult*
(3)	Catō (Minor)	*s. Teil 1, S. 79*	
	senātor,-tōris, *m*	Senatsmitglied, Senator	
	ad-hortārī,-hortor, -hortātus sum	ermahnen, auffordern	
37	ex-pergīscī,-pergīscor, -perrēctus sum	aufwachen	
	aliquandō *Adv.*	irgendwann, einmal; *in Aufforderungen:* endlich!	
	capessere, capessō, capessīvī, capessītum	ergreifen, packen	
	rem pūblicam capessere	sich politisch engagieren	
38	cūnctārī, cūnctor, cūnctātus sum	zögern, zaudern	
	vidēlicet (< vidēre licet)	natürlich, offensichtlich	
	dīs = deīs		
	im-mortālis,-e	unsterblich	Immortelle E. *immortal*
	cōn-fīdere,-fīdō,-fīsus sum *m. Dat. oder Abl.*	vertrauen auf ...	E/F. *confident* F. *confiant*
	cōnfīsus,-a,-um *m. Abl.*	im Vertrauen auf ...	
(4)			
40	lūdus,-ī	Spiel, Zirkus-, Gladiatorenspiel, (Gladiatoren-)Schule	
	ac-clāmāre,-clāmō	zurufen	Akklamation
41	[avēre	sich erfreuen]	
	avē! avēte!	sei/seid gegrüßt!	
	morī, morior, mortuus sum (*Part. Futur:* moritūrus)	sterben	F. *mourir, mort*
	salūtāre, salūtō	(Heil wünschen:) (be-)grüßen	salutieren; F. *saluer*

21

(1)	Aesōpus,-ī	Äsop, *s. Teil 1, S. 82*	
1	Phrygia,-ae	Phrygien, *Landschaft in Kleinasien (Westanatolien)*	
	fābulātor,-tōris, *m*	Verfasser, Erzähler von Fabeln	
2	meritō *Adv.*	nach Verdienst, mit Recht	Meriten F. *pour le mérite*
3	ūtilis,-e	nützlich	E. *utility;* F. *utile*

21

4	sevērus,-a,-um	ernst, streng	E. *severe;* F. *sévère*
	imperiōsus,-a,-um	gebieterisch, herrisch	
	prae-cipere,-cipiō,-cēpī, -ceptum	vorschreiben, anordnen	
	cēnsēre, cēnseō, cēnsuī, cēnsum	(ab-)schätzen, meinen; für etw.stimmen, etw. beantragen, anordnen	zensieren
6	suāvis,-e	süß, lieblich, angenehm	
	ind-uere, ind-uō, ind-uī, ind-ūtum	hineinlegen, anlegen, anziehen	
7	velut *Adv.*	wie, zum Beispiel	
	fābula,-ae	Erzählung, Fabel, Sage; Theaterstück	F. *la fable*
	lupus,-ī	Wolf	F. *le loup*
	āgnus,-ī	Lamm	F. *l'agneau*
8	lepidus,-a,-um	niedlich, nett, witzig	
	prō-monēre,-moneō, -monuī, -monitum	mahnend an etw. erinnern	
9	fingere, fingō, finxī, fictum	erdichten, erfinden	fingieren; Fiktion
10	in-nocēns, *Gen.Sg.:* -ent-is	unschuldig	E/F. *innocent*
12	Phaedrus,-ī	Phaedrus, *s. Teil 1, S. 82*	
	admodum *Adv.*	völlig, ganz, sehr	
	venustus,-a,-um	liebreizend, gefällig	
13	versus,-ūs, *m*	Vers	
14	rīvus,-ī	Bach	E. *river;* F. *la rivière*
15	sitis,-is, *f*	Durst	
	com-pellere,-pellō,-pulī, -pulsum	(zusammen-)treiben, zwingen	E. *to compel*
16	īnferior	unterer: unterhalb befindlich, unterlegen	
	tunc *Adv.*	da, dann	
	faux, faucis, *f*	Kehle, Schlund	
	fauce improbā *ist abhängig von*	incitātus	
17	latrō,-ōnis, *m*	Söldner; Räuber	
	in-citāre, in-citō	antreiben, reizen	E. *to incite*
	iūrgium,-ī	Streit	
	causam īnferre	einen Vorwand suchen	
18	turbulentus,-a,-um	aufgewirbelt, verwirrt, trübe	turbulent
19	aqua,-ae	Wasser	F. *l'eau*
	bibere, bibō, bibī	trinken	F. *le biberon*
	lāniger,-gerī, *m*	Wollträger (= das Lamm)	

20	quī? *Adv.*	wie? wieso?	
	quaesō	(ich) bitte	
	querī, queror, questus sum	klagen, (sich über etw.) beklagen	Querele; E. *to quarrel* F. *la querelle*
21	dē-currere,-currō,-currī, -cursum	hinunterlaufen	
	haustus,-ūs, *m*	Schluck, Trunk; *Plural hier im Sinne von* Trinkstelle	
	liquor,-oris, *n*	Flüssigkeit, Wasser	Likör
22	vēritās,-tātis, *f*	Wahrheit	F. *la vérité*
23	mēnsis,-is, *m*	Monat	F. *le mois*
	ante hōs sex mēnsēs	heute vor 6 Monaten	
	male dīcere alicuī	(gegen jem. etw. Böses sagen:) jem. beleidigen	F. *maudire*
	āit	(er) sagt(e)	
24	equidem = ego quidem		
25	hercle	beim Herkules! wahrhaftig!	
26	cor-ripere,-ripiō,-ripuī, -reptum	packen	
	correptum:	*zu ergänzen:* āgnum	
	lacerāre, lacerō	zerreißen, zerfetzen	E. *to lacerate;* F. *lacérer*
	nex, necis, *f*	Tötung, Mord	
28	op-primere,-primō,-pressī, -pressum	bedrücken, bedrängen, überfallen, unterdrücken	E. *to oppress*
(2)	Lysander,-drī	*Spartanischer Feldherr und Politiker, 405/4 v.Chr. Sieger über Athen; strebte nach Mehrung seiner persönlichen Macht; gefallen 395 im Kampf gegen die Thebaner*	
29	praefectus,-ī	Vorgesetzter, Befehlshaber	Präfekt
	classis,-is, *f*	Abteilung, Flotte	Klasse
30	avārus,-a,-um	habgierig	F. *avare*
	sē gerere *(vgl.10 LV)*	sich benehmen	sich gerieren
32	testimōnium,-ī	Zeugnis, Beweis	F. *le témoin; témoignage*
33	tractāre, tractō	behandeln	traktieren; Traktat E. *to treat;* F. *traiter*
34	līberālis,-e	großzügig	liberal
35	aliter *Adv. zu* alius	anders	
36	grandis,-e	groß	E/F. *grand*
	māgnopere *Adv.*	sehr	
37	probāre, probō	prüfen, billigen; glaubwürdig darlegen	probieren; ap-probieren E. *to prove;* F. *prouver*
38	sīgnāre, sīgnō	kennzeichnen, siegeln	signieren

21 39	aequus,-a,-um	eben, gleich; gerecht; gelassen	
	similis,-e	ähnlich	Faksimile; assimilieren E. *similar; the simile*
	cōn-ficere,-ficiō,-fēcī, -fectum	fertigstellen, vollenden; verzehren, zermürben	Konfekt(ion)
40	sub-icere,-iciō, -iēcī, -iectum	darunterlegen, unterwerfen *hier:* unterschieben	Subjekt; F. *le sujet*
	dis-cernere, dis-cernō, (–), dis-crētum	unterscheiden	diskret
41	accūrātus,-a,-um	sorgfältig, genau	akkurat
	perfidia,-ae	Treulosigkeit, Hinterhältigkeit	Perfidie
42	re-vertī, re-vertor, re-vertī, re-versus (-a,-um)	zurückkehren *(20 G 1.3)*	E. *to revert*
43	locō *(m. Gen.)*	anstelle von ..., als ...	
44	ephorus,-ī	Aufseher; *die 5 Ephoren waren die wichtigste Behörde in Sparta*	
	sum-movēre,-moveō, -mōvī,-mōtum	entfernen, hinausschicken	
46	im-prūdēns, *Gen.Sg.:* -ent-is	unvorsichtig, unklug	E/F. *imprudent*
	accūsātor,-tōris, *m*	Ankläger	
47	festīnāre, festīnō	eilen, sich beeilen	
	lentus,-a,-um	langsam	
22 (1)	societās,-tātis, *f*	Gemeinschaft, Gesellschaft	
2	quam *beim Komparativ*	als	
3	quō – eō *(beim Komparativ)*	je – desto	
5	pietās,-tātis, *f*	Frömmigkeit, Pflichtgefühl, Ehrfurcht	Pietät
7	firmus,-a,-um	fest, stabil, sicher	firm; Firma; firmen E. *firm;* F. *ferme*
9	familiāritās,-tātis, *f*	enge Vertrautheit	
11	similitūdō,-tūdinis, *f*	Ähnlichkeit	E. *similitude*
12	amābilis,-e	liebenswert, -würdig	F. *aimable*
13	ad-licere,-liciō,-lēxī,-lectum	anlocken, für etw. gewinnen	
(2)	fortitūdō,-tūdinis, *f*	Tapferkeit	E. *fortitude*
16	quam *beim Superlativ (+ posse)*	möglichst ... *(G 4)*	
17	potius *Adv.*	vielmehr, eher, lieber	
19	mālle *(Konjugation ähnlich wie* nōlle, *9 G 3:* *Ind.Präs.:* mālō, māvīs, māvult, mālumus, māvultis, mālunt; *übrige Formen mit Stamm* māl-; *Perf.:* māluī)	lieber wollen	

20	acerbus,-a,-um	bitter, sauer	
21	animus aequus	Gleichmut. – *Wie kann hier die Steigerung sinngemäß im Deutschen wiedergegeben werden?*	
(3)			
24	profectō *Adv.*	in der Tat, sicherlich	
25	māiōrēs,-um, *m*	die Älteren, Vorfahren	
	temperāre, temperō	mäßigen, schonen; ordnen, leiten	temperieren; Temperament; Temperatur
26	mīlitāris,-e	soldatisch, militärisch	
	rēs mīlitāris	Kriegswesen	
27	ars, artis, *f*	Kunst, Fertigkeit; Eigenschaft	Artist; E. *art;* F. *l'art*
	ōrātōrius,-a,-um	rednerisch, Redner-, Rede-	
	celer, celeris, celere	schnell	Ak-zeleration
28	ōrātor,-tōris, *m*	Redner	
31	ūsque ad *m. Akk.*	bis zu	
32	aetās,-tātis, *f*	Zeitalter, Lebensalter, Lebenszeit	E. *age;* F. *l'âge*
	oportēre, oportet, oportuit	es ist nötig, es gehört sich	
33	in-cōnsīderātus,-a,-um	unüberlegt, unbedacht	
34	ē-rudīre, ē-rudiō, ē-rudīvī, ē-rudītum	erziehen, bilden	F. *érudit(ion)*
35	tot *(undeklinierbar)*	so viele	
36	quālis,-e	wie beschaffen	Qualität
	grex, gregis, *f*	Herde, Schar	Ag-gregat; Kon-gregation
(4)			
38	disertus,-a,-um	beredt, redegewandt	
	Rōmulus,-ī	*nach der Sage Gründer und erster König Roms*	
	nepōs, nepōtis, *m*	Neffe; Enkel, Nachkomme	Nepotismus E. *nephew;* F. *le neveu*
39	fuēre = fuērunt		
40	*Ordnen Sie:* quot-que post *(Adverb!)* erunt in aliīs annīs		
41	grātiās agere	Dank abstatten, Dank sagen	
	Catullus	*s. Teil 1, S. 68*	
44	patrōnus,-ī	Schutzherr, Anwalt	

23 (1)	ēloquentia,-ae	Beredsamkeit, Redegewandtheit	Eloquenz
1	ēloquēns, *Gen.Sg.:* -ent-is	beredt, redegewandt	eloquent
	forum,-ī	Marktplatz, Forum	F. *la foire*
	Das Forum Rōmānum ist der Mittelpunkt des öffentlichen und politischen Lebens Roms und Ort der Gerichtsverhandlungen.		
	causa cīvīlis	Privatprozess	
2	flectere, flectō, flexī, flexum	biegen, beugen, erweichen, rühren; *hier:* (um-)stimmen	flektieren, Flexion; flexibel
3	necessitās,-tātis, *f*	Notwendigkeit, Notlage	E. *necessity* F. *la nécessité*
	suāvitās,-tātis, *f*	Süße, Lieblichkeit, Annehmlichkeit	
6	subtīlis,-e	fein, scharfsinnig, genau, sachlich, schlicht	subtil; E. *subtle* F. *subtil*
	modicus,-a,-um	maßvoll	
7	vehemēns, *Gen.Sg.:* -ent-is	heftig, leidenschaftlich	vehement
(2)	Belgae	die Belger; *s. 19 H (1)*	
9	re-vocāre,-vocō	zurückrufen	revozieren E. *to revoke*
10	co-hortārī,-hortor, -hortātus sum	ermuntern, auffordern, anfeuern	
	sīgnum,-ī	Zeichen, Feldzeichen, Signal; Bild, Figur *(als Kunstwerk)*	E. *sign;* F. *le signe*
11	necessārius,-a,-um	notwendig	E. *necessary* F. *nécessaire*
	imperāre, imperō	befehlen, anordnen, herrschen	
12	decimus,-a,-um	zehnter	dezimal
	dē-venīre,-veniō,-vēnī, -ventum	herabkommen, gelangen	F. *devenir*
14	item *Adv.*	ebenso, ebenfalls, auch	E. *item*
15	oc-currere,-currō,-currī	entgegenlaufen, -eilen, begegnen	E. *to occur*
16	exiguitās,-tātis, *f*	Kleinheit, Knappheit	E. *exiguity*
	parātus,-a,-um	bereit	
17	dīmicāre, dīmicō	kämpfen	
18	īnsīgnia,-ium, *n*	Rangabzeichen *(der Offiziere)*	Insignien; F. *l'enseigne*
	ac-commodāre,-commodō	anpassen, anlegen	akkommodieren
19	galea,-ae	Helm	
	dē-esse,-sum,-fuī	abwesend sein, fehlen	
21	ōrdō,-inis, *m*	Ordnung, Reihenfolge, Rang, Stand	Orden E. *order;* F. *l'ordre*
	ratiō atque ōrdō	Methode und Ordnung = Strategie und Taktik	

23

22	quisque, quaeque, quidque;	jeder *(G 8)*	
	neutr. adjektivisch: quodque		
	Ordnen Sie: In eam partem, in quam quisque cāsū dēvēnit, et ad haec sīgna, quae prīma cōnspexit, cōnstitit, ...		
24	dī-mittere,-mittō,-mīsī, -missum	wegschicken, entlassen, aufgeben; versäumen	E. *to dismiss*
(3)			
26	cōnsilium habēre	Beratung, Kriegsrat halten	
27	spatium,-ī	Raum, Zeitraum	E. *space;* F. *l'espace*
29	ācer, ācris, ācre	scharf, heftig	
30	paulātim *Adv.*	allmählich	
	dē-ficere,-ficiō,-fēcī,-fectum	zu Ende gehen, schwinden	Defizienz, Defekt
	mit ***Akkusativ***	jeman**dem** mangeln, ausgehen	Defizit
	mit ā/ab + *Ablativ*	von jem. abfallen, abtrünnig werden	
	animō dēficere	den Mut verlieren	
31	ēruptiō,-tiōnis, *f*	Ausbruch, Ausfall	
33	facultās,-tātis, *f*	Möglichkeit, Fähigkeit	Fakultät; E. *faculty*
34	com-mūtāre,-mūtō	verändern	
35	spēs, speī, *f*	Hoffnung, Erwartung	
	Beachten Sie, dass in *hier mit* ***Akkusativ*** *steht!*		
	potīrī, potior, potītus sum *m. Abl.*	sich bemächtigen	
36	undique *Adv.*	von allen Seiten	
	inter-cipere,-cipiō,-cēpī, -ceptum	auffangen, abfangen, wegnehmen	
37	fuga,-ae	Flucht	*(musik.)* Fuge
	con-icere,-iciō, -iēcī, -iectum	zusammenwerfen: hinwerfen, schleudern; vermuten	Konjektur
	in fugam conicere	in die Flucht schlagen	
(4)	M. Porcius Catō	*s. Teil 1, S. 43*	
38	senātus,-ūs, *m*	(Ältestenrat) Senat *(bes. der von Rom)*	
40	cēterum *Adv.*	im Übrigen, übrigens	
	Carthāgō,-ginis	*s. 13 H 14*	
(5)			
41	pulsāre, pulsō	stoßen, klopfen, schlagen *(hier: beim Tanz)*	pulsieren; F. *pousser*
	tellūs,-ūris, *f*	Erde	

24

(1)	ūtilitās,-tātis, *f*	Nützlichkeit, Nutzen	
1	forsitan *Adv.*	vielleicht	
	quis-piam, quid-piam *(subst.)*	(irgend-)jemand, -etwas	
	quis-, quae-, quodpiam *(adj.)*	(irgend-)ein(e)	
2	famēs,-is, *f*	Hunger	F. *la faim*
	fame/frīgore cōnficī	vom Hungertod / Erfrierungstod bedroht sein	
	au-ferre, au-ferō, abs-tulī, ab-lātum	wegtragen, wegbringen, wegnehmen, rauben	Ablativ
	cibus,-ī	Speise, Nahrung	
3	quid?	*lebhafte Anfügung einer Frage:* wie?	
	Phalaris,-is	Phalaris, *570-554 v.Chr. Tyrann von Akragas (Agrigent) in Sizilien, galt als besonders grausam*	
4	frīgus,-oris, *n*	Kälte, Frost	E. *fridge*
5	vestītus,-ūs, *m*	Kleidung	
	iūdicāre, iūdicō	urteilen, beurteilen; für etw. halten	
7	dē-trahere,-trahō,-trāxī, -tractum	herunter-, wegziehen, entreißen	
	in-hūmānus,-a,-um	unmenschlich, inhuman	
10	re-manēre,-maneō,-mānsī, (-mānsum)	(zurück-)bleiben	E. *to remain*
	re-prehendere,-prehendō, -prehendī,-prehēnsum	festhalten; tadeln	E. *to reprehend* F. *reprendre*
11	ob *m. Akk.*	gegen, entgegen; wegen	
12	at-tinēre,-tineō,-tinuī, -tentum	festhalten; sich auf etw. beziehen, jem. betreffen	E. *to attain*
	per-facilis,-e	sehr leicht	
	iūdicium,-ī	Urteil, Entscheidung, Gericht	
14	necāre, necō	töten	
(2)	Massilia,-ae	*das heutige Marseille, um 600 v.Chr. von Griechen aus Kleinasien (Phokaia) gegründet, Handels- und Kulturzentrum*	
	Caesariānī,-ōrum	die Anhänger/Truppen Caesars	
15	nē *mit Konjunktiv*		
	in Hauptsätzen	*Verneinung eines Wunsches, Befehls oder einer Aufforderung*	
	in finalen Gliedsätzen	dass nicht, damit nicht	
	nach Ausdrücken des Fürchtens	dass	
	(nē nōn = ut	dass nicht)	
	nach Ausdrücken des Hinderns u. Widerstrebens	dass, zu + *Inf.*	
	dī-ripere,-ripiō,-ripuī, -reptum	losreißen, plündern, zerstören	
	in-ermis,-e	waffenlos, unbewaffnet	

24

16	forās *Adv.*	nach draußen	
	ūniversus,-a,-um	gesamt, sämtlich	Universum, Universität
	sē prōripere,-ripiō,-ripuī, -reptum	hervorlaufen, hinausstürzen	
	supplex, *Gen.Sg.:* supplic-is	demütig bittend, flehend	
18	novus,-a,-um	neu	F. *neuf, nouveau*
	of-ferre,-ferō, ob-tulī, ob-lātum	entgegenbringen, anbieten; *Passiv:* sich bieten, erscheinen	Offerte; Oblate E. *to offer;* F. *offrir*
	administrātiō,-tiōnis, *f*	Hilfeleistung, Verwaltung, Ausführung	Administration
19	ā-vertere,-vertō,-vertī, -versum	abwenden	Aversion E. *to avert; averse*
21	sē ad pedēs prōicere	sich (jem.) zu Füßen werfen	
	ōrāre, ōrō	reden; bitten, beten	
22	dēfēnsiō,-iōnis, *f*	Verteidigung	E. *defence* F. *la défense*
23	quīn:		
	Fragewort	warum nicht?	
	*Subjunktion m. Konjunktiv: nach **verneinten** Ausdrücken*		
	a) des Zweifelns	dass	
	b) des Hinderns u. Widerstrebens	dass, zu + *Inf.*	
	c) nōn multum abest, quīn	es fehlt nicht viel, **dass**	
	d) nach sonstigen Ausdrücken	dass nicht, ohne dass, ohne zu ...	
	facere nōn possum, quīn	ich muss unbedingt + *Inf.*	
	fierī nōn potest, quīn	es ist unumgänglich, dass	
24	statim *Adv.*	sofort, sogleich	
	con-cidere,-cidō,-cidī	zusammenfallen, einstürzen	
	(concidisset *ist kein irrealer Konjunktiv, sondern bezeichnet die Vorzeitigkeit!)*		
25	praeda,-ae	Beute	F. *la proie*
26	ir-rumpere,-rumpō,-rūpī, -ruptum	einbrechen, eindringen	
	dubius,-a,-um	zweifelhaft	dubios; E. *dubious*
27	indūtiae,-ārum *(Pluralwort)*	Waffenstillstand	
30	dēfectiō,-tiōnis, *f*	Abtrünnigkeit, Abfall; Schwinden, Abnahme, Ausfall	Defekt
	diūtinus,-a,-um	lange dauernd	
	pūbēs, *Gen.Sg.: pūber-is*	geschlechtsreif, mannbar, erwachsen	Pubertät
31	minārī, minor, minātus sum	drohen, androhen	
	aeger, aegra, aegrum	krank	
	aegrē *Adv.*	mit Mühe, kaum	

24	32	aegrē/graviter ferre aliquid	(mit Mühe/schwer ertragen =) über etw. ungehalten, bekümmert sein	
	34	quōminus *m. Konjunktiv (nach Ausdrücken des Hinderns und Widerstrebens)*	dass, zu + *Inf.*	
25	1	Alexandrīa,-ae	Alexandria, *bedeutende Hafenstadt in Ägypten, 331 v. Chr. von Alexander d.Gr. gegründet*	
		Rhodus,-ī, *f*	die Insel Rhodos	
	2	ad-vehere,-vehō,-vēxī, -vectum	hintransportieren, -fahren	Vehikel; E. *vehicle* F. *le véhicule*
		Rhodius,-ī	Rhodier, Bewohner von Rhodos	
		annōna,-ae	Getreidepreis, Getreide-versorgung	
	3	cāritās,-tātis, *f*	hoher Preis, Teuerung; Hochschätzung, Liebe	E. *charity;* F. *la charité*
		Verbinden Sie den zweiten sī-Satz mit dem ersten durch ‚und'.		
		complūrēs,-plūra; *Gen.:*-ium	mehrere	
		cursus,-ūs, *m*	Lauf, Fahrt	Kursus; Kurs
		onustus,-a,-um *(m. Abl.)*	beladen (mit)	
	4	silentium,-ī	Stillschweigen	E/F. *silence*
	5	vēn-dere, vēn-dō, vēn-didī, vēn-ditum	verkaufen	E. *vending machine* F. *vendre*
	6	mercātor,-tōris, *m*	Kaufmann, Händler	
		fortāsse *Adv. (s. 24 LV)*	vielleicht	
	8	meminisse, meminī	sich erinnern, an jem./etw. denken	
	12	aedēs,-is, *f*	Tempel	
		Plural: aedēs,-ium	**Haus**	
		nōvisse (nōsse), nōvī, nōtum	kennen, wissen	
	13	ēmptor,-tōris, *m*	Käufer	
		vēnditor,-tōris, *m*	Verkäufer	E. *vendor*
	15	orichalcum,-ī	Messing	
		rē vērā	in Wirklichkeit	
		aurum,-ī	Gold	F. *l'or*
	16	in-dīcere,-dīcō,-dīxī,-dictum	ansagen, bekanntmachen	
		emere, emō, ēmī, ēmptum	kaufen	
		dēnārius,-ī	Denar, *röm. Münze im Wert von urspr. 10, später 16 As*	
	17	esse *mit Gen. od. Abl. pretiī*	wert sein	
	18	Q(uīntus) Mūcius Scaevola	*berühmter Rechtsgelehrter und Redner (ca.140 – 82 v.Chr.)*	
		fundus,-ī	Boden, Grundstück	Fundus; E. *fund* F. *le fonds*

19	semel *Zahladverb*	einmal *(hier:* endgültig, fest*)*	
	in-dicāre,-dicō	anzeigen, verraten; *hier:* etw. preislich angeben, den Preis für etw. angeben	Indikator; Indikation; Index; Indiz E. *to indicate;* F. *indiquer*
20	aestimāre, aestimō	schätzen, beurteilen	E esteem, estimate F. *estimer*
	ad-dere, ad-dō, ad-didī, ad-ditum	hinzufügen	addieren; Addition E. *to add*
	centum	hundert	Zentner, Cent
	sēstertius,-ī *Gen.Pl.:* sēstertium	Sesterz, *röm. Münze, urspr.* $2\frac{1}{2}$*, später 4 As*	
22	negāre, negō	verneinen, bestreiten, ablehnen	negieren; negativ; Negation E. *to de-ny;* F. *nier*
(2)	Catullus	*s. Teil 1, S. 68*	
23	ōdisse, ōdī	hassen	
	quārē (= quā rē)	aus welchem Grund, weshalb	
24	ne-scīre,-sciō,-scīvī,-scītum	nicht wissen	
	ex-cruciāre,-cruciō	martern, quälen	E. *to excruciate*
(3)	Helvētiī	die Helvetier *(s. 17 H 7)*	
26ff	Tulingī, Latobrigī, Rauracī, Boiī	Tulinger, Latobriger, Rauraker, Boier: *Verbündete der Helvetier*	
29	quī ... possent	*konsekutiver Nebensinn (24 G 4.2)*	
	ad *m. Akk., bei Zahlen*	(an =) ungefähr	
31	domum *(Akk. von* domus*)*	nach Hause	
32	cēnsus,-ūs, *m*	Schätzung, Volkszählung	Zensus
(4)	Pharsālus,-ī, *f*	Pharsalus, *Stadt in Thessalien (Griechenland)*	
35	Pompēius	*s. Teil 1, S. 103*	
36	dē-certāre,-certō	um die Entscheidung kämpfen, die Entscheidungsschlacht schlagen	
39	Q. Caecilius Metellus Pius **Scīpiō**	*Schwiegervater des Pompeius*	
40	cohors, cohortis, *f*	Kohorte *(ca.600 Mann), Unterabteilung einer Legion (= 10 Kohorten)*	
	col-locāre,-locō	plazieren, aufstellen	E. *to collocate*
42	ad-iungere,-iungō,-iūnxī, -iūnctum	anbinden, anfügen	E. *to adjoin, adjunct* F. *l'adjoint*
46	numerō *(Abl. der Beziehung)*	der Zahl nach, an Zahl	

47	bis *Zahladverb*	zweimal, doppelt	
	citō *Adv.*	schnell	

1	beneficentia,-ae	Wohltätigkeit	E. *beneficence* F. *la bienfaisance*
	līberālitās,-tātis, *f*	edle Gesinnung, Großzügigkeit, Freigebigkeit	E. *liberality* F. *la libéralité*
2	ac-commodāre,-commodō	anpassen, einrichten	E. *to accommodate*
	accommodātus,-a,-um	angepasst, entsprechend	F. *accommoder*
	vidēre, ut/nē *m. Konj.*	darauf sehen, darauf achten, dass (nicht)	
3	ob-esse,-sum,-fuī	entgegenstehen, schaden	
	benīgnitās,-tātis, *f*	Güte, Wohltätigkeit	E. *benignity* F. *la bénignité*
4	largīrī, largior, largītus sum	schenken, reichlich geben	
	arbitrārī, arbitror, arbitrātus sum	meinen, glauben	E. *to arbitrate*
	bene-ficus,-a,-um	wohltätig, freigebig	
5	(ad-)iuvāre,-iuvō,-iūvī, -iūtum *(m. Akk.)*	unterstützen, helfen	E. *to aid;* F. *aider*
	quī-, quae-, quodcumque	welcher auch immer; jeder, der; jeder mögliche	
6	cavēre, caveō, cāvī, cautum	Acht geben, sorgen	Kaution
	m. Akk.	sich hüten (vor jem./etw.)	E. *cautious*
	m. Dat.	für jem.sorgen	
	m. ut + *Konj.*	dafür sorgen, dass	
	m. nē + *Konj.*	dafür sorgen, **dass nicht** = sich hüten, **dass**	
7	quod *Subjunktion*	*faktisch:* (die Tatsache), dass; was anbetrifft, dass = insofern; wenn *kausal:* weil	
	benīgnus,-a,-um	gütig, freigebig	E. *benign;* F. *bénigne*
8	imprīmīs *Adv.*	vor allem, besonders	
	peccāre, peccō	einen Fehler machen, sündigen	F. pécher
	iniūriōsus,-a,-um	ungerecht, gewalttätig	
10	trāns-ferre,-ferō,-tulī,-lātum	hinübertragen, übertragen	Transfer; E. *to translate*
12	simulātiō,-tiōnis, *f*	Vortäuschung, Heuchelei	Simulation
	vānitās,-tātis, *f*	Nichtigkeit, Vergeblichkeit; Eitelkeit, Prahlerei	E. *vanity;* F. *la vanité*
	propior, propius	näher	
	honestās,-tātis, *f*	Ehrbarkeit, anständiges Verhalten; Würde, Ansehen	E. *honesty* F. *l'honnêteté*
13	dīgnitās,-tātis, *f*	Würdigkeit, Würde	E. *dignity;* F. *la dignité*

14	tribuere, tribuō, tribuī, tribūtum	zuteilen, zuweisen, zuschreiben	Tribut E. *to con-tribute* F. *con-tribuer*
15	augēre, augeō, auxī, auctum	vergrößern, vermehren, steigern, fördern	Auktion
	honestāre, honestō	ehren, auszeichnen	
	grātiā *(nachgestellt) m. Gen.*	um ... willen, wegen	
17	fidēs, fideī, *f*	Treue, Zuverlässigkeit, Glaubwürdigkeit; Vertrauen, Glaube	F. *la foi*
18	ita – ut *(beim Superlativ)*	= eō – quō *(beim Komparativ)* umso – je *(entsprechend in Z. 29)*	
19	modestia,-ae	Mäßigung, Bescheidenheit, Anstand	E. *modesty* F. *la modestie*
	temperantia,-ae	Mäßigung, maßvolle Haltung	F. *la tempérance*
20	dē *m. Abl.*	was ... anbetrifft, bezüglich	
	in officiō est	es gehört zum moralisch richtigen Verhalten	
22	re-ferre, re-ferō, rettulī, re-lātum	zurückbringen, erstatten; berichten, melden	referieren; Referat; Relation; relativ E. *to relate*
	grātiam referre	Dank abstatten, eine Gefälligkeit vergelten	
	quod sī (quodsī)	wenn nun, wenn aber, wenn also, und wenn	
23	spērāre, spērō	hoffen, erwarten	F. *espérer*
	dubitāre, dubitō	zweifeln (*verneint:* nōn dubitō, quīn); zögern, Bedenken tragen	
25	beneficium,-ī	Wohltat, Vergünstigung	Benefiz
	nec-ne = an nōn	oder nicht *(in der Doppelfrage)*	
	potestās,-tātis, *f*	Macht, (Amts-)Gewalt, Möglichkeit	
27	dum, dummodo, modo *m. Konj.*	wenn nur, wofern nur	
28	coniūnctiō,-tiōnis, *f*	Verbindung, Verbundenheit	
30	vinculum,-ī	Fessel, Band	
31	com-mūnicāre,-mūnicō	Anteil geben/nehmen, mitteilen, vereinigen	Kommunikation E. *to communicate* F. *communiquer*
34	ferus,-a,-um	wild, roh, ungezähmt	F. *fier*
	fera,-ae	(wildes) Tier	
	in-esse,-sum,-fuī	darin sein, enthalten sein	
35	equus,-ī	Pferd	
	leō, leōnis, *m*	Löwe	E/F. *lion*
	bonitās,-tātis, *f*	gute Beschaffenheit, Güte	Bonität E. *bounty;* F. *la bonté*

26

36	expers, *Gen.Sg.:* expert-is *(m. Gen.)*	unteilhaftig, ohne Anteil, frei von etw.	
37	commūnitās,-tātis, *f*	Gemeinsamkeit, Gemeinschaft	Kommunität E. *community* F. *la communauté*
38	commūnis,-e	gemeinsam, gemeinschaftlich, allgemein	Kommune; Kommunismus E. *common;* F. *commun*
	ūsus,-ūs, *m*	Gebrauch, Nutzen	E. *use*
	gignere, gignō, genuī, genitum	erzeugen, hervorbringen, gebären	
39	quisquis *(G 1.1)*	wer auch immer; jeder, der	
	quidquid	was auch immer; alles, was	
	dētrīmentum,-ī	Verlust, Schaden	

27

	commentārius,-ī	*s. 19 H (1)*	
	C. Iūlius Caesar	*s. Teil 1, S. 32*	
1	Cn. Pompēius Māgnus	*s. Teil 1, S. 103*	
2	M. Licinius Crassus (Dīves): *römischer Feldherr und Politiker (117-53 v.Chr.). Als Anhänger Sullas erwarb er sich bei den Proskriptionen großen Reichtum (Beiname); warf 71 den Sklavenaufstand des Spartacus nieder. 70 Konsul mit Pompeius, 65 Zensor. 60 schloss er mit Caesar und Pompeius das sog. ‚Erste Triumvirat', aufgrund dessen er und Pompeius für* **55** *wiederum zu Konsuln gewählt wurden. Als Prokonsul von Syrien führte er einen Feldzug gegen die Parther und kam 53 nach der vernichtenden Niederlage von Karrhae (NW-Mesopotamien) ums Leben.*		
	Usīpetēs, Tencterī	*s. Einleitung zum Text*	
3	Rhēnus, -ī	der Rhein	
5	Suēbī,-ōrum, die Sueben, *eine Gruppe germanischer Stämme zwischen Rhein, Elbe und Main. Teile von ihnen stießen zur Donau und zum Oberrhein vor. Der Versuch des Ariovist, über das Elsass nach Gallien einzudringen, wurde 58 durch Caesar vereitelt.*		
	ex-agitāre,-agitō	aufregen, aufhetzen; beunruhigen	
7	gēns, gentis, *f*	Geschlecht, Sippe, Stamm, Volk	F. *les gens*
	bellicōsus,-a,-um	kriegerisch	
8	pāgus,-ī	Gau	
9	quotannīs *Adv.*	jährlich	
	armāre, armō	bewaffnen, ausrüsten	Armee
	bellāre, bellō	Krieg führen	
10	ē-dūcere, -dūcō, -dūxī, -ductum	heraus-, hinausführen	
	alere, alō, aluī, altum	ernähren, fördern	Ali-mente
11	rūrsus (< re-vorsus) *Adv.*	wiederum	
	invicem *Adv.*	im Wechsel, abwechselnd	

27

	re-manēre,-maneō,-mānsī, (-mānsum)	zurückbleiben	
12	inter-mittere,-mittō,-mīsī, -missum	unterbrechen	E. *intermission*
13	sē-parāre,-parō	abtrennen, absondern	separieren; F. *séparer*
15	lac, lactis, *n*	Milch	
16	vēnātiō,-tiōnis, *f*	Jagd	
17	cottidiānus,-a,-um	täglich	F. *quotidien*
	exercitātiō,-tiōnis, *f*	Übung	
18	ā puerīs	von Kind an	
	as-suē-facere,-faciō,-fēcī, -factum *(m. Abl.)*	jem. an etw. gewöhnen	
	as-suē-fierī,-fīō,-factus sum	gewöhnt werden, sich gewöhnen	
19	voluntās,-tātis, *f*	Wille	F. *la volonté*
	im-mānis,-e	ungeheuer groß, gewaltig, schrecklich	
21	praeter *m. Akk.*	an ... vorbei; außer	
22	pellis, pellis, *f*	Fell	
	quisquam, quid-/quicquam *(nur in negativen Sätzen; 17 G 8.2)*	irgendjemand, irgendetwas	
	exiguitās,-tātis, *f*	Kleinheit, Knappheit	
23	lavāre, lavō, lāvī, lautus/lavātum	waschen	F. *laver; le lavabo*
	lavārī, lavor, lautus sum	sich waschen, baden	
24	mercātor,-tōris, *m*	Kaufmann	
	ad-itus,-ūs, *m*	Zugang	
	Ordnen Sie: magis eo, ut habeant [homines], quibus vendant ea, quae bello ceperint, quam quo *(G 6)* ...		
25	im-portāre, im-portō	einführen, importieren	
27	lātus,-a,-um	breit, weit	
28	sīgnificāre, sīgnificō	kennzeichnen, deutlich machen	
29	sus-tinēre,-tineō,-tinuī	aushalten, ertragen	E. *to sustain;* F. *soutenir*
30	passus,-ūs, *m*	Schritt	F. *le pas; passer*
	mīlle passūs	1000 (Doppel-)Schritte, 1 röm. Meile *(ca. 1,5 km)*	
31	Ubiī,-ōrum	Ubier, *germanischer Stamm auf dem rechten Rheinufer, zwischen Koblenz und Köln (später auf das linke Rheinufer umgesiedelt; Hauptstadt Köln)*	
32	amplus,-a,-um	weit, bedeutend, prächtig, ansehnlich	
	flōrēre, flōreō, flōruī	blühen	
	captus,-ūs, *m*	Auffassung, Verständnis	

27

34	at-tingere,-tingō,-tigī, -tāctum	berühren, an ... angrenzen	F. *atteindre*
35	ventitāre, ventitō	häufig kommen	
	propinquitās,-tātis, *f*	Nähe; Verwandtschaft	
36	as-suēscere,-suēscō,-suēvī, -suētum *(m. Abl.)*	sich an etw. gewöhnen	
37	ex-perīrī, ex-perior, ex-pertus sum	erproben, versuchen	Experiment; Experte
	experīrī aliquem	sich mit jem. messen	
	amplitūdō,-tūdinis, *f*	Weite, Bedeutung, Größe	Amplitude
	gravitās,-tātis, *f*	Gewicht, Würde, Bedeutung; Ernst	Gravität; gravitätisch
38	vectīgālis,-e	steuer-, tributpflichtig	
39	humilis,-e	niedrig, klein, unbedeutend, demütig	E/F. *humble*
	īn-firmus,-a,-um	schwach	
	red-igere, red-igō, red-ēgī, red-āctum	zurücktreiben; in einen Zustand versetzen	redigieren, Redaktion
40	suprā *Adv.*	oberhalb, oben	
42	extrēmus,-a,-um	äußerster, letzter	extrem, Extremist
	ad extrēmum	am Ende, schließlich	
43	triennium,-ī	ein Zeitraum von drei Jahren	
	vagārī, vagor, vagātus sum	umherziehen, sich ausbreiten	Vagant, Vagabund
44	Menapiī,-ōrum	Menapier, *belgischer Stamm am Niederrhein*	
	in-colere,-colō,-coluī, -cultum	wohnen, bewohnen	
	rīpa,-ae	Ufer	
45	vīcus,-ī	Dorf; Stadtviertel	
46	per-terrēre,-terreō,-terruī, -territum	sehr erschrecken	
	trāns *m. Akk.*	über ... hinüber, jenseits	
47	dē-migrāre,-migrō	abwandern, wegziehen	
	dis-pōnere,-pōnō,-posuī, -positum	verteilen, ordnen; einrichten	disponieren; Disposition E. *to dispose*
48	frūstrā *Adv.*	vergeblich	
	sī *m. Konj. (nach Verben des Erwartens und Versuchens)*	ob	
50	clam *Adv.*	heimlich	**klamm**heimlich
51	custōdia,-ae	Wache	
52	simulāre, simulō	vortäuschen, vorgeben	simulieren, Simulant
	trīduum,-ī	ein Zeitraum von drei Tagen	
	prō-gredī,-gredior, -gressus sum	weitergehen, vorrücken, Fortschritte machen	Progress, progressiv E. *to progress*

27

53	īn-scius,-a,-um	unwissend	
54	in-opīnāns, *Gen.Sg.:* -ant-is	nichts ahnend, ahnungslos	
55	dis-cessus,-ūs, *m*	Weggang, Abzug	
	explōrātor,-tōris, *m*	Kundschafter	E. *explorer* F. *l'explorateur*
56	re-migrāre, re-migrō	zurückwandern, zurückkehren	
57	antequam / priusquam *m. Ind. oder Konj.*	bevor	
58	citrā *1.Adv. 2.Präpos. m.Akk.*	diesseits	
60	cōpia,-ae *(4 LV)*	Menge, Vorrat	
61	īnfirmitās,-tātis, *f*	Schwäche, Unzuverlässigkeit	
62	verērī, vereor, veritus sum	sich scheuen, fürchten, verehren	Re-verenz E. *to revere;* F. *révérer*
	plērumque *Adv.*	meistens	
	novīs rēbus studēre	nach Veränderung der bestehenden Verhältnisse streben, Umsturz planen	
64	uti *Subjunktion* = ut		
	viātor,-tōris, *m*	Wanderer, Reisender	
67	vulgus,-ī, *n*	Volksmenge	
	circum-sistere,-sistō,-stetī	sich um ... herumstellen, umstellen, umringen	
68	prō-nūntiāre,-nūntiō	verkünden, aussprechen	E. *to pronounce* F. *prononcer*
69	audītiō,-tiōnis, *f*	Anhörung; Gerücht	
	summae rēs	höchst wichtige Angelegenheiten	
	cōnsilium inīre	einen Entschluss fassen	
70	vestīgium,-ī	Fußspur, Standort, Stelle	
	in vestīgiō	auf der Stelle, sofort	
	paenitēre, paenitet, paenituit	reuen *(unpersönlich)*	
	paenitet mē alicuius reī	es tut mir leid um etw., etw. reut mich, ich bereue etw.	
	necesse est	es ist notwendig	
	in-certus,-a,-um	unsicher, ungewiss	
71	rūmōribus *(Dativ!)* servīre (servīre *14 LV*)	sich von Gerüchten leiten lassen	
	plērīque, plēraeque, plēraque	die meisten, sehr viele	
73	bellō occurrere	in einen Krieg geraten	
	mātūrus,-a,-um	reif, frühzeitig	
	cōn-suēscere,-suēscō,-suēvī, suētum	sich gewöhnen	
	Perf.Akt.: cōnsuēvisse,-suēvī	gewohnt sein	

74	fore	*Kurzform des Infinitivs Futur von* esse	
	su-spicārī, su-spicor, su-spicātus sum	argwöhnen, vermuten	
75	lēgātiō,-tiōnis, *f*	Gesandtschaft	
76	dis-cēdere,-cēdō,-cessī, -cessum	weggehen, abziehen	
78	Eburōnēs,-um, *m*	Eburonen, *belgischer Stamm zwischen Rhein und Maas*	
79	Condrūsī,-ōrum	Condrusen, *belgischer Stamm an der Maas (heutiger Landschaftsname: Condroz)*	
	Trēverī,-ōrum	Treverer, *keltischer Stamm in Eifel und Hunsrück; Hauptstadt in der römischen Kaiserzeit: Augusta Treverorum, Trier*	
	cliēns, clientis, *m*	Schutzbefohlener, Klient	
80	ē-vocāre, ē-vocō	herausrufen, aufrufen, einberufen	evozieren E. *to evoke;* F. *évoquer*
81	dis-simulāre,-simulō	sich verstellen; etw. verheimlichen	
82	per-mulcēre,-mulceō,-mulsī, -mulsum	streicheln, beruhigen	
87	prior, prius; *Gen.Sg.:* priōr-is	früher(er)	
89	lacessere, lacessō, lacessīvī, lacessītum	reizen, herausfordern	
91	dē-precārī,-precor, -precātus sum	durch Bitten abwenden, um Gnade bitten, etw. erflehen	
93	at-tribuere,-tribuō,-tribuī, -tribūtum	zuteilen	Attribut E. *to attribute* F. *attribuer*
94	pos-sidēre,-sideō,-sēdī, -sessum	besitzen	E. *to possess* F. *posséder*
95	nē ... quidem *Adv.* *(um das betonte Wort gestellt)*	nicht einmal	
	im-mortālis,-e	unsterblich	
98	(mihi) vidētur	es scheint (mir) richtig	
	ex-itus,-ūs, *m*	Ausgang, Auszug, Ende	E. *exit*
100	vērus,-a,-um	wahr; *hier:* korrekt, richtig	
	tuērī, tueor	betrachten; schützen, für ... sorgen	
102	praesertim *Adv.*	zumal, besonders	
105	impetrāre, impetrō	durchsetzen, erreichen	
106	dē-līberāre, dē-līberō	abwägen, erwägen, überlegen	
107	post diem tertium	nach drei Tagen	

28

(1)	Catilīna	*s. Teil 1, S. 79*	
1	dē-cernere,-cernō,-crēvī, -crētum	entscheiden, beschließen	Dezernat; Dekret E. *to decree* F. *décerner*
	opera,-ae	Arbeit, Mühe	Oper
	operam dare	sich Mühe geben, sich bemühen	
2	dēcrēvēre = dēcrēvērunt *(27 G 2.1)*		
3	uti = ut		
	vigilia,-ae	Wache, Nachtwache	Vigil; F. *la veille*
4	im-mūtāre,-mūtō	verändern, verwandeln	
	faciēs, faciēī, *f*	Gestalt, Aussehen, Gesicht	E/F. *face*
5	laetitia,-ae	Freude, Fröhlichkeit	
	lascīvia,-ae	Mutwille, Ausgelassenheit	lasziv
	diūturnus,-a,-um	lang andauernd	
	quiēs, quiētis, *f*	Ruhe	E. *quiet*
6	repente *Adv.*	plötzlich	
	tristitia,-ae	Traurigkeit	F. *la tristesse*
	in-vādere,-vādō,-vāsī, -vāsum	hineingehen, eindringen, befallen	Invasion E. *to invade*
	festīnāre, festīnō	eilen, sich beeilen	
	trepidāre, trepidō	ängstlich hin und her laufen	
7	quisquam	*s. 27 LV*	
	satis *Adv.*	genügend	
9	mētīrī, mētior, mēnsus sum	messen, bemessen, beurteilen	Di-mension
	ad hoc	noch dazu	
	timor, timōris, *m*	Furcht	
	īn-solitus,-a,-um	ungewohnt	
10	in-cēdere,-cēdō,-cessī, -cessum *m. Akk. od. Dat.*	einherschreiten, hineingehen; jem. befallen	
	sē ad-flictāre,-flictō	sich (an) die Brust schlagen *(Geste der Trauer und Verzweiflung)*	
	sēsē = sē		
	miserārī, miseror, miserātus sum	bejammern, beklagen	
11	rogitāre, rogitō	dauernd, eindringlich fragen	
	pavēre, paveō, pāvī	beben, zittern, in Angst sein	
	superbia,-ae	Übermut, Hochmut, Stolz	
12	dēliciae,-ārum	Wonne, Lust, Üppigkeit	F. *les délices*
	o-mittere, o-mittō, o-mīsī, o-missum	unterlassen, aufgeben; übergéhen	E. *to omit*
	dif-fīdere,-fīdō,-fīsus sum	misstrauen	
	fuēre = fuērunt *(27 G 2.1)*		
13	-que – -que = et – et		
	obstinātus,-a,-um	fest entschlossen, hartnäckig	obstinat

28

14	neque sōlum	und nicht nur	
	cōn-scius,-ī	Mitwisser	
	cōn-scius,-a,-um	mitwissend; bewusst	E. *conscious*
15	cūnctus,-a,-um	ganz, gesamt; *Pl.:* alle	
	novae rēs	neue Verhältnisse: Umsturz	
16	inceptum,-ī (incipere *12 LV*)	Beginnen, Unternehmen, Vorhaben	
18	ex-secrārī, ex-secror, exsecrātus sum	verfluchen	F. *exécrer*
	velut sī, velutsī *m. Konj.*	wie wenn, als ob	
(2)			
20	excelsus,-a,-um	herausragend, erhaben	
	con-templārī, con-templor, con-templātus sum	betrachten	Kontemplation E. *to contemplate*
	prae-clārus,-a,-um	überaus herrlich	
21	mīrābilis,-e	bewundernswert, wunderbar	E/F. *ad-mirable*
	stēlla,-ae	Stern	F. *l'étoile*
	globus,-ī	Kugel, Klumpen	Globus
23	punctum,-ī	Stich, Punkt	E./F. *point*
24	at-tingere, at-tingō, at-tigī, at-tāctum	anrühren, berühren; angrenzen	
	paenitet mē alicuius reī *(27 LV)*	es tut mit leid um etw.	
	in-tuērī, in-tueor	ansehen, betrachten	Intuition, intuitiv
25	Africānus	*der Ältere Scīpiō (s. Teil 1, S. 47)*	
26	caelestis,-e	am Himmel befindlich, himmlisch	
27	con-temnere,-temnō, -tempsī,-temptum	verachten	E. *to contempt*
	altus,-a,-um	hoch, tief	F. *haut*
28	acternus,-a,-um	ewig	F. *éternel*
	con-tuērī, con-tueor	betrachten	
29	vulgus,-ī, *n (27 LV)*	Volksmenge, Masse	
	praemium,-ī	Belohnung	Prämie
31	ē-nītī, ē-nītor, ē-nīsus *(oder* ē-nīxus*)* sum	sich emporarbeiten, sich anstrengen, (nach etw.) streben	
	sīc habēre *m. AcI*	dafürhalten, glauben	
32	mortālis,-e	sterblich	E. *mortal;* F. *mortel*
33	fōrma,-ae	Gestalt, Form	
34	figūra,-ae	Form, Gestalt, Figur, Bild	E/F. *figure*
	digitus,-ī	Finger	
	mōnstrāre, mōnstrō	zeigen	F. *montrer*

(1)

1	aureus,-a,-um	golden	
	serere, serō, sēvī, satum	säen, pflanzen; *hier:* erschaffen	
	vindex, vindicis, *m*	Eingreifer, Schützer, Bestrafer, Rächer	
	vindice nūllō	= sine ūllō vindice	
	(Abl. m. nominaler Ergänzung; 19 G 1.4)		
2	sponte (suā)	aus eigenem Antrieb	spontan
	rēctus,-a,-um	gerade, richtig	E. *right*
3	poena,-ae	Strafe	Pein
	fīgere, fīgō, fīxī, fīxum	anheften, befestigen	fixieren; fix
	Die „12-Tafel-Gesetze“, das Fundament des alten römischen Rechts, sollen in Rom auf dem Forum auf 12 Bronzetafeln (aes, 7 LV) angeschlagen gewesen sein.		
5	iūdex, iūdicis, *m*	Richter	
	ōra: *Poetischer Plural*		
6	nōndum *Adv.*	noch nicht	
	suīs *zu* montibus *(7)*	*Abl.sep., abh. von* dēscenderat *(7)*	
	peregrīnus,-a,-um	ausländisch, fremd	
	vīsere, vīsō, vīsī	besichtigen, besuchen	
	orbis, orbis, *m (13 LV)*	*hier:* Weltgegend	
7	liquidus,-a,-um	flüssig, nass	
	pīnus,-ī, *f*	Fichte	Pinie
	unda,-ae	Welle, Woge	ondulieren; F. *l'onde*
8	mortālis = homō		
	lītus, lītoris, *n*	Strand	Lido
	nōrant = nōverant *(27 G 2)*		
9	prae-ceps, *Gen.Sg.:* -cipit-is	kopfüber, abschüssig; *hier:* steilwandig	
	cingere, cingō, cīnxī, cīnctum	umgürten, umgeben	um-zingeln
10	tuba,-ae	Tuba, Kriegstrompete	
	dīrēctus,-a,-um	gerade	
	cornū,-ūs, *n (15 LV)*	Horn *(Musikinstrument)*	
	aeris dīrēctī/flexī	*Gen. qualitatis* (aus ...)	
11	galea,-ae	Helm	
	ēnsis,-is, *m*	Schwert	
12	mollis,-e	weich, sanft, lustvoll; verweichlicht	Moll
13	im-mūnis,-e	frei *(von Abgaben und dienstlichen Pflichten)*, unbelastet	immun
	rāster, rāstrī	Hacke *(mit Zinken)*	Raster
	intāctus,-a,-um *(m. Abl.)*	unberührt (von)	intakt
14	saucius,-a,-um	verwundet, verletzt	
	vōmis, vōmeris, *m*	Pflugschar	

15	vēr, vēris, *n*	Frühling	
	placidus,-a,-um	glatt, still, sanft	
	tepēre, tepeō	lau sein, warm sein	
	aura,-ae	Lufthauch	
16	mulcēre, mulceō, mulsī, mulsum	streicheln	
	zephyrus,-ī	Westwind	Zephyr
	sēmen,-minis, *n*	Same	
	flōs, flōris, *m*	Blume, Blüte, Schmuck	Flor, Flora E. *flower;* F. *la fleur*
17	mox *Adv.*	bald; dann	
	frūx, frūgis, *f*	Feldfrucht, Frucht	
	in-arātus,-a,-um	ungepflügt	
18	re-novāre,-novō	erneuern; *hier:* neu bestellen	renovieren
	nec *gehört zum Partizip:*	und nicht neu bestellt, ohne neu bestellt zu sein	
	gravidus,-a,-um	schwanger, gefüllt	Gravidität
	cānēre, cāneō	grau sein	
	arista,-ae	Ähre	
19	iam – iam	bald – bald	
	lac, lactis, *n*	Milch	
	nectar, nectaris, *n*	Nektar *(Trank der Götter),* Honig	
	lactis, nectaris:	*Gen. qualitatis* (von ...)	
20	flāvus,-a,-um	goldgelb	
	viridis,-e	grün	
	stīllāre, stīllō	tropfen	de-stillieren
	īlex, īlicis, *f*	Steineiche	
	mel, mellis, *n*	Honig	F. *le miel*
21	postquam *m. Ind.Imperf.:*	*durativ*	
	Sāturnus,-ī	Saturn *(griech. Kronos), Vater und Vorgänger Jupiters*	
	Sāturnō – missō:	*Abl. abs.*	
	tenebrōsus,-a,-um	finster	
	Tartarus,-ī, *m* } Tartara,-ōrum, *n* }	Tartarus, Unterwelt	
22	argenteus,-a,-um	silbern	
	prōlēs, prōlis, *f*	Nachkomme, Geschlecht	Proletarier
23	dēterior,-ius *(22 G 1.4)*	minderwertiger	
	fulvus,-a,-um	rotgelb	
	pretiōsus,-a,-um	wertvoll	Pretiosen; preziös F. *précieux*
24	aēneus,-a,-um	bronzen	
25	saevus,-a,-um	wild, roh	
	ingenium,-ī	Begabung, Charakter	Ingenieur; Genie
	horridus,-a,-um	starrend, wild, schrecklich	
	prōmptus,-a,-um	bereit, bereitwillig	prompt

26	scelerātus,-a,-um	verbrecherisch	
	dūrus,-a,-um	hart	Dur; F. *dur*
	ultimus,-a,-um	der letzte	Ultimo, Ultimatum
	ferrum,-ī	Eisen	Abk.: Fe; F. *le fer*
27	prōtinus *Adv.*	vorwärts, sofort	
	vēna,-ae	Ader; *hier:* Erzader	Vene
	vēnae pēiōris:	*Gen. abh. von* aevum	
	aevum, -ī	Zeit, Lebenszeit, Zeitalter	
28	ne-fās *(nur Nom./Akk.Sg.), n*	Unrecht, Frevel	
	fūgēre = fūgērunt *(27 G 2.1)*		
	pudor,-ōris, *m*	Scham, Scheu, Ehrgefühl	F. *la pudeur*
29	subiēre = subiērunt		
	fraus, fraudis, *f*	Betrug, Betrügerei	
	-que – -que – ...	et – et – ...	
	dolus,-ī	List	
31	vēlum,-ī	Segel	F. *le/la voile*
	ventus,-ī	Wind	
	adhūc *Adv.*	bisher, noch	
32	nāvita = nauta,-ae	Seemann	
	quaeque = et quae ...	*Relativsatz zu* carinae *(33)*	
33	fluctus,-ūs, *m*	Flut	
	īn-sultāre,-sultō *(m. Dat.)* (-vēre = -vērunt; *s.o.)*	(auf etw.) übermütig herum-tanzen	insultieren; E. *to insult*
	carīna,-ae	Kielbalken, Kiel	
34	seges, segetis, *f*	Saatfeld, Saat	
	alimentum,-ī	Nahrung, Nahrungsmittel	Alimente
35	poscitur aliquis aliquid	jem. wird etwas abverlangt	
	humus,-ī, *f*	Erdboden	Humus
	viscera,-um, *n*	die Eingeweide	
36	re-con-dere,-dō,-didī,-ditum	verbergen	
	Stygius,-a-um *(zu Styx, einem der Flüsse in der Unterwelt)*	unterweltlich	
	umbra,-ae	Schatten	E. *umbrella;* F. *l'ombre*
37	ef-fodere,-fodiō,-fōdī, -fossum	ausgraben	
	irrītāmentum,-ī	Reizmittel	
39	prōd-īre,-eō,-iī,-itum	hervorgehen, hervorkommen	
40	sanguineus,-a,-um	blutig	
	crepitāre, crepitō	krachen, klirren	
	con-cutere,-cutiō,-cussī, -cussum	zusammenstoßen, -schlagen	
42	socer, socerī	Schwiegervater	
	gener, generī	Schwiegersohn	
	rārus,-a,-um	rar, selten	

29

43	im-minēre,-mineō,-minuī *m. Dat.*	drohen; nach etw. trachten	
	exitium,-ī	Untergang, Verderben	
	coniūnx, coniugis, *f*	Ehegattin	
	marītus,-ī	Ehegatte	F. *le mari*
44	lūridus,-a,-um	grüngelb	
	terribilis,-e	schrecklich	E/F. *terrible*
	miscēre, misceō, miscuī, mixtum	mischen	Mixtur; E. *to mix* F. *mixte*
	aconītum,-ī	Eisenhut, Gift	
	noverca,-ae	Stiefmutter	
45	patrius,-a,-um	väterlich; ererbt, herkömmlich	
	patriī annī	= annī patris	
	in-quīrere,-quīrō,-quīsīvī, -quīsītum	nachforschen	Inquisition
	inquīrere in annōs	die Jahre ungeduldig zählen	
46	virgō, virginis, *f*	Jungfrau	E. *virgin*
	madēre, madeō, maduī	nass sein, triefen	
47	caelestum = caelestium		
	Astraea,-ae	Asträa, *Göttin der Gerechtigkeit; als Sternbild: Jungfrau*	
(2)			
48	excūdere,-cūdō,-cūdī, -cussum	(aus Metall) herausschlagen, schmieden, formen	
	spīrāre, spīrō	atmen, belebt sein	
	aes, aeris, *n (7 LV)* *Pl.:* aera	Bronze, Erz; *hier:* Bildnisse aus Erz	
49	equidem	(ich) jedenfalls, freilich	
	vīvus,-a,-um	lebend, lebendig	F. *vif*
	dūcere, dūcō	*hier:* (aus dem Material) herausholen, herausarbeiten	
	marmor,-is, *n*	Marmor	
	vultus,-ūs, *m*	Miene, Gesichtsausdruck	
50	causās ōrāre	Gerichtsreden halten	
	meātus,-ūs, *m*	Gang, Bewegung	
51	dē-scrībere,-scrībō,-scrīpsī, -scrīptum	beschreiben, zeichnen	deskriptiv
	radius,-ī	Stab, (Zeichen-)Stift, Strahl	Radium, Radio; radio-aktiv
	surgere, surgō, sur-rēxī, sur-rēctum	aufstehen, sich erheben; *(von Gestirnen:)* aufgehen	E. *to surge;* F. *surgir*
	sīdus,-eris, *n*	Stern, Gestirn	
53	im-pōnere,-pōnō,-posuī, -positum	hineinlegen, auferlegen	imponieren F. *imposer; l'impôt*
54	dē-bellāre, dē-bellō	durch Krieg niederzwingen	
	superbus,-a,-um	hochmütig, stolz, übermütig	E. *superb;* F. *superbe*

29 (3)

55	mī = mihi		
56	fās *(nur Nom.u.Akk.Sg.), n*	(göttliches) Recht	
	dīvus,-a,-um	göttlich; *Subst.:* Gott	Diva
57	adversus,-a,-um	entgegengerichtet, widrig, ungünstig	
	adversus *Präp. m. Akk.* (tē)	gegenüber	
	identidem *Adv.*	immer wieder	
58	dulcis,-e	süß, angenehm	F. *doux*
	dulce:	*hier Adverb*	
	rīdēre, rīdeō, rīsī, rīsum	lachen	F. *rire*
59	sēnsus,-ūs, *m*	Wahrnehmung, Empfindung, Sinn	E. *sense;* F. *le sens*
	simul = simulatque	sobald	
60	a-spicere,-spiciō,-spexī, -spectum	anblicken, erblicken	Aspekt
	super-esse,-sum,-fuī	übrig sein	
	est super = superest		
	vōcis:	*Gen.part., abh. von* nihil	
61	lingua,-ae	Zunge, Sprache	E. *language* F. *la langue*
	torpēre, torpeō, torpuī	starr, gelähmt sein	Torpedo
	tenuis,-e	dünn, fein	
	artus,-ūs, *m*	Glied	
62	flamma,-ae	Flamme, Feuer	E. *flame* F. *la flamme*
	dē-mānāre, dē-mānō	herunterrieseln	
	sonitus,-ūs, *m*	Ton, Geräusch	
	-pte: *an Possessivpronomina angehängtes Suffix*	*Bedeutungsverstärkung* = ... eigen	
63	tintinnāre, tintinnō	klingeln	
	geminus,-a,-um	doppelt, zweifach	
	geminā *ist grammatisch zu* nocte *zu beziehen, obwohl es sachlich zu* lūmina *gehört (Enallage)*		
	lūmen,-minis, *n*	Licht; *hier:* Auge	

(4)

64	ut	wie *(indir. Fragesatz)*	
	nix, nivis, *f*	Schnee	F. *la neige*
65	Sōracte,-is, *n*	*ein Berg nördl. von Rom*	
	nec iam	und nicht mehr	
	onus, oneris, *n*	Last	
66	labōrāre, labōrō	belastet sein, leiden; sich abmühen, arbeiten	laborieren E. *to labour* F. *labourer*
	gelū,-ūs, *n*	Eis, Frost, Erstarrung	gelieren, Gelee

67	cōn-sistere,-sistō,-stitī	zusammentreten, auftreten; aus etw. bestehen; stehen bleiben, stocken	Konsistorium E. *to consist*
	acūtus,-a,-um	spitz, scharf, heftig	akut
68	dis-solvere,-solvō,-solvī, -solūtum	auflösen, abschaffen, entkräften	E. *to dissolve* F. *dissoudre*
	līgnum,-ī	Holz, Holzscheit	
	super *m. Abl.*	über, auf	F. *sur*
	focus,-ī	Herd, Herdfeuer	Fokus; F. *le feu*
69	largus,-a,-um	reichlich	Largo; E. *large*
	re-pōnere,-pōnō,-posuī, -positum	zurücklegen, niederlegen; wieder hinlegen, ersetzen	F. *reposer*
70	dē-prōmere,-prōmō, -prōmpsī,-prōmptus	herausnehmen, entnehmen	
	quadrīmus,-a,-um	vierjährig	
	Sabīnus,-a,-um	sabinisch *(Horaz hatte im Sabinerland ein Landgut)*	
71	Thaliarchus,-ī	*griechischer Name; vielleicht Pseudonym oder fiktiv*	
	merus,-a,-um	ungemischt, rein	
	merum (vīnum),-ī	reiner Wein	
	diōta,-ae *(griech.)*	zweihenkliges Gefäß	
	diōtā:	*Abl. sep.* (aus)	
72	simul = simulatque	sobald	
	Der Relativsatz ist mit dem temporalen Gliedsatz verschränkt; übersetzen Sie nach 26 G 2.1a.		
73	sternere, sternō, strāvī, strātum (-vēre = -vērunt; *s.o.*)	hinbreiten, hinwerfen; niederwerfen, glätten, pflastern	Straße; E. *street*
	ventōs sternere	die Stürme beruhigen	
	aequor,-oris, *n*	Meer	
	fervidus,-a,-um	kochend, heiß; wallend, tosend	
74	dē-proeliārī, dē-proeliōr	heftig kämpfen	
	cupressus,-ī, *f*	Zypresse	
75	agitāre, agitō	heftig bewegen	
	ornus,-ī, *f*	Bergesche	
77	quem diērum cumque	= quemcumque diem	
	lucrum,-ī	Gewinn	lukrativ
78	ad-pōnere,-pōnō,-posuī, -positum	hinzufügen, hinzurechnen	Apposition
79	spernere, spernō, sprēvī, sprētum	verachten	
	Fassen Sie tū *mit* puer *zusammen.*		
	chorēa,-ae *(griech.)*	Reigentanz	
80	vīventī:	*zu ergänzen* tibi	
	cānitiēs,-iēī, *f*	graues Haar	

29

81	mōrōsus,-a,-um	eigensinnig, grämlich	
	campus,-ī	Feld, freies Gelände	E. *camp;* F. *le champ*
	ārea,-ae	Platz	
82	lēnis,-e	sanft, leise	
	susurrus,-ī	Flüstern, Wispern	
83	com-pōnere,-pōnō,-posuī, -positum *(18 LV)*	*hier:* vereinbaren	
	re-petere,-petō,-petīvī, -petītum *(17 LV)*	(wiederholt) aufsuchen, erstreben	
84f	*Ordnen Sie:* Nunc et (repetātur) grātus rīsus prōditor latentis puellae ab (von – her, aus) intimō angulō. *Beachten Sie die kunstvolle Verschränkung.*		
	latēre, lateō, latuī	versteckt sein	latent
	prōditor,-tōris, *m*	Verräter; *adj.:* verräterisch	
	intimus,-a,-um	innerster	intim
	rīsus,-ūs, *m*	Lachen	
	angulus,-ī	Ecke, Winkel	Tri-angel; E/F. *angle*
86	pīgnus,-oris, *n*	Pfand	
	dē-ripere,-ripiō,-ripuī, -reptum	entreißen, wegnehmen	
	lacertus,-ī	Oberarm, Arm	
87	male *Adv.*	*hier:* schwach, wenig	
	pertināx, *Gen.Sg.:* -āc-is	hartnäckig, sich widersetzend	
(5)	carpere, carpō, carpsī, carptum	pflücken, abreißen; verzehren, genießen	
88	quaesieris = quaesīveris		
	ne-fās: *s. T (1) Z.28*		
89	dī = deī		
	Leuconoē	*griech. Frauenname; vielleicht Pseudonym oder fiktiv*	
	Babylōnius,-a,-um	babylonisch	
	Babylōniī numerī	babylonische Zahlen: Horoskope	
	temptāris = temptāveris		
90	ut melius (est)	Wie ist es besser ...! = Es ist doch viel besser ...!	
91	seu – seu = sīve – sīve	sei es, dass – sei es, dass	
92	pūmex, pūmicis, *m*	Bimsstein; zerklüfteter und von der Brandung ausgehöhlter Fels	
	dēbilitāre, dēbilitō	schwächen; *hier:* brechen	
93	mare Tyrrhēnum	das Tyrrhenische Meer *(vor der Westküste Italiens)*	
	sapere, sapiō, sapīvī	schmecken; verständig sein	
	vīna = vīnum *(poet.Plur.)*		
	liquāre, liquō	schmelzen; (Wein) klären	

Bei der Entnahme ließ man den Wein durch ein Tuch oder Sieb laufen, um Verunreinigungen und Trübstoffe zu entfernen.

94	re-secāre,-secō,-secuī, -sectum	zurückschneiden, beschneiden, kürzen	Sekante, Sektor, Segment
	spatiō brevī resecāre	auf eine kurze Strecke zurückschneiden	
	fūgerit	wird entflohen sein *(Futurum exactum)*	
	invidus,-a,-um	missgünstig, neidisch	
95	crēdulus,-a,-um	leichtgläubig, vertrauend	
	posterus (diēs)	der folgende (Tag)	
(6)			
96	ruere, ruō, ruī	stürzen, losstürzen	
	dextera (manus)	die rechte Hand	
97	aptāre, aptō *m.Dat.* (dexterīs)	anpassen, einfügen	
	ēnsis,-is, *m*	Schwert	
	condere *(13 LV)*	bergen (in der Schwertscheide)	
	(Der Vers umschreibt das Ziehen der Schwerter.)		
98	parum	wenig, zu wenig	
	super-fundere,-fundō,-fūdī, -fūsum *(m. Dat.)*	über/auf etw. vergießen	
	super – fūsum est:	*Tmesis*	
	Neptūnus,-ī	Neptun, *der Meeresgott; hier:* das Meer	
100	furor, furōris, *m*	Wut, Raserei	
	caecus,-a,-um	blind	
101	culpa,-ae	Schuld	
	respōnsum,-ī	Antwort	E. *response* F. *la réponse*
102	tacēre, taceō, tacuī, (tacitum)	schweigen, verschweigen	F. *taire*
	albus,-a,-um	weiß	Album
	pallor,-ōris, *m*	Blässe	E. *pale;* F. *pâle*
	īn-ficere,-ficiō,-fēcī,-fectum	befallen	infizieren, Infekt
103	per-cellere,-cellō,-culī, -culsum	niederschmettern, bestürzt machen	
	stupēre, stupeō, stupuī	starr sein, verblüfft sein	E. *stupid*
104	fātum,-ī	Götterspruch, Schicksal, Verhängnis	fatal; Fatalismus E. *fate*
105	frāternus,-a,-um	brüderlich	
	nex, necis, *f*	Mord	
	frāterna nex = nex frātris	Brudermord	
106	im-merēns, *Gen.Sg.:* -ent-is	(etw.) nicht verdienend	
	Remus,-ī	Remus, *Bruder des Romulus, von diesem im Zorn erschlagen*	
107	sacer, sacra, sacrum	heilig; verflucht, fluchbringend	
	cruor, cruōris, *m*	Blut	

108 *Ordnen Sie:* Ego, quī hīc iaceō

tener, tenera, tenerum	zart	
lūsor,-ōris, *m*	Spieler	
amōrēs	Liebschaften; Liebesgedichte	
109 ingenium,-ī	Begabung, Geist, Genie	
Nāso	*der Dichter* P. **Ovidius** Naso	
110 amāstī = amāvistī		
111 cubāre, cubō, cubuī, cubitum	ruhen, liegen	In-kubation
112 titulus,-ī	Inschrift	Titel; F. *le titre*
etenim	denn	
libellus,-ī	kleines Buch, Büchlein	

(Subjekt des Satzes: libellī; *Präd.-Nomen:* māiōra et magis diūturna monumenta*)*

113 quōs: *Rel.Anschl., Subj. des von* cōnfīdō *abhängigen AcI; Präd.:* datūrōs (esse)

quamvīs	wie sehr auch
nocuēre = nocuērunt	

114 *Ordnen Sie:* auctōrī suō nōmen et tempora longa

Stammformen wichtiger Verben

1 Die Besonderheiten der Stammformenbildung werden wie im Deutschen in Stammformenreihen zusammengefasst. Diese enthalten:

– den Infinitiv Präsens Aktiv	laudāre	habēre	mittere	cōnspicere	audīre
– die 1. Sg. Ind. Präsens Aktiv	laudō	habeō	mittō	cōnspiciō	audiō
– die 1. Sg. Ind. Perfekt Aktiv	laudāvī	habuī	mīsī	cōnspexī	audīvī
– das Partizip Perfekt Passiv (PPP)	laudātus (-a,-um)	habitus	missus	cōnspectus	audītus

Da das PPP intransitiver Verben nur als Neutrum vorkommt (unpersönliches Passiv, s. 1 G 10.2), gibt man diese Stammform meist bei allen Verben in der Form des Nom. Sg. Neutrum an:

laudātum habitum missum cōnspectum audītum

Diese Form ist gleich mit dem Supinum I (17 G 1.1). Man nennt die vierte Stammform deshalb PPP- oder Supinstammform.

Die Lexika nennen den Infinitiv Präsens entweder nicht (Ersatz durch die Konjugationsziffer; s. 2 G 2.4) oder setzen ihn ans Ende der Reihe.

2 Die Stammformenreihen sind geordnet

1. nach Konjugationen:
   a-, e-, Konsonantische, Gemischte, i-Konjugation
2. innerhalb der Konjugationen nach der Art der Perfektbildung:
   v-, u-, s-Perfekt
   Reduplikationsperfekt
   Ablautperfekt: quantitativer Ablaut (Dehnungsperfekt)
   qualitativer Ablaut (mit Dehnung)
   Perfekt ohne Stammveränderung (Stammperfekt)

   Nach den aktiven Verben folgen die Deponentien. Ihre Stammformenreihe besteht nur aus 3 Angaben.

   Als eigene Gruppe werden in der Konsonantischen Konjugation die Verben mit Präsensstammbildung auf -sc- aufgeführt.

3 In den folgenden Stammformenlisten bedeutet

< > a) Ersatzform für nichtgebildete Stammform
b) Stammform mit Sonderbedeutung

( ) Statt des PPP ist nur das davon abgeleitete Partizip Futur Aktiv belegt.

1	**a-Konjugation**				
	v-Perfekt				
1.1	laudāre	laudō	laudāvī	laudātum	loben
	Ebenso werden die Stammformen der meisten Verben der a-Konjugation gebildet.				
	u-Perfekt				
1.2	in-crepāre	increpō	increpuī	increpitum	erschallen, schelten
1.3	cubāre	cubō	cubuī		liegen
1.4	vetāre	vetō	vetuī	vetitum	verbieten
1.5	secāre	secō	secuī	sectum	schneiden
1.6	sonāre	sonō	sonuī		tönen, klingen
	Reduplikationsperfekt				
1.7	stāre	stō	stetī	(stātūrus)	stehen
	cōn-stāre	cōnstō	cōnstitī	(cōnstātūrus)	bestehen (aus, in etw.), kosten
	cōnstāre	cōnstat	cōnstitit		es steht fest, ist bekannt
	prae-stāre	praestō	praestitī	praestitum	*m. Dat.:* voranstehen, übertreffen; *m. Akk.:* leisten, erweisen
1.8	dare	dō	dedī	datum	geben
	Zu den Komposita auf -dere *s. 3.53*				
	Dehnungsperfekt				
1.9	iuvāre	iuvō	iūvī	iūtum	unterstützen, erfreuen
	ad-iuvāre *(m. Akk.)*	adiuvō	adiūvī	adiūtum	unterstützen, helfen
1.10	lavāre	lavō	lāvī	lavātum/lautus	waschen
	Deponentien				
1.11	hortārī	hortor	hortātus sum		ermahnen, ermuntern
	Ebenso werden die Stammformen aller Deponentien der a-Konjugation gebildet.				
2	**e-Konjugation**				
	v-Perfekt				
2.1	dēlēre	dēleō	dēlēvī	dēlētum	zerstören, vernichten
2.2	flēre	fleō	flēvī	flētum	weinen
	u-Perfekt				
2.3	arcēre	arceō	arcuī		abhalten, abwehren
	ex-ercēre	exerceō	exercuī		üben, plagen
2.4	habēre	habeō	habuī	habitum	haben, halten
	ad-hibēre	adhibeō	adhibuī	adhibitum	anwenden
	pro-hibēre	prohibeō	prohibuī	prohibitum	abhalten, (ver-)hindern
	dēbēre	dēbeō	dēbuī	dēbitum	schulden, müssen
	praebēre	praebeō	praebuī	praebitum	darreichen, gewähren, erweisen

2.5	monēre	moneō	monuī	monitum	mahnen
	ad-monēre	admoneō	admonuī	admonitum	ermahnen, erinnern
2.6	terrēre	terreō	terruī	territum	(er-)schrecken *(trans.)*
	per-terrēre	perterreō	perterruī	perterritum	sehr erschrecken
2.7	nocēre	noceō	nocuī	(nocitūrus)	schaden
2.8	placēre	placeō	placuī	<placitum>	gefallen
2.9	tacēre	taceō	tacuī	(tacitūrus)	schweigen, verschweigen
2.10	docēre	doceō	docuī	doctum	lehren, unterrichten
2.11	miscēre	misceō	miscuī	mixtum	mischen, verwirren
2.12	tenēre	teneō	tenuī		halten
	abs-tinēre	abstineō	abstinuī		fernhalten; sich enthalten
	con-tinēre	contineō	continuī	<contentus> (zufrieden)	zusammenhalten, zurückhalten, beschränken; (als Inhalt) enthalten
	ob-tinēre	obtineō	obtinuī	obtentum	festhalten, behaupten
	per-tinēre	pertineō	pertinuī		sich erstrecken, sich beziehen
	re-tinēre	retineō	retinuī	retentum	zurückhalten
	sus-tinēre	sustineō	sustinuī		aushalten, (er-)tragen
2.13	cēnsēre	cēnseō	cēnsuī	cēnsum	schätzen, meinen
2.14	carēre *(m. Abl.)*	careō	caruī		entbehren, nicht haben
2.15	dolēre	doleō	doluī		Schmerz empfinden, bedauern; schmerzen
2.16	flōrēre	flōreō	flōruī		blühen
2.17	horrēre	horreō	horruī		schaudern, starren
2.18	iacēre	iaceō	iacuī		liegen
2.19	latēre	lateō	latuī		verborgen sein
2.20	im-minēre	immineō	imminuī		über etw. hängen, bevorstehen, drohen
2.21	pārēre	pāreō	pāruī		gehorchen
	ap-pārēre	appāreō	appāruī		erscheinen, sich zeigen
2.22	patēre	pateō	patuī		offen stehen
2.23	studēre *(m.Dat.)*	studeō	studuī		Eifer zuwenden, sich bemühen, nach etw. streben
2.24	timēre	timeō	timuī		fürchten
2.25	valēre	valeō	valuī		gesund sein, vermögen, gelten
2.26	licēre	licet	licuit		es ist erlaubt, ist möglich
2.27	oportēre	oportet	oportuit		es gehört sich, ist nötig
2.28	paenitēre	paenitet	paenituit		es reut
	s-Perfekt				
2.29	augēre	augeō	auxī	auctum	vermehren, fördern
2.30	iubēre *(m. Akk.)*	iubeō	iussī	iussum	beauftragen, auffordern; befehlen, verordnen
2.31	rīdēre	rīdeō	rīsī	rīsum	lachen, verlachen
	ir-rīdēre	irrīdeō	irrīsī	irrīsum	verlachen, verspotten

2.32	suādēre	suādeō	suāsī	suāsum	raten, zureden
	per-suādēre *(m. Dat.)*	persuādeō	persuāsī	persuāsum	einreden, überreden; überzeugen
2.33	haerēre	haereō	haesī	(haesūrus)	hängen, stecken(bleiben)
2.34	manēre	maneō	mānsī	(mānsūrus)	bleiben, erwarten
	re-manēre	remaneō	remānsī	(remānsūrus)	zurückbleiben
2.35	fulgēre	fulgeō	fulsī		leuchten, strahlen
2.36	per-mulcēre	permulceō	permulsī	permulsum	streicheln, beruhigen

Reduplikationsperfekt

2.37	pendēre	pendeō	pependī		hängen *(intr.)*, schweben
2.38	spondēre	spondeō	spopondī	spōnsum	geloben, versprechen
	re-spondēre	respondeō	respondī	respōnsum	antworten, entsprechen
2.39	mordēre	mordeō	momordī	morsum	beißen

Dehnungsperfekt

2.40	cavēre *(m. Akk.)*	caveō	cāvī	cautum	Acht geben, sich hüten
2.41	favēre *(m. Dat.)*	faveō	fāvī	fautum	gewogen sein, begünstigen
2.42	movēre	moveō	mōvī	mōtum	bewegen
	ad-movēre	admoveō	admōvī	admōtum	heranbewegen, heranführen; anwenden
	com-movēre	commoveō	commōvī	commōtum	bewegen, erregen, veranlassen
	per-movēre	permoveō	permōvī	permōtum	(bewegen, erregen, veranlassen)
	prō-movēre	prōmoveō	prōmōvī	prōmōtum	vorwärts bewegen
	sub-movēre (summovēre)	submoveō	submōvī	submōtum	entfernen, wegschaffen, hinausschicken
2.43	sedēre	sedeō	sēdī	sessum	sitzen
	pos-sidēre	possideō	possēdī	possessum	besitzen
2.44	vidēre	videō	vīdī	vīsum	sehen
	prō-vidēre	prōvideō	prōvīdī	prōvīsum	*m. Akk.:* vorhersehen; *m. Dat.:* Vorsorge treffen (für)

Deponentien

2.51	vidērī	videor	vīsus sum	erscheinen, scheinen
2.52	pollicērī	polliceor	pollicitus sum	versprechen
2.53	verērī	vereor	veritus sum	scheuen, fürchten, verehren
2.54	rērī	reor	ratus sum	rechnen, meinen
2.55	tuērī	tueor	<tutātus sum>	im Auge haben, schützen
	in-tuērī	intueor		betrachten

Semideponentien

2.56	solēre	soleō	solitus sum	gewohnt sein, pflegen
2.57	audēre	audeō	ausus sum	wagen
2.58	gaudēre	gaudeō	gāvīsus sum	sich freuen

3a	**Dritte Konjugation, Gruppe I: Konsonantische Konjugation**				
	v-Perfekt				
3.1	sinere	sinō	sīvī	situm	lassen, zulassen
	dē-sinere	dēsinō	dēsiī	dēsitum	ablassen, aufhören
3.2	serere	serō	sēvī	satum	säen, pflanzen
3.3	cernere	cernō			sichten, sehen
	dē-cernere	dēcernō	dēcrēvī	dēcrētum	entscheiden, beschließen
	dis-cernere	discernō	–	discrētum	scheiden, unterscheiden
3.4	spernere	spernō	sprēvī	sprētum	verschmähen
3.5	sternere	sternō	strāvī	strātum	hinbreiten, hinstrecken
3.6	petere	petō	petīvī	petītum	erstreben, erbitten, verlangen
	re-petere	repetō	repetīvī	repetītum	zurückfordern, wiederholen
3.7	quaerere	quaerō	quaesīvī	quaesītum	suchen, fragen (ex/ab)
	in-quīrere	inquīrō	inquīsīvī	inquīsītum	nachforschen
	re-quīrere	requīrō	requīsīvī	requīsītum	aufsuchen, verlangen
3.8	arcessere	arcessō	arcessīvī	arcessītum	herbeiholen
3.9	capessere	capessō	capessīvī	capessītum	ergreifen
3.10	lacessere	lacessō	lacessīvī	lacessītum	reizen, herausfordern
	u-Perfekt				
3.11	pōnere	pōnō	posuī	positum	legen, setzen, stellen
	ad-pōnere (appōnere)	adpōnō	adposuī	adpositum	hinstellen, hinzufügen; (Speisen) auftragen
	com-pōnere	compōnō	composuī	compositum	zusammenstellen, verfassen; ordnen, schlichten
	dē-pōnere	dēpōnō	dēposuī	dēpositum	niederlegen, ablegen
	dis-pōnere	dispōnō	disposuī	dispositum	verteilen, ordnen
	ex-pōnere	expōnō	exposuī	expositum	aussetzen; darlegen
	im-pōnere	impōnō	imposuī	impositum	hineinlegen, aufbürden
	op-pōnere	oppōnō	opposuī	oppositum	entgegenstellen; preisgeben, (einer Gefahr) aussetzen
	prō-pōnere	prōpōnō	prōposuī	prōpositum	vorlegen, in Aussicht stellen
3.12	re-cumbere	recumbō	recubuī	(recubitūrus)	sich niederlegen
3.13	gignere	gignō	genuī	genitum	erzeugen, hervorbringen
3.14	alere	alō	aluī	al(i)tum	nähren, fördern
3.15	colere	colō	coluī	cultum	bebauen, pflegen, ehren
	in-colere	incolō	incoluī		bewohnen, siedeln
	re-colere	recolō	recoluī	recultum	wiederherstellen
3.16	cōn-sulere	cōnsulō	cōnsuluī	cōnsultum	*m. Akk.:* um Rat fragen; *m. Dat.:* für jem./etw. sorgen
3.17	serere	serō	seruī	sertum	(aneinander) reihen
	dis-serere	disserō	disseruī		erörtern

s-Perfekt

3.18	carpere	carpō	carpsī	carptum	pflücken
3.19	scrībere	scrībō	scrīpsī	scrīptum	schreiben
	cōn-scrībere	cōnscrībō	cōnscrīpsī	conscrīptum	verfassen; (Truppen) ausheben
	dē-scrībere	dēscrībō	dēscrīpsī	dēscrīptum	beschreiben, zeichnen
3.20	dīcere	dīcō	dīxī	dictum	sagen, sprechen
	in-dīcere	indīcō	indīxī	indictum	ankündigen
3.21	dūcere	dūcō	dūxī	ductum	führen, ziehen; halten für
	ad-dūcere	addūcō	addūxī	adductum	hinführen, veranlassen
	dē-dūcere	dēdūcō	dēdūxī	dēductum	hinabführen, wegführen
	per-dūcere	perdūcō	perdūxī	perductum	(ans Ziel) bringen
	trā-dūcere	trādūcō	trādūxī	trāductum	hinüberführen
3.22	trahere	trahō	trāxī	tractum	ziehen, schleppen
	dē-trahere	dētrahō	dētrāxī	dētractum	herabziehen, wegnehmen
3.23	vehere	vehō	vēxī	vectum	bewegen, fahren *(trans.)*
	ad-vehere	advehō	advēxī	advectum	herbeiführen, -schaffen
3.24	regere	regō	rēxī	rēctum	lenken, leiten
	cor-rigere	corrigō	corrēxī	corrēctum	berichtigen, verbessern
	pergere	pergō	per-rēxī	perrēctum	fortfahren (zu tun)
	surgere	surgō	sur-rēxī		sich erheben, aufstehen
3.25	tegere	tegō	tēxī	tēctum	decken, bedecken
3.26	cingere	cingō	cīnxī	cīnctum	gürten, umgeben
3.27	iungere	iungō	iūnxī	iūnctum	verbinden, vereinigen
	con-iungere	coniungō	coniūnxī	coniūnctum	verbinden, vereinigen
	ad-iungere	adiungō	adiūnxī	adiūnctum	anfügen, anschließen
3.28	fingere	fingō	fīnxī	fictum	gestalten, erdichten
3.29	stringere (gladium)	stringō	strīnxī	strictum	schnüren; streifen; (das Schwert) ziehen
	ob-stringere	obstringō	obstrīnxī	obstrictum	verstricken, verpflichten
3.30	fluere	fluō	flūxī		fließen
3.31	struere	struō	strūxī	strūctum	schichten, bauen
	ex-struere	exstruō	exstrūxī	exstrūctum	aufschichten, errichten
	īn-struere	īnstruō	īnstrūxī	īnstrūctum	aufstellen, ausstatten; unterrichten
3.32	dī-ligere	dīligō	dīlēxī	dīlēctum	schätzen, lieben
	intel-legere	intellegō	intellēxī	intellēctum	einsehen, verstehen
	neg-legere	neglegō	neglēxī	neglēctum	vernachlässigen
3.33	vīvere	vīvō	vīxī	(vīctūrus)	leben
3.34	gerere	gerō	gessī	gestum	tragen, (aus-)führen
3.35	con-temnere	contemnō	contempsī	contemptum	verachten, nicht beachten
3.36	mittere	mittō	mīsī	missum	gehen lassen, schicken
	ā-mittere	āmittō	āmīsī	āmissum	verlieren
	ad-mittere	admittō	admīsī	admissum	zulassen
	com-mittere	committō	commīsī	commissum	zusammenbringen, ausführen, anvertrauen
	dī-mittere	dīmittō	dīmīsī	dīmissum	entlassen, aufgeben

	im-mittere	immittō	immīsī	immissum	hineinschicken; (eine Waffe) schleudern; (Zügel) lockerlassen
	inter-mittere	intermittō	intermīsī	intermissum	unterbrechen
	o-mittere	omittō	omīsī	omissum	aufgeben, beiseite lassen
	per-mittere	permittō	permīsī	permissum	überlassen, erlauben
	prō-mittere	prōmittō	prōmīsī	prōmissum	versprechen
3.37	cēdere	cēdō	cessī	(cessūrus)	gehen, weichen
	ac-cēdere	accēdō	accessī	(accessūrus)	heranrücken, hinzutreten
	con-cēdere	concēdō	concessī	concessum	weichen, zugestehen
	dis-cēdere	discēdō	discessī	discessum	weg-, auseinander gehen
	in-cēdere	incēdō	incessī		einherschreiten; hineingehen, befallen
	prō-cēdere	prōcēdō	prōcessī	prōcessum	vorrücken
	suc-cēdere	succēdō	successī	successum	nachrücken, nachfolgen
3.38	claudere	claudō	clausī	clausum	schließen, versperren
	ex-clūdere	exclūdō	exclūsī	exclūsum	ausschließen, abweisen
3.39	dī-videre	dīvidō	dīvīsī	dīvīsum	trennen, teilen
3.40	ē-vādere	ēvādō	ēvāsī	(ēvāsūrus)	hinausgehen, entkommen
	in-vādere	invādō	invāsī	(invāsūrus)	eindringen, angreifen
3.41	fīgere	fīgō	fīxī	fīxum	anheften, befestigen
3.42	flectere	flectō	flexī	flexum	biegen, beugen
3.43	premere	premō	pressī	pressum	drücken
	op-primere	opprimō	oppressī	oppressum	unterdrücken, überfallen
	Reduplikationsperfekt				
3.44	tendere	tendō	tetendī	tentum	spannen, strecken, zielen
	con-tendere	contendō	contendī	contentum	(sich) anstrengen, eilen, kämpfen; behaupten
	in-tendere	intendō	intendī	intentum	auf etwas richten
	os-tendere	ostendō	ostendī	ostentum	zeigen
3.45	tangere	tangō	tetigī	tāctum	berühren
	at-tingere	attingō	attigī	attāctum	berühren
	con-tingere	contingō	contigī	contāctum	berühren; gelingen
3.46	cadere	cadō	cecidī	(cāsūrus)	fallen
	ac-cidere	accidō	accidī		hinfallen, niederfallen; sich ereignen
	con-cidere	concidō	concidī		zusammenstürzen
	in-cidere	incidō	incidī		hineingeraten, vorfallen
	oc-cidere	occidō	occidī		untergehen
3.47	caedere	caedō	cecīdī	caesum	niederhauen, fällen
	con-cīdere	concīdo	concīdī		zusammenschlagen
	oc-cīdere	occīdō	occīdī	occīsum	niederschlagen, töten
3.48	sistere	sistō	stetī (stitī)	stātum	stellen, sich hinstellen
	cōn-sistere	cōnsistō	cōnstitī		sich hinstellen, bestehen
	dē-sistere	dēsistō	dēstitī	(dēstitūrus)	abstehen, aufhören
	ex-sistere	exsistō	exstitī		auftreten, entstehen
	re-sistere	resistō	restitī		widerstehen, innehalten

3.49	currere	currō	cucurrī	cursum	laufen
	con-currere	concurrō	concurrī	concursum	zusammenlaufen, -stoßen
	oc-currere	occurrō	occurrī		begegnen, entgegentreten
	suc-currere	succurrō	succurrī		zu Hilfe eilen
3.50	pellere	pellō	pepulī	pulsum	(ver-)treiben, stoßen
	com-pellere	compellō	compulī	compulsum	zusammentreiben, in die Enge treiben, drängen
	ex-pellere	expellō	expulī	expulsum	hinausstoßen, vertreiben
	im-pellere	impellō	impulī	impulsum	antreiben, veranlassen
	prō-pellere	prōpellō	prōpulī	prōpulsum	nach vorne stoßen, vorantreiben; wegstoßen, vertreiben, abwehren
	re-pellere	repellō	reppulī	repulsum	zurückstoßen, abweisen
3.51	fallere *(m. Akk.)*	fallō	fefellī	<dēceptum>	täuschen, jemandem verborgen bleiben
3.52	parcere *(m. Dat.)*	parcō	pepercī	(parsūrus) <temperātum>	Schonung gewähren, sparen
3.53	dē-dere	dē-dō	dē-didī	dē-ditum	hingeben, ausliefern
	prō-dere	prō-dō	prō-didī	prō-ditum	überliefern, verraten
	red-dere	red-dō	red-didī	red-ditum	(zurück-)geben
	m. dopp. Akk.:				zu etw. machen
	trā-dere	trā-dō	trā-didī	trā-ditum	übergeben, überliefern
	vēn-dere	vēn-dō	vēn-didī	vēn-ditum	verkaufen
	[*Passiv:* vēn-īre, s. 5.7]				
	ab-dere	ab-dō	ab-didī	ab-ditum	verbergen
	ad-dere	ad-dō	ad-didī	ad-ditum	hinzufügen
	con-dere	con-dō	con-didī	con-ditum	gründen, bergen
	crē-dere	crē-dō	crē-didī	crē-ditum	(an-)vertrauen, glauben
	per-dere	per-dō	per-didī	per-ditum	verderben, verlieren
	[*Passiv:* per-īre, s. 5.7]				
3.54	bibere	bibō	bibī		trinken
3.55	per-cellere	percellō	perculī	perculsum	erschüttern

Dehnungsperfekt

3.56	emere	emō	ēmī	ēmptum	kaufen
	dir-imere	dirimō	dirēmī	dirēmptum	trennen
	prōmere	prōmō	prōmpsī	prōmptum	hervorholen
	sūmere	sūmō	sūmpsī	sūmptum	nehmen
3.57	legere	legō	lēgī	lēctum	lesen, auslesen
	col-ligere	colligō	collēgī	collēctum	sammeln
	dē-ligere	dēligō	dēlēgī	dēlēctum	(aus-)wählen
	dīligere, intellegere, neglegere s. 3.32				
3.58	re-linquere	relinquō	relīquī	relictum	zurücklassen, verlassen
3.59	rumpere	rumpō	rūpī	ruptum	brechen *(trans.)*
	cor-rumpere	corrumpō	corrūpī	corruptum	verderben, bestechen
	ē-rumpere	ērumpō	ērūpī	ēruptum	aus-, hervorbrechen
	ir-rumpere	irrumpō	irrūpī	irruptum	einbrechen, eindringen

3.60	vincere	vincō	vīcī	victum	siegen, besiegen
3.61	edere	edō	ēdī	ēsum	essen, fressen
3.62	fundere	fundō	fūdī	fūsum	(hin-)gießen, zerstreuen
	ef-fundere	effundō	effūdī	effūsum	ausgießen, vergießen
3.63	cōn-sīdere	cōnsīdō	cōnsēdī		sich setzen, niederlassen

Dehnungsperfekt mit qualitativem Ablaut

3.64	agere	agō	ēgī	āctum	treiben, (ver-)handeln
	per-agere	peragō	perēgī	perāctum	vollenden
	ex-igere	exigō	exēgī	exāctum	(ein-)fordern; vollenden
	red-igere	redigō	redēgī	redāctum	in einen Zustand bringen
	cōgere	cōgō	co-ēgī	co-āctum	zusammenbringen, zwingen

Perfekt ohne Stammveränderung (sog. Stammperfekt)

3.65	in-cendere	incendō	incendī	incēnsum	anzünden, entflammen
	ac-cendere	accendō	accendī	accēnsum	
3.66	dē-fendere	dēfendō	dēfendī	dēfēnsum	abwehren, verteidigen
3.67	pre-hendere	prehendō	prehendī	prehēnsum	ergreifen
	com-prehendere	comprehendō	comprehendī	comprehēnsum	(er-)fassen, verhaften
3.68	a-scendere	ascendō	ascendī	ascēnsum	hinaufsteigen
	dē-scendere	dēscendō	dēscendī	dēscēnsum	hinabsteigen
3.69	vertere	vertō	vertī	versum	wenden
	ā-vertere	āvertō	āvertī	āversum	abwenden
	ad-vertere	advertō	advertī	adversum	hinwenden, zuwenden
	anim-advertere (< animum advertere)				wahrnehmen
	animadvertere in aliquem				einschreiten gegen jem.
	con-vertere	convertō	convertī	conversum	wenden, verwandeln
3.70	vīsere	vīsō	vīsī		besichtigen, besuchen
3.71	statuere	statuō	statuī	statūtum	aufstellen, feststellen
	cōn-stituere	cōnstituō	cōnstituī	cōnstitūtum	beschließen
	īn-stituere	īnstituō	īnstituī	īnstitūtum	einrichten, unterrichten
3.72	tribuere	tribuō	tribuī	tribūtum	zuteilen, zuweisen
	dis-tribuere	distribuō	distribuī	distribūtum	verteilen
3.73	ind-uere	induō	induī	indūtum	anziehen
	ex-uere	exuō	exuī	exūtum	ausziehen, berauben
3.74	solvere	solvō	solvī	solūtum	lösen, zahlen
	ab-solvere	absolvō	absolvī	absolūtum	freisprechen; vollenden
	dis-solvere	dissolvō	dissolvī	dissolūtum	auflösen
3.75	volvere	volvō	volvī	volūtum	wälzen, rollen
3.76	arguere	arguō	arguī		beschuldigen
3.77	metuere	metuō	metuī		fürchten
3.78	acuere	acuō	acuī	acūtum	schärfen, spitzen, (geistig) anregen

Verben auf -scō (Verba incohātīva)

3.79	crēscere	crēscō	crēvī		wachsen, zunehmen
3.80	as-suēscere	assuēscō	assuēvī	<assuētus>	sich an etw. gewöhnen
	cōn-suēscere	cōnsuēscō	cōnsuēvī	<cōnsuētus>	
3.81	nōscere	nōscō	nōvī	<nōtus>	kennenlernen
	co-gnōscere	cognōscō	cognōvī	cognitum	erkennen
	ī-gnōscere	īgnōscō	īgnōvī		verzeihen
3.82	discere	discō	didicī		lernen
	ē-discere	ēdiscō	ēdidicī		auswendig lernen
3.83	poscere	poscō	poposcī	<postulātum>	fordern
3.84	ē-vānēscere	ēvānēscō	ēvānuī		verschwinden

Deponentien

3.101	vehī	vehor	vectus sum		fahren *(intrans.)*
3.102	fungī	fungor	fūnctus sum *(m. Abl.)*		verrichten, verwalten
3.103	querī	queror	questus sum		klagen, sich beklagen
3.104	loquī	loquor	locūtus sum		sprechen, reden
3.105	sequī	sequor	secūtus sum *(m. Akk.)*		folgen
	as-sequī	assequor	assecūtus sum		einholen, erreichen
	cōn-sequī	cōnsequor	cōnsecūtus sum		folgen, erreichen
	ex-sequī	exsequor	exsecūtus sum		ausführen
	ob-sequī	obsequor	obsecūtus sum *(m. Dat.)*		folgen, nachgeben, gehorchen
3.106	fruī	fruor *(m. Abl.)*			genießen
3.107	nītī	nītor	nīsus (nīxus) sum *(m. Abl.)*		sich stützen, streben
	ē-nītī	ēnītor	ēnīsus (ēnīxus) sum		emporstreben, sich anstrengen, streben
3.108	ūtī	ūtor	ūsus sum *(m. Abl.)*		gebrauchen, benutzen
	ab-ūtī	abūtor	abūsus sum *(m. Abl.)*		missbrauchen
3.109	nāscī	nāscor	nātus sum (nāscitūrus)		entstehen, geboren werden
3.110	īrāscī	īrāscor	<īrātus>		zürnen
3.111	pro-ficīscī	proficīscor	profectus sum		aufbrechen, marschieren; hervorgehen
3.112	ad-ipīscī	adipīscor	adeptus sum		erreichen, erringen
3.113	nancīscī	nancīscor	nactus (nānctus) sum		erlangen
3.114	ob-līvīscī	oblīvīscor	oblītus sum		vergessen
3.115	ex-pergīscī	expergīscor	experrēctus sum		erwachen
3.116	re-minīscī *(m. Gen.)*	reminīscor	<recordātus sum> [vgl. me-min-ī 5.8]		sich erinnern

Semideponentien

3.117	cōn-fīdere	cōnfīdō	cōnfīsus sum		vertrauen
	dif-fīdere	diffīdō	diffīsus sum		misstrauen
3.118	re-vertī	revertor	revertī	reversum	zurückkehren
				(reversus	zurückgekehrt)

3b Dritte Konjugation, Gruppe II: Kurzvokalische (Gemischte) Konjugation (Auslaut des Präsensstamms: -i-)

v-Perfekt

3.201	cupere	cupiō	cupīvī	cupītum	begehren, wünschen

u-Perfekt

3.202	rapere	rapiō	rapuī	raptum	raffen, rauben
	ab-ripere	abripiō	abripuī	abreptum	weg-, fortreißen
	cor-ripere	corripiō	corripuī	correptum	ergreifen, packen
	dī-ripere	dīripiō	dīripuī	dīreptum	plündern
	ē-ripere	ēripiō	ēripuī	ēreptum	entreißen

s-Perfekt

3.203	ad-licere	adliciō	adlexī	adlectum	anlocken
3.204	a-spicere	aspiciō	aspexī	aspectum	erblicken, ansehen
	cōn-spicere	cōnspiciō	conspexī	cōnspectum	erblicken, ansehen
	dē-spicere	dēspiciō	dēspexī	dēspectum	herabsehen, verachten
	re-spicere	respiciō	respexī	respectum	berücksichtigen
3.205	quatere	quatiō			schütteln
	con-cutere	concutiō	concussī	concussum	erschüttern

Reduplikationsperfekt

3.206	parere	pariō	peperī	partum (paritūrus)	hervorbringen, gebären, erwerben

Dehnungsperfekt

3.207	fodere	fodiō	fōdī	fossum	graben, stechen
	ef-fodere	effodiō	effōdī	effossum	ausgraben
3.208	fugere	fugiō	fūgī	(fugitūrus)	fliehen, meiden
	ef-fugere *(m. Akk.)*	effugiō	effūgī		entkommen

Dehnungsperfekt mit qualitativem Ablaut

3.209	capere	capiō	cēpī	captum	fassen, nehmen, fangen
	ac-cipere	accipiō	accēpī	acceptum	annehmen, empfangen
	ex-cipere	excipiō	excēpī	exceptum	ausnehmen, aufnehmen
	inter-cipere	intercipiō	intercēpī	interceptum	abfangen; wegnehmen
	per-cipere	percipiō	percēpī	perceptum	erfassen, wahrnehmen
	prae-cipere	praecipiō	praecēpī	praeceptum	vorschreiben; vorwegnehmen
	re-cipere	recipiō	recēpī	receptum	zurücknehmen, aufnehmen
	sus-cipere	suscipiō	suscēpī	susceptum	aufnehmen, unternehmen
	in-cipere	incipiō	<coepī>	inceptum <coeptum>	anfangen, beginnen

3.210	facere	faciō	fēcī	factum	machen, tun
	<fierī	fīō>	factus sum		werden, geschehen; gemacht werden
	Komposita mit -facere *(Passiv:* -fierī, -fīō*)*:				
	assuē-facere	assuēfaciō	assuēfēcī	assuēfactum	an etw. gewöhnen
	pate-facere	patefaciō	patefēcī	patefactum	öffnen, aufdecken
	Komposita mit -ficere *(Passiv:* -ficī, -ficior*)*:				
	af-ficere *(m. Abl.)*	afficiō	affēcī	affectum	mit etw. versehen
	cōn-ficere	cōnficiō	cōnfēcī	cōnfectum	vollenden; aufreiben
	dē-ficere	dēficiō	dēfēcī	dēfectum	*(ā Rōmānīs)* abfallen; *m. Akk.*: ausgehen, fehlen
	ef-ficere	efficiō	effēcī	effectum	fertig bringen, bewirken
	inter-ficere	interficiō	interfēcī	interfectum	niedermachen, töten
	per-ficere	perficiō	perfēcī	perfectum	vollenden, durchsetzen
	prae-ficere	praeficiō	praefēcī	praefectum	an die Spitze stellen
	re-ficere	reficiō	refēcī	refectum	wiederherstellen
3.211	iacere	iaciō	iēcī	iactum	werfen, schleudern
	Komposita (-icere, -iciō; *gesprochen: -jic...!*):				
	ad-icere	adiciō	adiēcī	adiectum	hinzufügen
	con-icere	coniciō	coniēcī	coniectum	(zusammen-)werfen; vermuten
	ē-icere	ēiciō	ēiēcī	ēiectum	hinauswerfen, vertreiben
	prō-icere	prōiciō	prōiēcī	prōiectum	hinwerfen
	sub-icere	subiciō	subiēcī	subiectum	unterwerfen
	Deponentien				
3.212	morī	morior	mortuus sum (moritūrus)		sterben
3.213	orīrī [s. 4.16]	orior	ortus sum (oritūrus)		entstehen
3.214	gradī	gradior	gressus sum		schreiten
	ag-gredī	aggredior	aggressus sum		herangehen, angreifen
	ē-gredī	ēgredior	ēgressus sum		heraus-, hinausgehen
	prō-gredī	prōgredior	prōgressus sum		vorrücken
3.215	patī	patior	passus sum		leiden, zulassen

4 i-Konjugation

v-Perfekt

4.1	audīre	audiō	audīvī	audītum	hören
	Ebenso werden die Stammformen der meisten Verben der i-Konjugation gebildet.				
4.2	sepelīre	sepeliō	sepelīvī	sepultum	begraben, bestatten

u-Perfekt

4.3	aperīre	aperiō	aperuī	apertum	öffnen, aufdecken
	operīre	operiō	operuī	opertum	bedecken

s-Perfekt

4.4	saepīre	saepiō	saepsī	saeptum	einzäunen, umhegen
4.5	vincīre	vinciō	vīnxī	vīnctum	fesseln, binden

4.6	haurīre	hauriō	hausī	haustum	schöpfen, einsaugen
4.7	sentīre	sentiō	sēnsī	sēnsum	fühlen, meinen
	cōn-sentīre	cōnsentiō	cōnsēnsī	cōnsēnsum	übereinstimmen
	dis-sentīre	dissentiō	dissēnsī	dissēnsum	abweichen, widersprechen
	Reduplikationsperfekt				
4.8	re-perīre	reperiō	repperī	repertum	finden
	Dehnungsperfekt				
4.9	venīre	veniō	vēnī	ventum	kommen
	ad-venīre	adveniō	advēnī	adventum	ankommen, herankommen
	con-venīre	conveniō	convēnī	conventum	zusammenkommen, -passen; *m. Akk.:* antreffen
	in-venīre	inveniō	invēnī	inventum	finden, erfinden
	per-venīre	perveniō	pervēnī	perventum	(ans Ziel) gelangen
	Deponentien				
4.11	largīrī	largior	largītus sum		schenken, spenden
4.12	potīrī	potior	potītus sum *(m. Abl.)*		sich bemächtigen
4.13	ex-perīrī	experior	expertus sum		versuchen, erfahren
4.14	as-sentīrī	assentior	assēnsus sum		beistimmen
4.15	mētīrī	mētior	mēnsus sum		messen, bemessen
4.16	ad-orīrī	adorior	adortus sum		angreifen, unternehmen
5	**Verben mit besonderer Stammformenbildung (Verba anōmala)**				
	Verben mit Suppletiv-Stammformen (12 G 3)				
5.1	esse	sum	fuī	(futūrus)	sein; vorhanden sein, existieren
	ab-esse	absum	āfuī	(āfutūrus)	abwesend, entfernt sein
	ad-esse	adsum	adfuī (affuī)	(adfutūrus)	da sein, beistehen, helfen
	dē-esse	dēsum	dēfuī	(dēfutūrus)	fehlen, mangeln
	inter-esse	intersum	interfuī	(interfutūrus)	dabei sein, teilnehmen
	interesse	interest	interfuit		es besteht ein Unterschied; es ist von Interesse
	ob-esse	obsum	obfuī		schaden
	prae-esse	praesum	praefuī		vorgesetzt sein, leiten
	super-esse	supersum	superfuī		im Überfluss vorhanden, übrig sein, überleben
	prōd-esse	prōsum	prōfuī	(prōfuturus)	nützlich sein, nützen
	posse	possum	potuī		imstande sein, können
5.2	ferre	ferō	tulī	lātum	tragen, bringen; berichten; antreiben
	af-ferre	afferō	attulī	allatum	herbeibringen; melden
	au-ferre	auferō	abstulī	ablātum	wegtragen, wegnehmen
	cōn-ferre	cōnferō	contulī	collātum	zusammenbringen, beitragen; vergleichen
	dē-ferre	dēferō	dētulī	dēlātum	übertragen, überbringen

	dif-ferre	differō	distulī	dīlātum	verschieben
	dif-ferre	differō			sich unterscheiden
	ef-ferre	efferō	extulī	ēlātum	heraus-, hochheben, hinaustragen
	īn-ferre	īnferō	intulī	illātum	hineintragen, beibringen; jem. etw. antun
	of-ferre	offerō	obtulī	oblātum	anbieten, darbieten
	per-ferre	perferō	pertulī	perlātum	überbringen; ertragen
	prō-ferre	prōferō	prōtulī	prōlātum	hervorholen; vorschieben, hinausschieben
	re-ferre	referō	rettulī	relātum	zurückbringen, berichten, auf etw. beziehen
	trāns-ferre	trānsferō	trānstulī	trānslātum	hinüberbringen, übertragen
5.3	tollere	tollō	sustulī	sublātum	hochheben; beseitigen
5.4	incipere	incipiō	coepī	inceptum coeptum	anfangen, beginnen
5.5	fierī	fīō	factus sum		werden, geschehen; gemacht werden

Sonstige

5.6	velle	volō	voluī		wollen
	nōlle	nōlō	nōluī		nicht wollen
	mālle	mālō	māluī		lieber wollen
5.7	īre	eō	iī	itum	gehen

Intransitive Komposita:

ab-īre	abeō	abiī	abitum	weggehen

co-īre	zusammenkommen, sich vereinen
ex-īre	hinaus-, herausgehen, ausziehen
inter-īre	untergehen, umkommen
per-īre	zugrunde gehen, verloren gehen
prōd-īre	hervorkommen, auftreten
red-īre	zurückkehren
vēn-īre	verkauft werden

Komposita, die transitiv gebraucht werden können:

ad-īre	herangehen, aufsuchen, auf sich nehmen
in-īre	hineingehen, betreten, beginnen, (einen Entschluss) fassen
ob-īre	entgegengehen, besuchen, (eine Aufgabe) übernehmen; (mortem obīre) sterben
praeter-īre	vorübergehen, übergehen
sub-īre	unter etw. gehen, auf sich nehmen; an die Stelle treten, nachfolgen
trāns-īre	hinübergehen, überschreiten

Perfektopräsentien (25 G 2)

5.8	meminisse	meminī	gedenken, sich erinnern
5.9	ōdisse	ōdī	hassen
5.10	nōvisse	nōvī	kennengelernt haben, kennen, wissen
5.11	cōnsuēvisse	cōnsuēvī	sich gewöhnt haben, gewohnt sein, pflegen

Grammatisches Register

Erste Ziffer: Lektion; Zweite Ziffer: Paragraph der Begleitgrammatik

	a	o (m)	(n)	konsonantisch		gemischt		PPA	i	u	e
Sg. Nom.	vīlla	amīcus	sīgnum	lēx	genus	nāvis	urbs	amāns	mare	magistrātus	rēs
Gen.	vīllae	amīcī	sīgnī	lēgis	generis	nāvis	urbis	amantis	maris	magistrātūs	reī
Dat.	vīllae	amīcō	sīgnō	lēgī	generī	nāvī	urbī	amantī	marī	magistrātuī	reī
Akk.	vīllam	amīcum	sīgnum	lēgem	genus	nāvem	urbem	amantem amāns	mare	magistrātum	rem
Abl.	vīllā	amīcō	sīgnō	lēge	genere	nāve	urbe	amante	marī	magistrātū	rē
Pl. Nom.	vīllae	amīcī	sīgna	lēgēs	genera	nāvēs	urbēs	amantēs amantia	maria	magistrātūs	rēs
Gen.	vīllārum	amīcōrum	sīgnōrum	lēgum	generum	nāvium	urbium	amantium	marium	magistrātuum	rērum
Dat.	vīllīs	amīcīs	sīgnīs	lēgibus	generibus	nāvibus	urbibus	amantibus	maribus	magistrātibus	rēbus
Akk.	vīllās	amīcōs	sīgna	lēgēs	genera	nāvēs	urbēs	amantēs amantia	maria	magistrātūs	rēs
Abl.	vīllīs	amīcīs	sīgnīs	lēgibus	generibus	nāvibus	urbibus	amantibus	maribus	magistrātibus	rēbus

	dieser			jener			dieser/er			(er) selbst			welcher/der		
Sg. Nom.	hic	haec	hoc	ille	illa	illud	is	ea	id	ipse	ipsa	ipsum	quī	quae	quod
Gen.		huius			illīus			eius			ipsīus			cuius	
Dat.		huic			illī			eī			ipsī			cui	
Akk.	hunc	hanc	hoc	illum	illam	illud	eum	eam	id	ipsum	ipsam	ipsum	quem	quam	quod
Abl.	hōc	hāc	hōc	illō	illā	illō	eō	eā	eō	ipsō	ipsā	ipsō	quō	quā	quō
Pl. Nom.	hī	hae	haec	illī	illae	illa	eī/iī	eae	ea	ipsī	ipsae	ipsa	quī	quae	quae
Gen.	hōrum	hārum	hōrum	illōrum	illārum	illōrum	eōrum	eārum	eōrum	ipsōrum	ipsārum	ipsōrum	quōrum	quārum	quōrum
Dat.		hīs			illīs			eīs/iīs			ipsīs			quibus	
Akk.	hōs	hās	haec	illōs	illās	illa	eōs	eās	ea	ipsōs	ipsās	ipsa	quōs	quās	quae
Abl.		hīs			illīs			eīs/iīs			ipsīs			quibus	

Präpositionen

mit Akkusativ	
ad	*zu, bei, an*
adversus	*gegen(-über)*
ante	*vor*
apud	*bei*
circā/circum	*um - herum*
contrā	*gegen*
īnfrā	*unterhalb*
inter	*zwischen*
intrā	*innerhalb*
ob	*wegen*
per	*durch*
post	*nach, hinter*
praeter	*außer*
prope	*nahe bei*
propter	*wegen*
secundum	*gemäß, nach*
suprā	*oberhalb*

mit Ablativ		
ā/ab	*von, von - weg*	
cōram	*in Gegenwart von*	
cum	*(zusammen) mit*	
dē	*von - herab, über*	
ē/ex	*aus*	
prae	*vor*	
prō	*vor, für*	
sine	*ohne*	
mit Akk. oder Abl.		
in	*m. Akk. (wohin?)*	*in, an, auf*
	m. Abl. (wo?)	*in, an, auf*
sub	*m. Akk. (wohin?)*	*unter*
	m. Abl. (wo?)	*unter*

Ablativbedeutungen

instrumentalis	*wodurch?*
causae	*wodurch/weshalb?*
sociativus	*mit wem?*
modi	*auf welche Weise?*
mensurae	*um wieviel?*
pretii	*wie teuer?*
qualitatis	*mit/von welcher Art?*
respectus/ limitationis	*in welcher Hinsicht/ Beziehung?*
separativus	*woher/wovon?*
originis	*woher stammend?*
comparationis	*im Vergleich wozu?*
loci	*wo?*
temporis	*wann?*

Personalpronomen

egō	*ich*	nōs	*wir*	tū	*du*	vōs	*ihr*
meī	*meiner*	nostrī	*unser*	tuī	*deiner*	vestrī	*euer*
		nostrum	*von uns*			vestrum	*von euch*
mihi	*mir*	nōbīs	*uns*	tibi	*dir*	vōbīs	*euch*
mē	*mich*	nōs	*uns*	tē	*dich*	vōs	*euch*
ā mē	*von mir*	ā nōbīs	*von uns*	ā tē	*von dir*	ā vōbīs	*von euch*
mēcum	*mit mir*	nōbīscum	*mit uns*	tēcum	*mit dir*	vōbīscum	*mit euch*

Akkusativbedeutungen

Dir. Objekt	*wen/was?*
Richtung	*wohin?*
Ausdehnung	*wie weit? wie lange?*

Dativbedeutungen

Ind. Objekt	*wem?*
possessivus	*wem?*
commodi	*für wen?*
auctoris	*von wem?*
finalis	*wofür/ wozu?*

Genitivbedeutungen

possessoris	*wessen?*
subiectivus	*wessen?*
obiectivus	*wessen? zu/gegen wen/was?*
partitivus	*von was/wovon?*
qualitatis	*welcher Art?*
pretii	*wieviel wert?*